我在央视当台长
杨伟光口述实录

杨伟光 —— 口述
刘世英 —— 编著

新星出版社 NEW STAR PRESS

目录

自序 /1　　　　　杨伟光

推荐序 /4　　　　王纪言

编著者序 /9　　　刘世英

第一章　两次任命：
　　　　就这样和央视结了缘

1. 不情愿接受的工作调动 /2
2. 新官上任，我先不"放火" /5
3. "三门"干部的台长路 /9

1985年7月16日，我接到通知，要我离开中央人民广播电台，到中央电视台任副台长。面对突如其来的任命，我疑惑地问了一句："能不走吗？"

我是真的不想走。作为中央人民广播电台的四位副台长之一，我经过多年的积累和学习，对广播业务已经非常熟悉，正是大展拳脚的时候，偏偏这个时候调我去我不熟悉的电视领域。当时接到任命，我只觉得脑子里"轰"一下就蒙了！

为这一纸任命，我内心焦躁不安，甚至去堵住了艾知生部长办公室的门。结果……

第二章　新闻改革：
"改"，但也有"度"

1. 尴尬中的突围 /14
2. 这才叫新闻！/18
3. 丁关根新鲜提法：衣食住行看 /21
4. 从"太阳"情结说开 /27
5. 成功探"雷区"，引发"说情风" /36
6. 从无冕之王到平民视角 /56
7. 把观众请进演播室 /62
8. "度"的把握——我最喜欢的一个哲学概念 /65
9. 开弓没有回头箭 /69

第三章　文艺"四化"：
"精"="竞争力"

1. 文艺领域的"供不应求" /73
2. 不是"俊男美女"的主持人 /74
3. "多样化"赢喝彩 /79
4. 难忘"'98春晚" /88
5. 终结纪录片"哑巴时代" /90
6. "数量"还是"质量"的选择 /99
7. 有质量，观众才会买账 /107

1993年11月，我找到沈纪，说："如果在黄金时段办一个类似《焦点时刻》的焦点栏目，难度很大，风险也很大，但如果把握得好，轰动效应也会很大。你们敢不敢干？如果敢干，《新闻联播》后的黄金时段给你们。"

那个时候，我已经意识到，中国需要这样一档高水平的新闻深度评论栏目。一周后，沈纪给我的答复是："杨台长，我们敢干！"

这个栏目就是后来的《焦点访谈》。

在1998年的春晚上，那英和王菲两大天后同台演唱了《相约九八》，很快，这首歌曲红遍了大江南北。但很多人并不知道，《相约九八》险些夭折。在《相约九八》审完的当天晚上，那英忽然给我打电话，问："为什么要把《相约九八》拿下？"我表示并没有听说此事，但后来一了解，果然是被拿下了。到底是怎么回事呢？原来是因为过去有一台晚会，想让王菲把歌词改了，王菲不改，然后还不唱了，所以这次要惩罚她。于是，我对有关同志说："这样不行啊，演员不想改歌词，那是她的自由，我们应该尊重她。可以不用她，怎么能惩罚呢？作为大台，我们应该有大台的风度。"我一直主张不要封杀演员。

第四章 从"录播"到"直播"："敢"字为先

1. "为什么不把人大讨论《破产法》录下来？"/112
2. "若出错就打你们的屁股"/114
3. 打响实况直播第一战/118
4. 悬念，让直播更精彩/122
5. 香港回归直播中的成功与遗憾/126
6. 是勇者，也是强者/134
7. "敢"做第一个吃螃蟹的人/140

1987年3月，我提出要对六届人大五次会议全部8次中外记者招待会进行实况录播。方案首先得到了CCTV报道组和广电部的支持，但在上报时，到大会新闻组却亮起了"红灯"。

他们说："不行，这怎么行？中国记者招待会的报道模式，向来是把领导人的回答记录下来，经过斟酌，并送本人审看定稿后，才准予播发，第二天见报，怎么能把记者的提问和答记者问的实况向观众播出？再说，实况录像中领导人说漏了嘴，出错了怎么办？"

当时的争论很激烈，否定意见一度占了上风……

第五章 人才济济：得人心，得天下

1. 也曾陷入人才困境/144
2. 打造"理想者俱乐部"/148
3. 应该给人才应有的待遇/152
4. "你们的智慧和创意呢？"/156
5. "火车事件"引发的素质教育/159
6. 后勤保障保人心/166
7. 对年轻人的"爱憎分明"/170

1993年，央视第一次启动了社会公开招聘。人事部门的同志按照当时的规定拿出了一个招聘计划：按规定，不发工作证、不能评职称、没有医疗保险；按财政部的规定，每人每月工资只有280元；不能入党，不能享受福利分房。

那时候我们需要的最低学历是本科，尽可能招硕士生和博士生，所以，当我看到这个方案时，忍不住说道："这哪是招聘记者、编辑，是在找清洁工嘛。"

第六章 广开"财"路：
经济独立才好办事

1. "杨伟光，你是大老板了"/176
2. 惊心动魄的"标王"争夺战/181
3. "鸡蛋不放在同一个篮子里"/186
4. 填补文化企业的"上市"空白/192
5. "连横"地方台/194
6. 借力CNN，互通有无/200
7. 逆势"封杀"不如"满足需求"/204
8. 开源，也要节流/208
9. 开扶贫广告先河/210

第七章 盛会有我：
超越，永无止境

1. 打破广播的"时效神话"/218
2. 没有条件，创造条件也要去超越/223
3. 是东道主，就拿出水平来/229
4. "小米加步枪"的奋斗/237
5. 成绩比面子重要/241
6. "杨台长，你有什么秘诀吗？"/244

1993年，我们尝试性地在《新闻联播》之后、《天气预报》之前，增加了一个30秒的广告。这个决定当时我们并没有向上面汇报，但这么大的事情，领导不可能不知道。果不其然，"麻烦"来了。

广告播出之后，消息传到了艾知生部长那里，而且还传错了。艾知生部长得到的消息是：杨伟光要在《新闻联播》里面加广告。这还了得？他亲自打电话给我，用一种质问的语气问道："我听说，你要在《新闻联播》里面加广告？"

我一听，知道这里面有误会……

在1992年的巴塞罗那奥运会上，我提议对当时的国际奥委会主席萨马兰奇进行采访，但不少人提出了反对意见。

他们认为，萨马兰奇素来极少接受采访，每个国家的媒体都想采访他，但又有谁采访得到呢？况且，当时中央台在国际上的地位远非现在可比，所以被拒绝的可能性更大，一旦被拒绝，我们不是很丢面子吗？

我也知道，这的确是一个问题，但我权衡之后还是决定一试，因为我觉得成绩比面子重要。出乎大家意料的是，萨马兰奇竟然很痛快地答应了，他说："可以不接受别的国家记者采访，但是中国电视台记者的采访我接受！"

第八章　世界舞台：
　　　　　"走出去"更精彩

1. 在争议中前行／247
2. 迈稳"走出去"第一步／251
3. 让世界"看到真正的中国"／255
4. 稳扎稳打"三大战役"／258
5. 与派克传媒的神速签约／260
6. 找准目标，提前3年实现目标／263
7. "站得高"的姿态／268

第九章　剪不断的电视情缘

1. "视协要搞好，非得杨伟光来不可"／275
2. 互联网电视——中国电视的未来／283

　　1992年，我们正式提出"建成同中国大国地位相称的世界大电视台"的口号，到1993年，又明确提出"建设世界一流大台"这一概念。但是，这引来了不同的意见。

　　"杨伟光，你胆子真大，不想要乌纱帽了？"

　　"你这是搞大跃进！"

　　"你是不是搞得太快了？"

　　不仅亲人、朋友为我捏着一把汗，台里很多人也持反对意见……

　　在媒体的报道中有一种流行的说法叫"杨伟光的央视岁月"，其实，作为一个电视人，我的电视岁月不只限于央视。在央视任台长期间，我就开始兼任视协主席。从台长的位子退下来之后，我更是把全部精力投入到了视协的工作之中。

　　社会的发展永不止步，媒体的发展也是如此，所以，在视协工作期间，我紧跟时代的步伐，努力探索着电视这一媒体在未来的发展道路。电视能经受得住互联网的冲击吗？最好的出路在哪里？

杨伟光

自序
站在改革的浪尖

从1999年我离开央视台长的位子到现在,过去14年了。14年,又是一段风云变幻的岁月,就像我从1985年到1999年在央视的那14年一样。让我感到安慰的是,至今仍有很多人跟我一起怀念那一段央视时光,那可是一段"激情燃烧的岁月"。

时光荏苒,岁月如歌,虽然"我们"的央视岁月已经成为过去时,但每每回忆起来,总觉得鲜活如初,就像自己又站在了改革的风口浪尖之上。

中央电视台成立于20世纪50年代末,当时的央视还是一个名副其实的"弱者"。从经济上来说,它处于一种要靠财政拨款来度日的境地。此外,在技术、设备和人才等各个方面,当时的央视也都处于非常弱势的地位。直到90年代末,央视才真正开始强大起来,"中国第一媒体"的称号也才真正归属了中央电视台。央视之所以能够由弱变强,靠的是改革和创新。

这样一场涉及面广、影响力大的改革，其推行的难度可想而知，特别是在中国这样的人情社会，就更加不容易了。那些年我们宛如钢丝上的舞者——如临深渊，如履薄冰。

在这条改革之路上一路走来，我们曾无数次面临坚持还是放弃、这样做还是那样做的抉择，选择不同，结果往往也千差万别。选择保守，虽然可以四平八稳，但同时也失去了革新和前进的机会；选择冒险，也许能够成功蜕变，但也意味着将自己推向了生死未卜的擂台。从某种意义上说，改革是一场赌博，勇气、魄力和把控力是改革者必备的素质。比如新闻领域，从《新闻联播》到之后的《东方时空》《焦点访谈》《新闻调查》和《实话实说》，哪一次改革不是伴随着巨大风险与压力？在播报形式上也实现了技术突破。从电视对重要会议只做口头式播报发展到录播，再到后来的直播常态化，这其中若是害怕风险，若是多一点退缩，恐怕都不会有今天的央视。

当然，改革需要讲究方法，越是这样高难度的改革，就越要讲究改革的方法和艺术。主要是要把握好"度"。认准目标后，不要盲目冒进，要步步为营、循序渐进。比如《焦点访谈》之所以能够被观众所接受，也被国家和领导所认可，就是因为经历了之前《东方时空》中小栏目《焦点时刻》的铺垫。对"度"的把握，事关这场改革的方方面面。俄罗斯有句谚语叫作"巧干能捕雄狮，蛮干难捉蟋蟀"，讲究方法和艺术，把握好"度"，我们就能攻克一道道改革难题。

如今，媒体领域的竞争更加激烈残酷，电视业生存和发展的困难越来越大，但我们依然要坚信：办法总比困难多。网络带给我们的不仅是冲击，更是一个机会。作为一个与电视打了大半辈子交道的电视人，我始终关注着整个电视行业的发展，并且始终在思考，我还能为这份我挚爱的电视事业做些什么？

所以，我决定出版这本书，将我当年在改革中获得的经验和体会分享给广大读者，希望能对现在正火热进行的电视改革事业有所帮助，希望能对新一代改革创新的时代弄潮儿有所启示。

2013 年 6 月

推荐序
万人丛中一握手

2014年9月20日伟光老台长去世那天,我的母校中国传媒大学正在纪念自己的六十周年,在晚会现场接到我的第一个硕士研究生、后来任过伟光台长秘书刘连喜的电话:"王老师,杨台刚刚过世。"电话两头一时都无语了。我看着眼前兴奋而欢乐的年轻学子们,心想他们应该都知道中国电视界有个杨伟光,这个名字今夜已经永远镶嵌在灿烂的星空中。

第二天我去了伟光台长家,在那个简单又过于朴素的客厅里我坐了大半天,很是感慨,这是首屈一指的国家电视台台长的家呵。我熟悉的那些电视台同事们络绎不绝地来吊唁,因为得知伟光台长生前就嘱咐身后不开追悼会,不搞告别仪式,大家都到家中寄托哀思,表达思念之情。那天我曾建议中央电视台应该为自己的老台长拍一部专题片,讲一讲上一个世纪八九十年代电视改革的峥嵘岁月，那一定能成为中国传媒史中难得的文本备忘录。

时隔近一年，伟光台长口述的回忆录《我在央视当台长》即将出版，真令人高兴。书稿我已先睹为快，伟光台长把主政央视十余年的所作所为、所感所思留给了我们，这是一件亲历的电视改革日志，是一份珍贵的电视人文笔记，是一个丰富的电视高端档案，是一本生动的电视奋斗教科书。

看着书稿，我想起了几件书中没有提及的往事——

1990年夏天，作为副台长的杨伟光临时受命担当起第11届北京亚运会的电视转播重任，他把已就任副院长的我叫到办公室商议："纪言，广播学院可否抽调四百位师生，参加全国电视界的亚运会转播大合作？不过师生们的暑假就没得过了。"我又高兴又忐忑不安地接受了任务，这消息在学校一部署，师生们都高兴得炸了锅。伟光台长细心布置，把学院的队伍紧紧地与中央电视台转播部的十几个项目捆绑在一起，还挑了几单表演性项目交给师生们独立承担，在那一年的国际转播活动中学院获得了满堂彩。这是我第一次与伟光台长深度接触，我觉得这个人办电视有大手笔，他的格局不一般。

1991年伟光台长主政中央电视台，开始进行大力度的改革与创新。他曾带队去山西电视台学习新闻直播运作和采访机制转换，在电视界传为美谈。他还把社会上的学者请进台里，参加他推动的电视精品工程。那一段时期，我感受到的中央电视台充满了生气、活力和个性的张扬。伟光台长还专门成立了中国电视学研究委员会并亲自担当主任，创办了学术刊物《电视研究》，我作为研究会副主任常常与伟光台长寻找课题讨论，受益匪浅。我觉得伟光台长这个人办电视像在做学问，他的治学态度不一般。

1994年9月，北京广播学院迎来了建院四十周年，我找到伟光台长，希望中央电视台能给学院做一台晚会，这个要求显然有些唐突。但伟光台长考虑后认为，北京广播学院作为中国广播电视的人才摇篮，在中国传媒业大发展新时期有新使命，又恰逢教师节，立项可以考虑，并让文艺中心协办和台内知名老校友都要参加。于是，学院在极其亢奋的氛围下创作了晚会"校园里有一排年轻的白杨"，带机彩排那天，现场都沸腾了，收也收不住，一下录了三个多小时。伟光台长知道后认为这样不行，把我与台内主管叫去，告诫我们要把握好度，掌握准量，控制稳情，这是上国家屏幕的基本要素。我们紧急做了修订更改，创造了第一个校庆晚会制作和播出的范式，这当然得益于伟光台长强有力的监制和掌控。我觉得伟光台长这个人办电视有独特的哲学，他的智慧不一般。

校庆四十年过后，我离开学院去创办那个准备在香港出现的电视台。在一年多的时间里，伟光台长始终是这件新鲜事的关注者、谋划者。那一段时间刘连喜给杨台当秘书，所以我常常第一时间赶过去沟通情况。1996年初春，凤凰的股权结构定了盘子，东西方各占50%。在这个关键点伟光台长把我叫了过去，他已经考虑成熟，决定用中国电视总公司名义入股凤凰10%。他召开了紧急台务会，力排众议，打出了关键的一击，使得中国传媒人于凤凰初成立之际就在最根本的股权结构上掌管了主控权。在国际传媒舞台上博弈的那段时期，伟光台长是我们的一位主心骨，他多次鼓励我们：你们向前闯，把中央电视台想干而暂时干不了的事办成。我真切地感受到伟光台长这个人办电视有大战略，他的眼光不一般。

凤凰诞生之初，由于是民间运营，开始几年都在为生存而搏命。扩大影响力是改变生存状态的捷径，为了爆发，我们想到一个有魔力的点子。1996年11月9日，我在梅地亚宾馆代表凤凰与柯受良签定了"飞越黄河"的合约。拍摄时间定在1997年6月1日，香港回归前一个月。这事对于当年仅有108位从业人的凤凰来说是不可驾驭的难题，我又找到伟光台长寻求合作，得到了慷慨而全方位的支持。那阵子中央电视台在黄河壶口架了18个机位，3架直升机航拍，3台微波线传输，把准备参加香港回归的转播团队整个拉上来了。直播前一天，我与现场转播总指挥邹友开主任给伟光台长挂电话，请示如果出现意外情况怎么办？伟光台长坚定地要求我们，不论遇到什么情况都要继续做直播不能停。我们在母亲河上挑战自我，挑战极限，向世界展示中国人的想象力和创造力，是挑战就可能会有失败，失败了也是一种激励，激励我们去面对新的挑战，直至胜利。那一天，我在壶口瀑布前热血沸腾，我感受到伟光台长这个人是中国电视界有血性的汉子，他的情怀不一般。

我喜欢一句话:"每一个成功的背后都是用荆棘编成的。"伟光台长的回忆录正是这一生命状态的真实写照。

清人龚自珍有诗云:"万人丛中一握手,使我衣袖三年香。"我与伟光台长在万人的电视大家庭中握手相识,使我"衣袖怀香"三十年。如果伟光台长还健在,今年应该整整八十岁高龄,然而斯人已去,留给我们的是无限的怀念和崇敬。

伟光台长是为中国电视立了大功的人,我们感谢他。

王纪言

2015 年秋日

编著者序
最好的纪念是传承

  时光荏苒，距离央视老台长杨伟光先生逝世快一年了。为了这本书的出版，昨天我与杨台的女儿杨平见面。见面在复兴路电信大厦，也是我与杨台去年初最后一次见面的办公室。陈列和摆设还是和原来一样，厚重的书架上摆着杨台收藏的图书、遗著和照片，杨台生前最后策划播出的电视剧《妈祖》的油画海报还摆在原处，睹物思人，可斯人已去！对着书架上杨台的照片，我心里默念：杨台，您的回忆录终于要出版了！中国电视人将永远铭记您对中国电视事业的贡献。

  回忆与杨台交往八年多的点点滴滴，他的音容笑貌仍现眼前。我与杨台初识源于我请杨台为一本书写推荐序——这是一本介绍分众传媒董事长创业故事的书——希望杨台作为传统媒体的代表人物为这样一本关于广告新媒体的书作序，没想到杨台非常重视，在亲笔撰写的序言里大力褒奖和鼓励年轻人创新创业；我对人物采访的写作风格也是由此得到他的认可，并郑重委托我记录整理他从事新闻和电视事业的经历和故事，从此我们之间的长期交流便展开了。

我于2007年12月在中信出版社出版《杨伟光的央视岁月》一书。从2006年5月我对时任中国电视艺术家协会任主席的杨伟光先生首次采访，一年多时间，我先后20余次对他进行了访谈。谈到童年、大学、央广岁月，之后是如何机缘巧合到了央视……他在央视的日子，无疑是他人生中最辉煌、最精彩的一段。谈到得意处，他意气风发，仿佛回到了当年；有时谈到遗憾处，他也会陷入深深的思考。杨台每次约我都是在办公室，一杯清茶，彼此迎面而坐，一聊就是一个整半天。印象深刻的是杨台每次都身着正装，一身笔挺的西装，完全是工作状态，丝毫没有常人退二线或是退休后的那种懈怠。杨台是一个十分严谨的人，为了减少偏差，他列出了一个六十多人的名单，都是他的旧部和同事，让我分别找他们补充、印证和核对。杨台很关心大家的反馈和补充，他甚至打印出来文本字字核对、订正修改书稿，这本书可以说是在杨台亲自领导下大家合作完成的。

此次出版的杨台这本口述回忆录《我在央视当台长》，是我于2012年向杨台提议的，后来又做了大量的补充采访，最后以他的全部口述整理而成。可以想象，口述回忆录成书过程中杨台身体已经大不如前了，他跟我说很多活动他都不便参加了，还特地交代我辞去一个单位的顾问，但他每次见面时却依然精神矍铄、神采奕奕。他用放大镜一字字地认真看完书稿，并且用铅笔在旁边标注意见，或进行修改。初稿返回给我们后，我们又修改完善整理出一版，当我们把最终修改稿给他送过去时，就在前文所说我们最后一次见面的办公室，我们看到杨台明显的憔悴了，声音有点发干；脸上长了些斑和小包，他跟我说皮肤有点过敏。但他依然非常乐观开朗，没想到这却是我们的永诀，世事无常。昨天杨平把杨台生前最后筛选的照片和对书稿的批注交给我；杨台夫人张云华女士也对排版文件做了最后的把关，杨平一并交给我，我看上面夫人的批注与修改一丝不苟，一如杨台本人的风格，不免唏嘘感叹。杨台的离去不仅是中国新闻界与电视界的一大损失，也是中国知识界经世致用，以身报国的典范人物的陨落；对我个人而言，是一位令人温暖的良师益友的离去，让我有一种切肤之痛。

在与杨台八年多的交往中，我对杨台突出的印象有三条：开明的良师、真诚的朋友和平等的伙伴。

于我而言，杨台首先是一位开明的长者和良师。他的言传身教都为我们做出了表率。他是一个严于律己的人，但是从不说教，他是对别人不拘小节、对自己一丝不苟的人。记得有一次我陪杨台一起约见一位朋友，结果这位朋友迟到了半个小时，但杨台没有丝毫不悦，亲切地问候过后马上进入正题，没有让朋友感到丝毫尴尬。后来这位朋友专门跟我表达了对杨台的干练的敬仰和他当天的感动。在采访中，遇到我们不太懂的问题，他能迅速觉察并且循循善诱地给我们解释，我们正要为自己的才疏学浅而感到尴尬的时候，他却已经把这种尴尬化解为无形。

其次，杨台是我真诚的朋友。他对我们《总裁读书会》节目的创意和愿景非常认可，并亲自担任首期录制嘉宾，还在节目策划和平台落地方面帮我们出主意想办法；记得当时录制祝语时重复录了好几遍，杨台不厌其烦，真诚祝愿"总裁读书会栏目越办越好"。杨台对我一直从事企业家访问与商业名人、商业案例写作给予了非常多关注和支持，也喜欢跟我们讨论创意和选题方面的话题。印象最深的一次是我在厦门开会，突然接到杨台的电话，他专门给我谈了他想到的一本书的创意。他建议我说，你写了那么多商业名人的书，可不可以结合这些成功人士的案例，写一本总结创新创造的规律与方法的书，鼓励年轻人创新，给年轻人创业以指导。记得当时我是一边打电话一边沿着厦门国际会展中心的广场转，结果足足转了一个小时。

第三，杨台是一位平等的好伙伴。在采访与创作中，杨台从不以势压人，总是以商量和诱导方法让大家达到认识统一。杨台不喜欢参加各种应酬，生活非常有规律，作风严谨，即便退休了他依旧坚持在办公室会见客人。但他亲切随和，和蔼可亲，平易近人。不管是有人请他做顾问还是他请人家做顾问，都是如此。记得为了给天地人传媒融资，他让我专门帮他请来一位金融学博士来给他介绍融资方面的知识与方法，他听得非常认真，提的问题也很专业，就像老同事老朋友之间的交流。在这位朋友辅导下，后来果然融来一笔可观的资金。有个部门申办了一个网络电视台，他们的负责人来请教杨台，非要请吃饭，杨台破例答应了，但要求从简安排；对他们提的问题和要求，尽量解答和帮助，但从不要任何报酬。

杨台虽然离开我们快一年，但不管是一年还是若干年之后，杨台的精神和价值永存。我在采访过程中，遇到的所有的人，提到杨伟光这三个字，无不交口称赞，同时都表达出对央视的杨伟光时代的无限怀念。怀念那时事业的蓬勃发展、荧屏的丰富、节目的鲜活，怀念那时新闻改革、舆论监督、节目创新，怀念那时的好作品、大手笔。很多人奇怪为什么在90年代初期，国内舆论气氛紧张，作为还不是强势主流媒体的央视台长杨伟光，面对的是负债和僵化、缺乏，以及一些地方台的崛起和媒体竞争压力，他是如何开创了中国电视业的一个时代？与那些总在抱怨体制的种种约束的人不同，杨伟光在那样的体制内做成了事，做了大事并且没有出事！我概括有五点原因：

一是他的心中只有事业和责任，没有私心。他是一个五湖四海，没有小圈子的人。所谓"心底无私天地宽"，杨伟光改革是为了事业，自然容易争取到支持。如果以改革之名掺杂私利，必定是要翻船的。

二是他不蛮干。他张弛有度，有高超的"把握好度"的艺术。现在看来，杨伟光当时的改革力度很大，但他实际上一直坚持渐进式改革，先试再推。他像一个高明的烹调师，很善于掌握火候。央视很多人这样评价他，说他"总能做到恰到好处"。

三是坚持创新。他是真正的改革家、行动派。在他的领导下,央视完成了从录播到直播,从镜头对准官员到把镜头给老百姓,从时政新闻到电视新闻杂志、评论类节目等创新和改革。新闻改革的同时,电视节目形态、电视台经营、海外拓展等方面都进行了大胆创新,奠定了央视延至今日的辉煌。

四是共赢思维。他坚持经济效益与社会效益的统一,具体项目合作中他非常重视合作伙伴利益,坚持多方共赢。包括与一些部门与机构合作纪录片,采购或与一些单位联合录制电视剧,形成各地电视台与中央台的良好合作关系,都是共赢思维的体现。

五是开放思维。他没有条条框框,一切以事业发展需要为先。为了电视新闻改革,他冲破体制机制限制,采用灵活的用工与激励制度,引进大批优秀电视人才,不拘一格降人才,包括白岩松、水均益、杨澜等一大批名记者名主持,包括《东方时空》《焦点访谈》在内一大批名牌栏目都是这样起来的。

杨台留给我们的精神财富和价值传承太多太多。他的成功不是他个人的成功,他成就的是一项事业、一个时代,他不需要给自己摆功劳贴标签,他的重要性和关键性已经深深烙印在央视那段非凡的年代。

会当水击三千里,不枉人生一百年。诚愿读者诸君在本书的阅览中,得到有益的借鉴,传承伟光先生的精神与愿景,厘清价值与使命,汲取力量和勇气,不枉此生,奋发有为吧!

刘世英
2015 年 9 月初稿
2017 年 5 月修订

第一章 两次任命：就这样和央视结了缘

1985年7月16日，当时我在中央人民广播电台任副台长，像往常一样，早晨来到办公室我就开始埋头工作，这时电话铃声突然响起。

"是伟光同志吗？请你马上到我办公室来一趟！"打电话的是时任国家广播电影电视部副部长的郝南平。

见到郝南平部长后，他说："杨伟光同志，部党组决定调你到中央电视台任副台长。"郝部长满脸微笑，平静地向我宣布了这一消息。然而，面对突如其来的任命，我却无法平静。在广播领域干了这么多年，我对各项业务都已经很熟悉，正是可以大展拳脚的时候，这时要我去我不熟悉的电视领域，这怎么可以？

所以，我禁不住问了一句："能不走吗？"

1. 不情愿接受的工作调动

我想我永远不会忘记这串数字：1985年7月16日。就是在这样一个看似再普通不过的日子里，我迎来了人生中最大的一次机遇。只是那个时候的我怎么也没有想到，这是一次足以改变我人生的机遇。所以，当我得知自己将被调任到中央电视台任副台长时，才会不假思索地说出那句"能不走吗？"甚至堵住了艾知生部长办公室的门。对于当年的那一幕，我依然记得十分清楚。

1985年7月16日，同往常一样，我早早地就到了中央人民广播电台副台长办公室，开始埋头工作。忽然间，电话铃声响起。

对方是时任国家广播电影电视部副部长的郝南平。他在电话里说："是伟光同志吗？请你马上到我办公室来一趟！"

"好，我马上来。"放下电话，我随即向他的办公室走去，却怎么也没有想到，那里等待我的竟然是一纸意外的"任命"。

"杨伟光同志，部党组决定调你到中央电视台任副台长。"郝部长满脸微笑，平静地向我宣布了这一消息。可是，我却完全无法平静，觉得脑子里"轰"一下就蒙了。离开熟悉的广播，去做陌生的电视？这太突然了！

于是，几乎是不假思索地，我对郝部长说："我对电台的业务比较熟悉，对电视比较陌生，能不走吗？"但是，郝部长只答复了我四个字："已经定了。"

这个时候，我知道再说什么也没有用了，便起身告辞回到了自己的办公室。可是，这并不代表我就接受了任命。那天坐在办公室里，我的心里特别烦闷。晚上回到家后，还是没有想通，觉也没睡好。思来想去，我还是决定再做一次努力，为什么呢？我当时认为我的理由是充分的。

杨伟光（一排左二）在中国人民大学读书时的全班同学合影。

从1961年毕业到1985年，我在广播领域工作了整整24个春夏秋冬，从初出茅庐的大学毕业生，到中央人民广播电台一线的骨干记者，到新闻部副主任、工商部副主任，再到中央人民广播电台副台长，这里是我事业的起点，也是我成长的学校。所以，对于广播事业，我有着深切的眷恋，从未想过要离开。这是其一。

其二，经过多年的摸索、积累和学习提高，我对广播领域已经驾轻就熟，正是可以大展拳脚的时候。作为中央人民广播电台的四位副台长之一，我在台里担任着重要职责。而且，就在不久前，我还在内部刊物上发表了一篇《广播会被电视冲垮吗？》的文章，论证广播不会被电视冲垮的问题。这篇文章还受到时任广播电影电视部部长吴冷西的赞赏，批示给《广播电视战线》杂志公开发表。在这样一个微妙的时刻，我这个电台副台长居然要跑去主持电视工作，这是怎么一回事儿？

当然，也有来自电视方面的担忧。我这个电视门外汉，一旦到了央视，他们能接受和认可吗？央视人才济济，其中不乏与我能力相当者，他们在央视苦干多年都没有当上副台长，对我这个外来者肯定会有抵触。此外，我毕竟是搞广播出身，对央视的业务也不熟悉，开展工作必将会面临很多困难。这些都是很现实的问题，不能不做考虑。

于是，第二天早上8点，带着这些想法和顾虑，我直接去堵了时任国家广播电影电视部部长艾知生办公室的门，希望部党组再考虑一下其他人选。

"这些组织上都考虑过了，你就按组织安排去吧。"艾部长的答复也是如此的斩钉截铁。此时我很清楚，这件事情已经没有任何回旋的余地了，只能是服从组织的安排。这样想着，我的心情也平静了。

就这样，怀着无限的眷恋，我告别了熟悉的中央人民广播电台，准备迎接电视领域的全新挑战。这一年，我49岁。虽然是广播领域的"老人"，却是电视领域的"新人"，我知道，一切需要从头学起。

站在今天，再度回首这段往事，我只能感叹：机遇往往降临在不经意间。在当时那个我不情愿接受的改变里，竟然隐藏着足以改变我一生命运的重大机遇。

要知道，在20世纪80年代，中央电视台与广播、报纸等老牌媒体相比，完全是新兴媒体，几乎处在绝对的劣势地位，再加上时常出现的一些问题，不仅是电视人，就连主管电视的领导也频频处于被动地位。中央电视台搞砸了1985年的春节晚会之后，一天收到几麻袋的批评信，上级领导越发感觉到加强电视领域改革的重要性和紧迫性了。于是，他们决定从中央人民广播电台选调一个人到中央电视台去抓新闻，而我正是被他们选定的合适人选。

就这样，我从最初被一纸任命推到了央视副台长的位置，然后一路风雨兼程地走下去，收获颇丰。这其中既有我个人的努力，也有同事的功劳，当然也离不开时势的眷顾。所以，我心中更多的是感激。在很多时候，机遇是玄之又玄的东西，也许它就在你面前，但它藏着、掖着，甚至摆出挑衅的表情。这时候，与其左顾右盼、思前想后，不如紧紧抓住它，勇敢地走下去。

2. 新官上任，我先不"放火"

"你问他，他会扛摄像机吗？会拍电视吗？"这质疑不是针对别人，正是针对我。从中央人民广播电台来到央视之初，我听说有不少人这样质疑我。当时，我虽然还是一个电视领域的门外汉,也有着一颗谦虚好学的心,但是,我并不认为我不能做好央视副台长的工作。我有底气,因为我懂电视理论,而理论是把握大局的关键。

除了有声无声的质疑,还有一些人为的故意刁难,比如我认为可以播出的新闻,有人认为不可以播出。面对这种种质疑和阻碍,我的心里很清楚,要想在新的工作岗位上大展拳脚,首先要得到大家的认可,站稳脚跟。

都说"新官上任三把火",但我没有走这个路子,因为我很清楚地知道,在没有做好充分准备的情况下贸然点火,这火很可能烧不起来。所以,在来到央视的前两个月,我没有多说话,而是针对中央台节目质量不高(包括《新闻联播》)的现状,先是花时间进行了一些调查研究,跟班参加《新闻联播》的审发工作和召开座谈会,听取各方意见。结果发现,缺乏新闻意识是《新闻联播》存在的一个比较严重的问题,具体表现为时效性差、信息量少,且缺乏新闻价值。

胡乔木同志曾说:"新闻的发表不光是论日子,而且要论钟点,耽搁一小时往往就耽搁了二十四小时。"而当时《新闻联播》的时效性很差,新闻部的记者下午三四点钟前拍的时政新闻通常要到第二天的《新闻联播》才播出。而且,新闻中的很多内容根本就不是新近发生的事情,最应该报道的一些"新近发生的、正在发生的"重要新闻却不能被及时捕捉到。

此外,《新闻联播》中的信息量少,且缺乏新闻价值。

一方面，30分钟的《新闻联播》只播出十几条新闻；另一方面，一些没有新闻价值的新闻事件播放时间长达三四分钟，好像小专题，严重影响了信息的新闻价值。

在调查的基础上，我和沈纪同志针对如何解决问题写出了《关于电视新闻改革的几个问题》的报告：

> 在第十一次全国广播电视工作会议精神的指引下，中央电视台电视新闻有了明显的改进。中央台的改进主要表现在：播出次数增加，由原来的一天一次新闻节目，增加到现在的一天三次新闻节目，加上重播，每天播出7次新闻节目。信息量增加，1983年播出10123条，1984年播出15314条，增加50%，1985年又有新的增加。新闻时效提高，对重要政治活动、体育比赛、文艺演出，做了现场直播；不转播的，许多也在当天播出。此外，连续报道、典型报道有所增加，播出形式也有所改进。
>
> 但同党中央的要求比，同广大观众的要求比，中央台的新闻还有很大的差距。比如，我们对中央的方针、政策学习、研究不够；宣传报道的计划性不强，处于来什么用什么的被动状态；有些重要新闻有遗漏，有些新闻事实不准确，出了一些差错；报道面也较窄，国内报道中，少数民族、边疆地区的新闻较少；国际报道中，第三世界、苏联、东欧的新闻较少。另外，有些重要新闻比广播晚一天，

形式还不够活泼。

在此基础上，我们进一步明确提出电视新闻的改革目标：进一步深化电视新闻改革，要求把《新闻联播》办成要闻汇总，做到新、短、快、广。新闻应该具有相当的权威性，做到重要新闻不漏。时效迅速，重要新闻应力争比报纸快，努力发出正在发生和刚发生的消息，且报道面要广，各行业、各地区、各个国家的大事都要有所反映。同时还要有自己的、具有电视特点的评论。评论要做到虚实结合，言之有物；旗帜鲜明，针对性强；短小精悍，语言生动；形式也应活泼，声形并茂，为群众喜闻乐见。

要达成以上目标，需要一场"艰苦卓绝"的努力，因此，我们还在报告中提出了可以采取的步骤：

1985年将提高节目质量作为主要任务，确保安全播出，不出大的差错，力争不出或少出差错；

1986年要创造条件，开办早新闻；

1987年创办英语电视新闻；

1988年建台30周年时，基本上实现电视新闻改革的目标。到那时全国观众将可以依靠电视获知国内外的重要新闻。

这份报告递呈给了时任广电部部长的艾知生同志，不仅得到了他的大力支持，还得到了广电部的老部长、中国新闻界最权威的领军人物吴冷西同志的大力肯定。

这位曾担任过新华社社长、《人民日报》总编辑、广电部部长的资深新闻人,这个被毛主席点名到身边的新闻大笔杆子,为这个报告做了一个很长的批示:"我在任的时候就有这个想法,一定要把电视新闻搞好,但是一直没有实现,希望你们能够按照这个方案把电视新闻搞好。"

报告得到领导的大力肯定,我们打心底里高兴,这说明我们这数月的努力没有白费,也为我们之后的改革指出了一个明确的方向。

总之,新的工作岗位和领域,对我来说是一个全新的开始,也是一个充满挑战和诱惑的旅程。

3. "三门"干部的台长路

在到央视上任后不久,台里举行了一次征求台长人选的意见调查,我竟然落选了,这有点出乎我的意料。

事实上,在调任央视副台长之前,组织就找我做过一次谈话,主要内容是了解我对出任副台长的一些具体想法。在这次谈话之后,基本确定了这样一个思路:经过一段时间的过渡和准备后,我将出任央视的台长。

对于落选的事情,我并没有耿耿于怀,而是对落选原因做了客观的分析,我认为主要有这么两点:一是央视人事关系比较复杂,这对于刚调任央视不久而且还是"半路出家"的我来说,显然极其不利。第二点,也是更重要的一点,当时我还没有做出能让大家认可的成绩。虽然央视台长是由上级部门指派的，但是这并不意味着可以忽略"个人能力"这一选项。有能力、有成绩才能服众。所以，对于这次的失利，我很快就释然了。此后的几年，我静静蛰伏着，耐心等待下一次机遇的来临。

打破"先对内后对外"的新闻编排常规，在《新闻联播》中将美国挑战者号航天飞机升空时爆炸的新闻放头条；首次播放全国人大常委会讨论《破产法》制定过程；直播第六届全国人大五次会议（指第六届全国人民代表大会第五次会议，下同。编者注）中外记者招待会实况；向全球转播党的十三大（指中国共产党第十三次全国代表大会，下同。编者注）开幕式实况；克服困难，成功现场直播中国、日本、尼泊尔三国运动员登攀珠峰的壮举；打破广播时效性神话，以最快时效报道汉城（2005年1月19日，汉城的中文名称改为"首尔"）奥运会；高质量完成第十一届北京亚运会的报道任务……终于，经过几年努力，央视改革有了明显成效，而我也终于迎来了一个重要的时刻。

"不管正在做什么，马上来我办公室。"1991年12月18日下午，我接到这个来自艾知生部长和王枫副部长的紧急电话。接到电话的那一刻，我敏感地意识到一定有重大的事情发生。因为这个时间正好是我审查当天《新闻联播》的时间，如果不是有要事发生，两位部长不会在这个时候打来这样的紧急电话。

带着一肚子的疑问，我迅速赶到了艾知生部长的办公室。除了艾知生部长和王枫副部长，当时的央视台长黄惠群同志也在场。

没有寒暄,没有客套,一切能省的礼节也都省了。看着几位领导眼中充满着的肯定和鼓励,我愈加迷惑。让自己立刻前来,到底有什么重要的事情?答案很快就揭晓了。艾知生部长拿起办公桌上的一个文件,小心打开,宣布了组织的决定:经中共中央批准,任命杨伟光同志为中央电视台台长。至此,这一纸任命,真正成就了我这个地道的"三门"干部的台长路。从1985年7月16日接到调任的通知,到1991年12月18日再次收到任命,在央视副台长的位置上,我待了差不多7年的时间。说实话,这个过程比我想象的长了一些。

可能有人会问了,什么叫作"三门"?就是由家门到校门、由校门直接到机关门。在中国,这是很常见的一种就业模式,也是中国固有用人体制下产生的一种模式。直到今天,这种现象依然并不少见。

其实还有一个"门",我觉得很适合我,那就是"寒门"。我是真正意义上的"寒门子弟"——出生于广东梅县雁洋镇南福乡的一个贫苦农家,在我1岁的时候,父亲就去南洋闯荡谋生,后来病故在异国他乡。完全是母亲一个人,把我和姐姐、弟弟抚养长大,并省吃俭用供我读书。

那个时候的贫穷完全不是现在的年轻人能够想象的。因为贫穷,1948年小学毕业后,我不得不辍学回家种地。直到1949年冬,梅县解放了,我才重新回到学校。先考上了当地的松口中学,后又考入省立梅县高级中学,成为这所新办高级中学的第一批入学者。

因为贫穷，我14岁以前没穿过一双鞋，一直是打赤脚穿木屐；初中、高中都是依靠政府发放的助学金。也正因如此，我十分珍惜这来之不易的读书机会。

1957年，我报考了北京大学中文系新闻专业。当时正赶上"反右"，大学招生名额大大压缩，这个专业全国只招28个人，但我还是考上了。后来这个专业合并到了中国人民大学新闻系。

第一次进京，我只带了一个小书包，里面装了几件旧衣服。到北大入学后不久，天气就转凉了。我当时还是单衣单被，床上铺的是稻草，幸好学校为我购置了棉衣棉被。学校每月还发放16.5元的助学金，其中12元用来吃饭，4.5元用来零花，所以，我非常感激国家和学校对我的照顾，一门心思认真学习。

也是因为贫穷，在京求学四年，我没有回过一次老家。一趟路费要七八十元，那时候家里根本负担不起。直到1961年，我大学毕业了，思儿心切的母亲卖了一头猪，然后把钱寄给我，我才得以回家与她团聚。

看来，贫穷让人痛苦。可是，也正是因为贫穷，才锻造了我不屈的奋斗精神和坚韧的意志，这些都让我在日后受益匪浅。所以，在这个意义上说，我得感谢那些清贫的岁月，是它们成就了我。

第二章 新闻改革:"改",但也有"度"

《新闻联播》的编排思路一向是国内新闻在前,国际新闻在后。1986年1月29日,当我们收到"美国挑战者号在升空过程中爆炸"这个世界性的重大新闻时,国际新闻组的同志提出建议说:"是否可以放在头条?"

但马上就有人发表了不同意见:"这种先对内后对外的编排思路已经延续了很多年,突然改变,观众能接受吗?领导又会是什么反应?"

的确,新闻改革是一件充满危险的事情,一不小心就会踩到"地雷",届时不但改革失败,甚至会危及自身的前途。但是,社会在发展,新闻改革不但要进行,还要加速。这就要求把握好改革的"度",没有快一步,也没有慢一步,在最恰当的时候,抓住时机,迈出改革的步伐。

1. 尴尬中的突围

中国电视在创办初期曾饱受广播桎梏,甚至比起广播人,中国电视人都感到自卑,这是业界存在过的一个事实。

在当时,电视作为新兴的新闻媒介,被人们称为"老三",即报纸、广播、电视。当时有一个很流行的说法,评价电视是"新闻纪录电影的缩小版,《人民日报》的影像版,人民广播的图像版,新华通讯社的精简版"。由此足可以看出,当时电视在传媒界的尴尬地位。由于当时的电视还处于初创阶段,无论从技术性还是艺术性上看,电视节目都还很不成熟,也没有形成自己的风格,更多的是从邻近的广播、报纸、通讯社、新闻纪录电影和戏剧(舞台剧)、电影(故事片)那里学习、借鉴和模仿。而且也因为电视处于绝对的劣势地位,当时的广播人也根本看不起电视人。

另外,从电视媒体自身来说,由于功能单一、技术落后、影响力弱等诸多原因,电视媒体的发展远远跟不上时代和受众的要求。

中国电视的开播是在1958年,但是在最初的很多年,人们对电视新闻功能的重视远远比不上广播,更多是将其定位为文化娱乐的工具。这主要是因为当时电视的新闻节目很少,影片和戏剧的转播在播放节目中占了很大比重,而且多半故事情节简单、场景单一,没有复杂的人物关系和事件发展线索。

拿中国第一部电视剧《一口菜饼子》来说,背景只是一块灰天幕，场景是一个草棚子和一些简单的道具。所以，很多人将当时的电视节目称为"小戏剧""小电影"。

基于此，人们了解国内外大事主要是靠广播和报纸，尤其是广播，此阶段正是广播的黄金年代，电视新闻处处受制于广播。

在这种情况下，作为弱势媒体的电视要想与广播、报纸等成熟媒体相抗衡，除了改革，别无他法。而作为国家级电视台的央视，更没有理由不走在前面。

为了改变这一现状，1988年，我专门写了一篇理论文章——《摆脱广播、报纸、电影影响，办好电视新闻》来论述这个问题。我认为，电视新闻存在一般化、公式化倾向的主要原因是受广播、报纸、电影的影响太大，解说和图像"两张皮"的新闻相当普遍，这就导致在许多情况下，我们不能按电视新闻的规律去采制电视新闻。

具体而言，电视新闻受到广播影响的主要表现是：大量使用在写解说词时，不注意图像、声音的配合，而是写成五脏俱全的文字广播稿。受报纸影响的主要表现是：书面语言，讲究文字的华丽，不注意通俗口语和对象感、参与感、现场感。受新闻电影影响的主要表现是：重视全面、系统，不重视新闻时效性；重画面，不重视表现新闻人物；重解说，不重视现场采访，做成"新闻简报"，使电视新闻缺少生活气息。

诚然，电视、广播、报纸，甚至电影，都属于传播媒介，有其共性，彼此之间互相学习和借鉴也是必要的。特别是电视初创时期，电视工作人员大都来自广播、报纸和电影界。但是，任何一种传播媒介都有自己的特殊性，要确立自己应有的地位，就必须研究自己的特殊规律。要做好电视新闻，就一定要摆脱广播、报纸和新闻电影的影响，按照电视的独特规律走自己的路子。

广播、报纸都是单通道的传播媒介，主要通过声音或文字进行传播，电视则不同，它是多通道传播媒介。其信息既可通过图像、文字传播，也可通过声音传播，还可通过颜色传播，诉诸受众的视觉和听觉。这是电视的特点，更是电视所独有的优势。如果能利用好这一优势，必然能够做出让观众耳目一新的新闻。所以，在文章中我提出，根据电视传播方式的特点，在制作电视新闻时，应考虑这样五个因素：

形象——眼睛能看到的物体的样子。这是电视最大的特点之一，应该善用。电视记者都应有很强的图像观念，在新闻事件中，凡能用形象表达的东西均应尽可能用形象表现。例如山东台的《台湾同胞回青岛探亲》，表达了惜别40年的父子重逢的又喜又悲的心情，电视里用父与子的特写镜头反映这次重逢，激动得使人落泪。而靠文字和声音，很难达到这样的效果。

声音——耳朵能接收的信息。应该充分发挥电视的优势，电视记者应把新闻现场有新闻价值的声音录回来，通过声音来反映新闻事件。这些声音包括音响、音乐、播音员的介绍、记者同新闻人物交谈和新闻人物的讲话等。

文字——眼睛和耳朵两个通道均不能感受到的信息。比如鼻子闻到的气味，皮肤触到的轻重、冷热，舌头品到的味道等，都要转化为文字或口头语言传递。另外，不能用形象和声音表现的历史背景、名字、数字、知识等，也都可以转化为文字，通过眼睛这个通道，把信息反映到人的大脑中去。颜色——眼睛能够识别的色调。现在我们使用的都是彩色电视机，红、蓝、绿是其基本色，还可以调出赤、橙、黄、绿、青、蓝、紫等各种颜色。所以，在彩色电视新闻的创作中，要重视颜色的应用。

运动——眼睛和耳朵能接收到的不断变化着的信息。对于报纸来说，它只能接受"过去时"的、固定的信息，比如照片只能反映一瞬间固定的形象，不能反映活动着的形象。对于广播来说，它可以通过声音了解变化着的事物，但只能闻其声，却不能见其形。电视则不同，它不仅可以记录下活动着的形象，还可以记录下活动着的声音，由此就可以把新闻事件反映得更加生动活泼、真实可信。现场直播、现场采访、连续报道等正是属于这类报道形式，要善用。

另外，就当时电视新闻的情况来讲，要提高电视新闻的质量，我认为还要突出抓好"三性三感"。"三性"即内容的针对性、播出的时效性、表达的形象性。"三感"即现场感、对象感、参与感。而要达成这一目的，就要抓好五个环节，也就是采、拍、录、写、编。

采，即现场采访；拍，即要把新闻事件中观众最有兴趣的、最能反映新闻事件特征的图像拍到；录，即把新闻事件中最能反映新闻特点的音响录下来；写，即要重视电视新闻解说词的写作；编，即编辑制作，把画面、音响、解说、字幕有机地结合起来，生动地向观众报道新闻事件。

2. 这才叫新闻！

现在提到《新闻联播》，说它是中国收视率最高、影响力最大的电视新闻栏目，是全世界拥有观众最多的电视栏目，一点都不为过。但很多人也许并不知道，《新闻联播》的绝对地位并不是先天的，中间经历了一个很长的改革与发展过程。

从"旧闻"到"新闻"

1978年，中央电视台《新闻联播》正式开播，学界和业界都把它的成立看作是中国电视从娱乐工具转变为新闻传播工具的重要标志。

《新闻联播》是中国改革开放最忠实的记录者，而从1982年9月1日起，中共中央关于"重要新闻首先在《新闻联播》中发布"和"'宣传党和政府的声音，传播天下大事'的节目宗旨"的明确规定，不仅是对《新闻联播》栏目的肯定，也是中央电视台成为独立的新闻发布机构的重要标志。

但是，对于承担着"新闻立台"这一重大使命的《新闻联播》来说，还有很长的一段路要走。据统计，1983年全国的新闻报道量为10123条，平均每天只有28条。新闻篇幅过长、时效不强、报道面窄、播出次数少、思想观念受束、社会影响力不大等很多问题依然严重地影响着节目的良性发展。改革迫在眉睫。

可以说,我的到来正好赶上了一个好的"契机",因为当时中央及广电部领导也意识到了新闻改革工作的重要性。我到中央电视台正式报到是在1985年7月,而1983年3月召开的广电部第十一次全国广播电视工作会议上,吴冷西部长就在报告中提出了"立志改革,发挥优势,努力开创广播电视工作的新局面"的任务,他还提出了电视是以新闻为骨干的多功能宣传工具的论断。在当时,这是电视理论上的重要突破。此外,中共中央下发的37号文件,也提出以新闻为突破口,带动整个宣传工作、技术工作、后勤工作,以及机构体制等各方面的改革。

新闻怎能不新?于是,根据我们写的《关于电视新闻改革的几个问题》的调查报告,电视新闻的改革首先是从提高新闻时效性、扩大新闻信息量和调整新闻结构开始的。

时效性方面:鉴于中央人民广播电台的《全国联播》是在晚上8点,所以我给新闻部的同志定下了一条规矩:今后,记者采回素材后,先不要回家,把节目做好,晚上播出。这样一来,《新闻联播》的时效性大大增强:党和国家领导人下午5点多的活动也上了当天的《新闻联播》,下午6点甚至更晚才收到的新闻也作为"本台刚刚收到的消息"播出。

信息量方面:《新闻联播》中播出的新闻,由过去的十几条新闻增加到了三十几条,且既有重头戏,也有15~20秒的动态消息,还有无图像口播的一句话新闻。同时,在报道中开始注意报道形式的多样性,不再仅仅是播音员念新闻,而是加入了记者在新闻现场进行实地采访和事件当事人上镜的画面，如此一来，新闻的感染力大大增强。

内容结构方面：针对某个工厂或乡镇企业等没有重大新闻价值的讯息占据大量时间的情况，乡镇企业等经济信息类新闻从《新闻联播》调到《经济信息联播》。同时，在《新闻联播》中增加科、教、文、卫、体新闻和观众比较关心的社会新闻。这样一来，新闻才是真正的新闻，不仅有已经发生了的新闻，还有正在和刚刚发生的事件报道。

经过这样一番调整和改革，以《新闻联播》为代表的中国电视新闻开始呈现强劲的上升势头，并逐渐成长为中国几亿受众获得国内外要闻的主要渠道之一。但是，这仅仅是第一步，如何进一步摆脱广播、报纸、电影的影响，切实按照电视自身的规律办好电视新闻，还将是一个长期的任务。

破常规，美国新闻上头条

在《新闻联播》的改革中，最让人振奋的一次，当属把美国挑战者号升空时爆炸的新闻放在头条。在今天看来，这是稀松平常的事情，但在当时是极冒险的大事。

按照以往《新闻联播》的编排思路，先对内后对外，即国内新闻在前，国际新闻在后，这一编排顺序已经延续了很多年。但是，在1986年1月29日，当我们收到"美国挑战者号在升空过程中爆炸"这个世界性的重大新闻时，就有国际新闻组的同志提出，是否可以放在头条。

虽然也有人反对，但经过再三研究，我们最终决定把这条重大新闻放在头条。不过说实话，当时我最终拍板将这条新闻放头条时，心中依然存有顾虑。首先，我们颠覆一贯的传统，观众能否接受？其次，将美国新闻放在国内新闻之前，领导的态度又会怎样？不过，这条新闻的新闻价值确实太重要了，相信全世界的报纸、广播和电视都会把它放在头条，难道只有我们"落伍"吗？

我们将这条新闻编排了 6 分钟的时间，内容非常充实，除了有升空以后爆炸的全部实况外，还介绍了挑战者号上成员的背景，报道了当时美国总统和美国社会各界的反应。节目播出后，好评如潮，有人还把这一次改革事件当成是央视新闻改革的典型例子。

由此，新闻才更像新闻了。可见，很多时候，危险和机会之间是一种对立统一的关系，有危险的地方往往也潜藏着机会。只有敢于打破常规，求新求变，才能取得改革的成功。

3. 丁关根新鲜提法：衣食住行看

1993 年 3 月 1 日，我们对央视的新闻节目做了一次较大调整：播出次数由每天 4 次增加到 12 次，实现了重要新闻的滚动播出。全天播出新闻总量由 65 分钟增加到 165 分钟，视野更开阔，容量更大，形式更活泼。但我们的这一举措并非是贸然行动，而是在认真学习中共中央宣传部有关文件的基础上提出的。

当时随着对电视功能认识的不断深入，到 20 世纪 90 年代，对广电领域实行改革的呼声越来越高。在这种背景之下，上级部门也多次提出相关要求。

1993年春，中共中央宣传部下发了一个关于全国宣传思想工作指导思想的文件，要求各个新闻媒体注意抓热点，让工人、农民、战士、干部、专家、学者对热点问题发表意见，通过参与交流的方式来引导群众正确认识形势。

电视宣传座谈会上，中宣部部长丁关根作重要讲话："在宣传内容上，要面向群众，面向实际，注意面向广大群众最关心的各种热点、难点和疑点问题。在宣传方式上，要改进宣传方法，注重宣传效果，多采取民主讨论、相互交流的方式，做到生动活泼、可信可亲。"而对于中央电视台的改革方向，丁关根部长更是寄予了厚望，他说："今年要努力争取使电视节目有一个较大的改观，要从群众的需要出发，开辟新的栏目，在形式上有所创新，要增大信息量，增加新闻播出的次数。"

于是，根据中央领导的要求，我们率先对中央电视台的新闻节目做出了较大调整。

1993年5月5日、7日、18日，依照丁关根同志的提议，中央电视台连续召开了三次座谈会，依次向普通观众、各部委、电视工作者征求意见，共同商讨电视事业的发展大计。而每次召开座谈会丁关根、李铁映以及中宣部、广电部的一些同志都会提前来到会场，并认真倾听每个人的讲话，还时不时地做着笔记，足见政府对中国电视事业的高度重视和大力支持。更让人欣喜的是，在座谈会上，与会者兴致都很高，大家争相发言、献计献策，积极为中国电视事业的发展出了不少好点子。

对此,一位从事电视工作三十多年的"老电视"这样感慨:"从未见有这么多人专门就电视开这样的会议,而且气氛如此热烈,上上下下对进一步搞好我国电视事业的心情如此急切。"

正是在这次会议上,丁关根提出了一个十分新鲜的说法:衣食住行看。打破之前一直在讲"衣食住行"的提法,增加一个"看"字,这表面上是一种说法的改善,纵深来看,则是一种对电视发展规律的正确把握,及对生活理念的与时俱进的更新。

可以毫不夸张地说,电视的普及是改革开放带给中国的巨大变化之一,在此之前很少有一种媒介能像电视一样,拥有那么广泛的覆盖面和传播面,那么强的辐射力和渗透力,并深刻改变和影响了国人的生活方式。正像当时流行的一种说法:"是电视把地球变成了一个村庄,数十亿人可以同时观看一个正在发生的事件。"

事实也的确是这样:截至90年代,我国已拥有近600座电视台,有2亿多台电视机,有8亿多观众。这样一个庞大的数字是惊人的,足以说明"看"对人民生活的重要性。如果说"衣食住行"表达的是人们对物质生活的需求,"看"则是指精神方面的需求,这是时代进步和人们生活水平提高的标志,同时也彰显了中国电视的魅力和重要性。与会代表国防科工委副政委李继耐讲到这样一个真实的小故事,正是电视魅力的最好注脚,他讲道:"我们的战士说,要像爱护武器一样爱护电视机。有一次,远在沙漠深处的航天战士看到《新闻联播》里自己的几秒钟画面,激动得奔走相告,还专门开了个庆功会。"

而更令人欣慰的是,"衣食住行看"这一提法得到了与会同志的广泛认同,他们都认为应该更重视电视的功能和作用,利用它去做更多有意义的事情。

比如,社科院的离休老干部温济泽就说,很多老同志非常喜爱看电视,经常要看到电视上满是雪花才去休息。电视有这么大的影响力,可以用来做很多事情,譬如加强爱国主义教育,让我们的年轻人了解历史,了解历史上的很多优秀人物。演员于蓝说:"每个人都离不开电视,从中大家可以知道国际、国内的情况,同时也希望得到健康、生动、活泼的娱乐,从中得到知识,受到教育,给人以启迪。中央电视台有些节目就深受欢迎,如亚运会、奥运会的报道,如《动物世界》。"还有与会者从教育的角度谈了自己对电视作用的看法。比如,中学教师任小艾从教师角度为中学生代言:"学校教育之外,电视是社会影响力最大的一个,中学生非常迷恋电视,因此能否为中学生开一个跨世纪栏目,谈谈中学生的热门话题?"再如,国家教委专职委员会林炎志则说:"利用广播电视进行教育工作(教育界也叫"远距离教育"),可以大大提高师资的利用率和教育条件。"从"衣食住行"到"衣食住行看",这实在是一个令人欣喜的进步,也正是中央领导和电视各界顺"势"而为的产物。

1990年春节期间,电视台播出的这样一条新闻引起各界热议：江泽民乘车路过复兴门，突然下车走进路旁的人群，与普通群众亲切交谈。周围的人十分意外，但立即热情地围聚上来，与国家最高领导人自然地交谈。

为什么打破常规，报道出领导人平易近人、生活化的一面，反而更受好评？与会代表也都纷纷表示，我们的电视应该更多地播出一些这样的新闻，让电视更好地成为联结领导和群众的沟通桥梁。这样的认知不仅在当时，即便放在现在，也有着很强的指导实践意义。此外，怎样反映社会中出现的热点、难点，也是几次座谈会中讨论非常集中的问题。比如丁关根同志高度赞扬了不久前中央电视台关于大连火车站向旅客征收保险费的系列报道，认为报道效果很不错，希望今后加强类似报道。电力工业部部长史大桢提出，热点是非问题应该弄清楚，要紧抓不放，弄出结果，观众才能解渴。他还进一步指出中央电视台在这一过程中的作用——中央电视台要站在一个相当的高度做好引导工作。改革是在实践中改，光说教是不行的，如对股票的认识，都说有风险，但没有解剖，不易使人认识到。对此，李铁映紧接着提出了自己的建议：各部委是否就本部门的热点、疑惑问题、群众关心的问题研究一下，或自己拍摄，或让电视台拍摄，向普通观众播出，因为最清楚热点、疑惑点的是各个部门，能够正确解答这些问题的也是各个部门。

还有与会同志对电视台发展中存在的问题提出了直截了当的批评：如国家经贸委副主任俞晓松认为，政府转变职能的问题应该热但热不起来的重要原因之一，就在于没有尖锐舆论力量的推动；中央戏剧学院戏剧艺术研究所副所长郦子柏指出，中央电视台综艺晚会的水平有所下降，一些平庸低俗的相声、小品不时地出现在屏幕上；中国青年政治学院副院长张修学认为，电视报道的时效性还是不够，应增加对现实问题的争论和讨论；北京亚都人工科技环境公司总经理何鲁敏则认为，中央电视台节目严肃有余，形式上应多创新。

更多与会同志针对电视台如何把节目办得更好建言献策，比如中科院心理研究员虞积生建议，中央电视台要加强对自己节目播出后的研究，加强对反馈信息的研究，如收视率调查、观众座谈会、专家评审会等。还有代表建议应大力培养我国的电视评论员，提高电视节目主持人的素质，增加面对生活、面对现实的新闻、文艺节目，加强电视理论的研究。

与会者为中国电视的发展积极建言献策的热情感染了现场的每个人，更为中央电视台更快更好地发展提出了诸多前瞻性意见，让央视人受益颇深。对此，丁关根风趣地对我说："老杨，你是大丰收啊！工农兵学商老中青各方面代表都提了很好的意见，我看既是勉励，又是鞭策；既是亲切，又是着急。大家都有紧迫感，确实把办电视看作是自己的事情。"的确，顺势而为，中肯诚挚，这次会议对央视后来的发展起到了很重要的作用。遵循会议精神，我们之后所进行的大刀阔斧的改革都取得了较为显著的成效，为中央电视台真正走上腾飞的道路奠定了坚实的基础。

在评价央视那些年改革的成就时，很多人会说这和杨伟光的领导是分不开的。我深知这是大家对我及我的工作团队的肯定，但如果让我这个当事人和见证者来说，我觉得首先要归功于当时的"时"与"势"。我相信，如果没有中共中央及时下发的指导思想，以及各级领导部门的全力支持，央视的改革不会那么顺利。可以毫不夸张地说，是时代给了我们最大的机遇，也是时代成就了我们。

在任何一个时代，任何一个人所取得的成就，都离不开他所生活的时代背景。当年央视开启改革创新之路时，也有着深刻的时代背景。而其中最大的背景是改革开放的大潮，置身于其中的中国广电业又岂能独善其身？

自1978年改革开放的方针确立之后，一时间，"改革"成为刮遍全国的飓风，以一种绝对傲然的姿态席卷中国大地，从经济到科技、教育、文化，各个领域都不能幸免。20世纪90年代，正是中国的改革开放进行得如火如荼的时刻，尤其是邓小平南巡讲话提出"不争论，大胆地试，大胆地闯"之后，深化改革、扩大开放的势态更是蔓延到各行各业。感受着这股春风，整个广电业也振奋起来，先是一些地方台开始呈现出更加活跃开放、蓬勃向上的势头，这给当时整体上还在过着循规蹈矩日子的中央电视台以很大的压力。作为国家级电视台，要想在改革大潮中守住自己的地位和形象，顺势改革成为唯一的出口。可以这么说，央视的改革在很大程度上是形势所迫，也是大势所趋。

4. 从"太阳"情结说开

当年，为《东方时空》这一栏目的名字敲下最后一锤的还是我。当时我们都想给这个新创办的栏目起一个响当当的名字。在商讨的过程中，或许是因为那一年是毛泽东诞辰100周年的缘故，大家一直陷在"太阳"情结中。筹备小组最开始报上来的名字是《新太阳60分》，寓意每一天都是新的。这个名字听起来有点意思，但再三思考，我还是觉得有些不妥，于是把孙玉胜找来，说："你们是否考虑换一个名字……'新太阳'会让人误会，人家会反问，难道还有老太阳吗？"

但是，这些年轻人都很喜欢这个名字，坚持要用这个名字，最后还是我下了定论："你们不要坚持了，谁都知道过去把毛主席比成太阳，你来个新太阳是什么意思？当然你不一定这么想，但是有的人看了会这么想，说新太阳是否定毛泽东，你们何必找这个麻烦……你们再多想一些题目，我们从中再做选择。"

这一下，这些年轻的姑娘、小伙没话说了。又过了几天，他们来找我时，拿出了10多个名字让我挑选。我不得不感叹，他们真是一群充满了朝气和创新精神的年轻人。当我看到《东方时空》这个名字时，当真是被触动到了——很大气，很有创意，而且有着丰富的内涵，丁关根同志也很欣赏这个名字。

中国是东方的代表，时空之"时"，有历史感，时空之"空"，有空间感。同时它还很有气势，既能意会我们文明古国的泱泱大势，又能开通历史和现实的时间隧道，彰显大国雄风，很有可能做成品牌栏目。我当即就在《东方时空》这个名字上画了一个圈，节目名称就这样被最终确定了下来。随之而来的是四个小栏目名称的调整："太阳之子"变成"东方之子"，"太阳家庭热线"变成"生活空间"，"新太阳金曲榜"变成"东方时空金曲榜"，"太阳扫描"变成"焦点时刻"。

紧接着，筹备组又采用当时刚刚兴起的二维动画技术制作了一个十分精美的片头，并配上了优美动听的音乐。

1993年5月1日早晨7时，中央电视台一档全新的栏目《东方时空》正式开播。从此，在中国电视荧屏上的冷门时间——早上7—8点又多了一个亮丽的身影。《东方时空》的开办被誉为"开创了中国电视改革的先河"，第一次在中国电视界引入了"早间新闻"的概念。

也许有人会感到奇怪，为什么是从《东方时空》算起，而不是之前的《新闻联播》？虽然这几个动作在当时影响都很大，都得到了全国电视观众的一致好评，但是，无论是时效性的改进，还是新闻报道容量的扩大，抑或是新闻结构方面的调整，这一切都只能算是"改进"，是量的变化，算不上是真正的新闻改革。真正的新闻改革是从《东方时空》开始的。

被称为"开创了中国电视改革的先河"的《东方时空》，它的开创性具体体现在哪些方面呢？

（1）"播出时间"：冷门时间也是黄金时段。

我们选择将《东方时空》放在早上7—8点的时间段直播，中午重播，这在当时是令所有人跌破眼镜的决定。因为在这之前，中央电视台的开播时间是早晨8点，这意味着8点之前是没有节目的。我的这一决定，将打破中央电视台以往的播出习惯，而且把一天的播出时间加长了一小时。

按理说，对于这样一个新栏目，并且是付出那么多心血做出的一个深化改革的重头栏目，是应该优先安排在黄金时间播出的。的确，我也这么想过，但站在改革潮头的我们，也有着诸多不得已的考量。最终，在考虑再三之后，我还是决定放在冷门时间播出。要知道，退回到20年前，中国社会的开放远没有到今天的程度。对于涉及敏感字眼的报道，要承担的风险与压力也要大得多。所以，我必须要将风险更小化，即使出现问题，因为冷门时间的受众较少，也可以将负面影响降到最低。

同时，还要考虑到公众、领导与社会对这类题材的接受能力。节目首先放在冷门时间播出，可以给公众一个充分的接受过程。有不少人说，早上7点都听广播，谁会看电视呢？但我相信，只要节目做得好，没有观众也可以培养观众。果然，在《东方时空》开播一两月后，很多观众养成了早上7点看电视的习惯。1993年的报纸曾有过这样一段评价："中国人最熟悉的音乐可能要数《东方红》和第五套广播体操——中央电视台的早间节目《东方时空》，使一些人早上起床要伴着电视里的晨曲洗漱了。"

（2）形式：谁说新闻节目不可以活泼多变。在形式上，《东方时空》打破了"图像+解说=电视节目"的中国电视节目的固有形态。长期以来，中国电视节目留给观众的普遍印象就是呆板，公式化制作套路，单调的图像，充满说教味的解说词，缺乏亲和力和生动性。在这种情况下，我们决心要打破这种固有模式，为观众奉献一档真正有新意的栏目，于是《东方时空》诞生了。采用电视杂志式（将不同内容和形式的节目编排在一起），将《东方时空》打造成一档电视杂志型专栏节目，栏目时长40分钟。同时，我们还在另外两个方面进行创新：一是设置节目主持人，拉近节目和观众之间的距离；二是一改从前那种记者旁述的冷漠和隔阂，采用现场采访和纪实采访的方式，让大量普通百姓能够面对摄像机表达自己的真实想法，成为新闻的主人。

让电视成为记录普通百姓真实生活与思想的显微镜，让电视成为老百姓的代言人，这正是我们追求的目标。《东方时空》做到了，所以很多人说，《东方时空》不仅是一档成功的电视栏目，也从侧面反映出我国更加民主、开放的社会进程，而这层意义远远超过了一个栏目本身的意义。

（3）内容：开始"接地气"了。在内容上，《东方时空》设置了《东方之子》《生活空间》《东方时空金曲榜》和《焦点时刻》4个不同定位和各具特色的小栏目。

《东方之子》是一档人物专访栏目，但又有别于传统的人物专访以介绍人物为核心。它是通过主持人与被访人物的双向交流，来生动具体地展现人物的独特风貌和气质的。该栏目涉及政界、科技界、文教界、体育界、艺术界、企业界、军界等众多领域。

而对于"什么人是东方之子"这一关乎节目定位的核心

问题，我们也经历了一个由模糊到清晰的摸索过程。比如有些歌手，因为唱火了一两首歌曲就被选入了东方之子的行列，这样真算是东方之子吗？如果是这样，那东方之子也太不值钱了！为此，我提醒栏目组说："东方之子应该针对那种对中华民族有重大贡献的人，比如两院院士，还有一些部长、省长、人大常委、政协常委。没有真本事也当不上，这些人才是东方之子。国外的一些杰出华人华侨也可以，比如杨振宁。必须是高水平的、有重大贡献的人才能上《东方之子》栏目。"

同时我还建议栏目组，要搞成系列才会有影响力。比如一个月宣传一个院士，一年12个，影响不大；如果连续12天介绍12个院士，影响就会很大。在那以后，栏目组制作了很多系列节目，如院士系列、大学校长系列、将军系列、总编系列、主治大夫系列、先进人物系列等，反响都很不错。

正是在不断的改进与探索中，我们对于"东方之子"的衡量标准逐渐明晰起来：他或她的事迹以及经历应该具有相当的知名度，并能引起公众对其人生历程和内心世界的广泛兴趣。同时，他或她的事迹或经历能在一定程度上反映出社会的多样性、变动性，并为观众提供多方面的启示、多色彩的感受和多层次的兴趣。随着定位的清晰化，《东方之子》的含金量大大增加，逐渐成了一个让人肃然起敬的栏目，很多人开始以上《东方之子》为荣。

《东方时空金曲榜》的栏目定位也经历了这样的一个过程。栏目最初是为青年观众设置的，所以最初播放的都是些爱情至上的流行歌曲。于是，问题很快就出现了：很多人反映说栏目忽略了其他年龄层观众的需求，比如中老年观众，他们就表示希望听到他们年轻时的那些歌曲。于是，我就跟栏目组的人说，你们应多播放一些20世纪30年代以来的观众喜欢的优秀歌曲。问题又来了，节目组的同志就抱怨说，社会上制作的MTV都是流行歌曲。于是，我就让台里拨出200万元，把20世纪30年代以来的优秀经典歌典拍成MTV，而且要成系列，每周播放2~3次。从那之后，大力发展民歌名曲就成为《东方时空金曲榜》明确的发展方向。

当然，这并不意味着我们就不关注新歌了。为了持续推进当代歌曲的蓬勃发展，在制作并推出《中国民歌经典系列》，保存经典老歌的同时，我们也制作并推出《新歌榜》，并很快成了名作曲者、名词人、名歌手关注的热点。

许多人表示："让我上一次金曲榜，不给酬金也可以。"

《生活空间》最初是跟旅游总局合作的，主要讲述名胜古迹。在讲述中常常会涉及帝王将相的故事，且常含一些封建迷信的东西。这样播了几期，我觉得不行，该栏目应该更强调对老百姓生活的贴近性。于是，我就对节目组的同志说："节目这样定位可不行，应该关注普通人，反映他们的真实生活、理想、困难，甚至困惑，不要总讲皇帝的故事。"

后来，《生活空间》将栏目定位改为"讲述老百姓的故事"，更加强调知识性、娱乐性和贴近性，以提高普通人的文化生活水平和全民的人文素养水平为己任。同时，栏目对《走天下》《老百姓》《红地毯》《健康城》4个小栏目进行了重新设置:《走天下》强调故事性,主要介绍名胜古迹;《老百姓》强调纪实性,以真实反映老百姓的喜、怒、哀、乐为己任;《红地毯》集中报道文艺、体育方面的最新动态;《健康城》则重在传播健康知识。

《焦点时刻》是最能响应中央领导同志提出的"要抓热点话题"这一指示精神的栏目。而为了做到这点,我们摒弃了过去只讲好的方面的固有思路,将触角延伸到了群众最关注的社会问题上,比如不正之风、官僚主义、道德问题、犯罪活动等。但这些在当时都是非常敏感的内容,尺度很难把握,所以这是我花费心思最多的一个板块。为了确保万无一失,我不仅自己每天准时看,还要求台里的主要领导每天早上 7 点也准时收看。一旦发现问题就马上打电话沟通,以便能够及时修正,在中午的重播中改正。

(4) 管理和运作体制:不再受制于经费和传统模式。

《东方时空》曾被称为"特区"试验品,因为它采用了一种有别于以往节目的运作体制——承包制,后来这项机制又演变为更符合电视特点和规律的制片人制。

"承包制"这个概念是孙玉胜提出来的。在酝酿《东方时空》这个栏目之初,台里其实就已经决定在这个栏目上实验一种新的体制。当时我对负责这件事情的孙玉胜说:"给你两项政策,一是经费包干,二是节目你把关,变'新华体'为'中新体'。"于是,孙玉胜提出了"承包制"的概念,并且向台里提交了一份《〈新太阳 60 分〉节目申请承包的报告》(后来正式定名为《东方时空》),准备向台里申请

9047000元的节目经费,并立下军令状——"如果栏目编辑组未能完成承包指标,如超支和减收,则由台里对其工作人员实行惩罚,具体办法除行政方面,扣除期为一年。"

不过,最后这个方案并没有被采用,而是决定给他们5分钟的广告时间,他们能挣多少就花多少。现在看来,还真是有点不可思议,居然正是这个看似简单的承包决策,拉开了央视节目制作体制改革的序幕。

这在当时是一项冒险的决策,没有人知道结果会如何。我们真正觉得做对了,是在《东方时空》赢利之后。先是栏目开播一个月之后,栏目组用其广告收入还清了向台里借用的20万元的启动资金。然后,从第二年开始,栏目组有了盈余,开始向台里交结余,10年间共上交广告收入10多个亿。

很多人都说《东方时空》是一档成功的节目,可是,究竟成功在哪里呢?关于这个问题,我觉得孙玉胜说得不错:《东方时空》的成功在于改造了电视人的语态,即把长久以来的"新华体"改变为"中新体",把长期以来高高在上、不容置疑的话语方式变为真诚亲切、聊天拉家常的话语方式。与内容上的突破相比,《东方时空》话语的亲切和传播方式的鲜活才是让观众惊喜的真正原因。

还有一点很重要,那就是作为一个决策者对节目的战略把握。一个新栏目,尤其是像《东方时空》这种既具有开创性又具有风险性的新栏目,怎样才能在不触及政策,顺利播出的同时,又获得观众的口碑呢?要知道,改革开放虽是不可逆转的大趋势,但改革决不可能一步到位、一步登天,而是需要分阶段前进。所以,"审时度势"这个词在改革过程中就有了别样的意义。

而要做到审时度势,至少要做到这样两点:一是对改革开放政策有一个较为深刻的理解,只有这样,才能把握好政策放开的程度;二是处理好两个承受能力:群众的承受能力和领导的承受能力。

5. 成功探"雷区",引发"说情风"

在中国电视史上曾刮起一股独一无二的"说情风",被曝光的地方官纷纷来说情,队伍排起了长龙。这就是著名的"《焦点访谈》现象"。

创办《焦点访谈》时,我已经不年轻了,58岁,更适合急流勇退、平稳过渡的年纪,而我和我的团队不仅在大胆前进,更是踩在"雷区"上冒险。

有人说,如果不办这个栏目,谁也不会说杨伟光这个台长当得不好,但是如果办不好,杨伟光的职业生涯可能会遭受致命的打击。

或许真的是这样,但是,既然是改革者,就不能为了一己的荣辱而裹步不前。真正的勇者不是一味地规避风险,而应该迎难而上,直面挑战和风险。

1994年4月1日19点38分,伴随着激昂的音乐,伴随着一段浑厚的男中音,以一个矗立在地平线上的简洁的城市楼群为衬,一只由红、绿、蓝三原色构成的大眼睛标志升腾而现,中国舆论的"急先锋"来了,它就是《焦点访谈》。

"时事追踪报道,新闻背景分析,社会热点透视,大众话题评说,每日请看《焦点访谈》",我觉得,在这耳熟能详的激情声音背后,不仅仅是一个高水平的新闻评论栏目,也不仅仅是一个万众瞩目的焦点栏目,更体现了中央新闻单位观照现实、关注民生、勇担舆论监督使命的责任感,以及媒体人不畏风险、勇于挑战、大胆改革的风云情怀。

再创焦点

1993年年底,当亿万观众还在为《东方时空》——这个冷门时间里蹦出的黄金品牌感到惊奇、惊喜的时候,我们已经开始酝酿新的改革。

那是在1993年11月,我找到沈纪,说:"如果在黄金时段办一个类似《焦点时刻》的焦点栏目,难度很大,风险也很大,但如果把握得好,轰动效应也会很大。你们敢不敢干?敢干,《新闻联播》后的黄金时段给你们。"那个时候,我已经很清楚地意识到,中国社会需要一档这样的节目,如果办得好,中国将拥有属于自己的高水平的新闻深度评论栏目,意义不可估量。

一周后,沈纪给我的答复是:"杨台长,我们敢干。"

对于这档节目,制作组都投入了极大的热情,相信所有人都感觉到了,这是历史给予他们的一次机遇,也是对他们能力的一次极大的考验。

终于,在大家的共同努力之下,《焦点访谈》这个承载着太多人期待与情感的栏目,于1994年4月1日19点38分正式开播,每期13分钟。从《焦点访谈》的这个名字来看,就能明显地感觉出它以敏感题材、舆论监督为特色的栏目定位和关注热点、焦点、难点新闻事件的选题方向，以及通过"新闻分析+访谈述评"方式进行深度报道的节目形式。

作为我国第一个舆论监督的节目，《焦点访谈》采用演播室主持和现场采访相结合的结构方式，使报道有着落、评论有依据，述与评相互支持、相得益彰。作为一个话题专栏，我们对《焦点访谈》的定位为：对上下普遍关注的国内外热点问题进行聚焦报道。聚焦社会热点——这也是《焦点访谈》的最大魅力所在。

关注社会大事、聚焦新闻热点、反映人民意愿……因为节目做到了人民的心坎里，所以，自播出起，《焦点访谈》节目便在亿万观众中间引起了强烈反响，成了一个被全国的电视观众关注、谈论的焦点话题，并成功地走出了一条电视新闻评论的成功实践之路。此外，《焦点访谈》栏目的意义还在于，它的出现结束了中国没有电视新闻评论节目的历史，也使得"焦点""访谈"类节目在全国各省市电视台遍地开花。

《焦点访谈》播出的第一期节目《行情看好——'94国债发行第一天》，报道了当天开始的1994年度国债券发行的情况、有关人士的评说和群众的反应。开播第二天，节目即得到了来自社会各界的关注和好评，《人民日报》也于次日发表署名文章——《〈焦点访谈〉开了好头》。文章说，这次国库券发行不仅数额大，而且对全国的经济大局具有非常重要的意义，为此，有关方面在发行的措施上做了许多调整和改进。了解这些情况的群众踊跃前去购买,而有一些群众一时还不太清楚,很想了解这次国库券发行到底是怎么回事,也想听听别人是怎样看待这件事情的。从这个意义上,第一期节目很好地抓住了当前群众关心的一个"焦点"问题。开头开得不错,值得祝贺。

开播第三天,也就是1994年4月3日,《焦点访谈》播出了自己的第一个监督节目《北京郊区:耕地上建起一座坟茔》:对北京的一个郊区占用耕地修建坟墓的事件做了批评报道。节目线索来自于观众的电话举报,原本这名观众是向《观察思考》提供线索的,不承想却成就了《焦点访谈》的第一期批评报道。此次节目报道的事件虽然不大,却是对"滥用权力"行为的一次旗帜鲜明的监督,引起了强烈反响。

之后,秉承"舆论监督"的旗帜,《焦点访谈》乘胜追击,用自己的坚守与热情打造了一系列影响力巨大的节目,如《盗伐危及大动脉》《"罚"要依法》《河道里建起商品楼》《难圆绿色梦》《巨额粮款化为水》《和平使沙漠变绿洲》《"粮食满仓"的真相》《吉烟现象》《铲苗种烟违法伤农》《洗不掉的恶行》《追踪矿难瞒报真相》等。正是凭借着这些轰动一时的经典之作,凭借着其对社会的深切关注,对人们的深切关怀,对不公不正的舆论监督,《焦点访谈》迅速崛起,成了一档"使百姓拍手称快,使高层拨冗瞩目,使国内同行钦佩"的焦点栏目,被喻为中国舆论监督的"急先锋",更创造了中国电视上的收视奇迹——傲视群雄的高达35%的收视率。

《焦点访谈》"火"了

《焦点访谈》火了！火到什么程度呢？《新闻联播》中观众最关心的一句话，往往是主持人的最后一句——预报当天《焦点访谈》即将播出的内容。

《焦点访谈》火了，火到人们在聊天时常常会不自觉地提及《焦点访谈》："看中央电视台的《焦点访谈》了没有？"

《焦点访谈》的影响力实在太大了，一个报道也许关乎一个人的前程命运和政治荣辱。如山西省的假酒害死人事件被《焦点访谈》曝光后，引起江泽民总书记的关注，并作出批示：卖出去的要全部收回封起来。如此种种的负面消息，弄得山西省省政府极为被动。正是源于这种中国电视史上独一无二的"《焦点访谈》现象"，被曝光的地方官纷纷来说情，一时刮起"说情风"。对此种"说情风"，曾有报道戏言，当时中央电视台门前有两个队伍最长，一个是地方官员的说情队伍，一个是找中央电视台反映问题的老百姓队伍。

我们感到很欣慰，因为办这个节目的初衷达到了，我们在履行社会职责上尽了自己的一份心力。

《焦点访谈》不仅受到国内各阶层人士的好评，也得到中央领导的肯定。曾有中央领导建议让《人民日报》也开办一个类似《焦点访谈》的栏目。

据统计，在中国电视领域，《焦点访谈》是领导视察、批示最多的栏目。据不完全统计，仅1998年的4月到9月底这短短6个月中，被朱镕基总理批示过的《焦点访谈》节目就有27期。其中有关"粮改"的节目7期,有关禁伐天然林的节目2期,有关坚持土地承包政策的节目3期,有关质监系统执法问题的节目2期,其他类节目13期。还有一期节目被江泽民总书记做过批示。如此殊荣,恐怕唯《焦点访谈》独有。

1995年年底,《焦点访谈》播出一期名为《在补碘的名义下》的节目,揭露山东省单县卫生防疫站副站长为牟取私利,未经批准,自行携带碘钙营养片到单县城关镇第一完全小学推销,导致服用的796名学生中有412名出现不良反应,其中更有391名进医院诊治。该节目播出后,引起江泽民同志的高度关注,他立即打电话给中央有关领导和卫生部负责人,指示他们迅速采取措施,抢救小学生,同时依法惩处见利忘义的不法分子。

正是在江泽民同志的高度关怀下,事情得到了迅速解决,不法分子也受到了应有的惩罚;同时,也促使山东省在全省范围内对食品与药品进行了一次清理整顿;而且卫生部也向全国发出《关于防止滥用碘制品和加碘食品的紧急通知》。通过媒体舆论监督的力量,引起社会及政府对社会焦点事件的高度关注,并促使事件的迅速解决,缓解社会矛盾,平衡心态,维护稳定,伸张正义,正是我们办这个节目的意义所在,也是我们媒体及媒体人肩负的使命所在。

除了江泽民总书记,三届总理也都曾给予《焦点访谈》节目高度的评价。1997年除夕,李鹏同志到中央电视台视察。在《焦点访谈》栏目组,他笑着说"《焦点访谈》是大家都爱看的节目",同时为栏目写下"焦点访谈,表扬先进,批评落后,伸张正义"的题词。而时任国务院副总理的李岚清则是这样评价《焦点访谈》的:"真实,图像、声音俱全,让被曝光者有口难辩。"

2003年8月26日,温家宝总理视察中央电视台,在《焦点访谈》演播室赠言:"与祖国同在,与人民同行,与世界同步,与时代同进。"

朱镕基总理更是对《焦点访谈》关注颇多,有外界人士戏称他是《焦点访谈》的真正"老板",而我们内部人则把他当成是节目真正的终审人。他曾多次公开表扬《焦点访谈》栏目。1996年12月16日,《焦点访谈》制作播出节目《盗伐危及大动脉》:包头至兰州的铁路穿越腾格里和毛乌素沙漠,为防止风沙侵蚀,保证行车安全,国家投入了大量人力和物力,在铁路两侧修建起了一条条防沙林带。但是,银川段铁路沿线的一些农民为了微末小利,大肆砍伐林木,昔日绿树成荫的防护林带上留下一片片光秃秃的树桩。由于防护林不能起到固沙作用,风沙重新上道,直接威胁行车安全。在1997年年初,朱镕基总理在一次会议上就提到这期节目,他认为这期节目做得很好,揭露的问题触目惊心。不仅如此,他还从编辑技巧角度对节目进行了述评,认为节目中历史资料与现实景况对比运用得非常得体,有冲击力和说服力。

还有一次,在会议上,朱镕基总理以半开玩笑的口吻对坐在身旁的中共中央政治局委员、中宣部部长丁关根建议说："这个节目（《焦点访谈》）得获中国新闻奖！"说完，可能觉得还不足以表达自己对这个节目的激赏，他扭头又对丁关根加上一句："我看得是一等奖吧！"与会者都笑了。由此可见，总理对《焦点访谈》确是褒奖有加、厚爱有加。

他亲审的《焦点访谈》第一个节目是《成功的"软着陆"》。那时候他还是国务院副总理。1997年9月，中共十五大在京召开。为了配合对十四大以来中国所取得的辉煌成就的热烈宣传，《焦点访谈》栏目计划制作一个十几集的大型特别节目《中国之路》，其中一期是孙杰等人制作的关于宏观经济调控的节目——《成功的"软着陆"》。由于这是台里迎接十五大的重点节目，需要我来亲审。不可否认，这是个好节目，但里面有些内容太过敏感，我一时有些把握不准，所以没有立刻签字。

思考再三，我决定请朱副总理亲审一下，于是就致电了朱副总理办公室，说我们制作了一期关于宏观经济调控的节目，但有些政策上的问题我们把握不好，能不能请首长看一下。那边很快回电，说朱副总理同意看，让把节目尽快送来。

没想到，他对这期节目很满意，且批示说节目一个字都不用改。就这样，这期节目于1997年8月26日作为《焦点访谈》特别节目如期播出。这是《焦点访谈》历史上第一个由朱镕基总理亲自审定的节目。此后，他亲自审定过的还有新闻评论部的两个节目：一个是在1998年3月"两会"后，《新闻调查》就新一届政府机构改革的报道；另一个是同年9

月,《焦点访谈》关于安徽南陵县鹅岭粮库调粮补仓欺骗朱镕基总理的报道。

一向不轻易题字的朱镕基总理,破天荒地为《焦点访谈》写下了"舆论监督、群众喉舌、政府镜鉴、改革尖兵"的题词。后来,朱镕基总理说,这四句话是前一天晚上想了很长时间才确定的。笔锋刚劲、力透纸背的16个字,代表着朱镕基总理对《焦点访谈》的肯定与赞扬,更代表着他对《焦点访谈》的期许,这16个字也一直激励着我们奋力前行。

1998年,朱镕基总理、丁关根部长视察中央电视台。朱总理为《焦点访谈》题词:"舆论监督、群众喉舌、政府镜鉴、改革尖兵。"

朱镕基总理曾说,他是《焦点访谈》的义务推销员。1998年10月7日,朱镕基总理到中央电视台视察,与《焦点访谈》的工作人员进行座谈。当他迈进《焦点访谈》演播室大门时，主持人白岩松说："这是我们的家，您的家。"朱镕基总理说："也是老百姓的家。"同时，他还表示："自《焦点访谈》开播以来，尽管我不是最热心的观众，也是一个很热心的观众。对这个栏目我一直积极支持、热心宣传，你们没给我推销费，我完全是义务的。"

朱镕基总理还说："我也是被你们监督的对象。"那是在1998年10月7日，在离开《焦点访谈》演播室前，当主持人方宏进代表全体同事把一个水晶玻璃笔架送给总理时，总理说："我是从来不收礼的。"方宏进说："这不是礼品，您有什么指示，希望用它写给我们。"总理摇了摇头说："我也是被你们监督的对象。"

正是源于总理及其他中央领导人和广大人民群众对于我们节目一如既往地肯定和支持，才真正成就了这个节目的瞩目辉煌。

除了持续不断地关注着《焦点访谈》，朱镕基总理还亲自给《焦点访谈》出过很多题目：他要求《焦点访谈》解剖一些走私和偷逃骗税的案件；要求《焦点访谈》揭露滥卖国有企业的歪风；要求《焦点访谈》宣传国有大型企业稽查特派员制度；要求《焦点访谈》继续跟踪粮食问题；针对一些企业不顾市场需求，在中秋节前盲目生产月饼，造成大量积压不以为然的现象，朱镕基总理曾要求《焦点访谈》制作一期节目，对企业以示提醒。后来，当他得知他安排的这期节目已经在《焦点访谈》播出，而他却没有及时收看到时，还颇感遗憾。

此外，不得不提的是，他还为栏目组提出了一个值得深入研究的重大课题，即舆论监督中，媒体应该遵守的立场和表现的态度。朱镕基总理说："我一直主张《焦点访谈》不要做裁判员，是非曲直不要从方宏进的嘴里说出来，要找有关部门。"对此，朱镕基总理用《焦点访谈》播出的《"联通"何时能联通》这期节目做了详细说明。

这期节目播出于1998年4月13日，讲述的是1997年上半年，国务院决定让中国联通公司在天津、重庆、四川等地推行市话业务试点之后，天津联通和邮电之间的一场纷争。由于当时全社会对邮电部门养成的"老大"作风和垄断地位都颇有微词，所以，尽管节目在努力客观地陈述天津联通和邮电的这场纷争，但由于带着一种先入为主的观念，观众还是很容易就得出这样的结论——天津邮电为了自己的经营利益，故意拖延，不让天津联通进入主网，进而同情联通，谴责邮电。该节目播出后引起了强烈的反弹，甚至有人言之凿凿称节目的编辑魏驱虎收受了联通方给的8万元贿赂。虽然经过调查证明拿钱之事纯属子虚乌有，但这也暴露出节目中存在的问题。

朱镕基总理说："这个节目的问题就是把邮电部门放在一个被审判的位置，咄咄逼人。"同时他建议："事物错综复杂，当你做结论时，一定要小心，要把历史渊源和现实情况搞清楚，最好请一些负责的同志出来做结论、当裁判。记者不要当裁判。"朱镕基总理的这一番话，为整个广电行业提出了一个值得研究和深思的课题。

《焦点访谈》的成功在于充分地发挥了其舆论监督的作用，实现了对社会的关注，真正尽到了一个守望者的责任。正如朱镕基总理所言："《焦点访谈》指出我们前进过程中的问题，然后能够动员全党的力量去克服它，作用非常大。我为目前正在普及的这种'《焦点访谈》现象'感到高兴，这给我们电视广播记者一个广阔的新闻天地，来发挥他们的才能，在促进国家的改革和建设方面发挥更大的作用，这也是对我们社会主义民主法制的建设。"

《焦点访谈》报道的题材和内容非常广泛，几乎涉及国务院工作的各个方面，有些甚至为中央的改革提供了思路。比如在1998年粮食流通体制改革的推行中，《焦点访谈》播出的"粮改"系列节目就提供了重要思路。此外，公路运行费改税也从反映309国道部分路段乱收费、乱罚款现象的节目《"罚"要依法》中得到过启发；还有农村电网改造，曾在《没电盼电有电怕电》等节目中得到过启发；还有《私售国储粮亏空挂国账》《挪款建宾馆低价售国粮》《账上竟能长庄稼》《扣粮没商量》《收粮不能入私仓》等节目，均不同程度上为中央的改革提供了有益的启示。

成功探"雷区"，有何秘诀？

《焦点访谈》栏目的选题都具有一定的敏感性，加上是在黄金时段播出，其风险性可想而知。而节目越是办得如火如荼，随之而来的风险和争议也可能越大，所以，说每一期《焦点访谈》栏目的制作都是在探"雷区"，一点都不为过。

因此，伴随着万众瞩目与正面肯定的同时，如何正确处理好舆论监督与社会稳定之间的关系，规避可能出现的风险，让节目能够走得更远，是一个关乎《焦点访谈》栏目生死的大问题。而事实证明，我们做到了。那么，《焦点访谈》成功探"雷区"的秘诀是什么呢？

（1）准确把握报道的"度"。

《焦点访谈》能够成功，一个最重要的秘诀就是准确把握了报道的"度"。以舆论监督为主要使命的《焦点访谈》，以"政府重视、群众关心、普遍存在"的焦点、热点为选题的《焦点访谈》，以"用事实说话"为指导方针的《焦点访谈》，在进行报道时往往会遇到触及"雷区"的敏感问题。所以，只有把握好报道的"度"，我们的"探雷"之路才能顺利进行下去。

所谓报道的"度"，主要包括报道尺度的适度以及政治和政策上的适度两个方面。前者是指做这类节目要把握住分寸，报道的出发点应是积极的、善意的，即便是批评性报道也要争取起到正面效果。并且，对于报道选题，尤其是敏感的选题，正面报道和负面报道的比例一定要适度。

具体来说，对于正面报道的"度"的把握突出地表现在角度的选择上，也就是聚焦问题。聚焦不准，正面报道也会有负面效应。而在负面报道方面，《焦点访谈》一贯坚持"硬焦点、软着陆"的策略。也就是不管批评什么、批评谁，有一点是必须明确的，就是"不能把矛头指向党和政府，不能以偏概全，影射攻击，挑动矛盾，渲染情绪"。正是基于

这样的出发点,《焦点访谈》提出了自己的报道原则:

> 要力求实事求是,记者不能先入为主,更不能偏听偏信。记者要做到冷静观察,不可主观意识过强,感情用事。在对有争议的问题进行采访时,要听取多方意见,不轻易下结论。
>
> 在评点时要就事论事,不要引申发挥,扩大批评面。
>
> 要最大限度地去争取得到主管部门和权威部门人士的表态或得到他们的更进一步的合作。
>
> 问题要有普遍性,保证选题是受众所关心的,具有典型性的。
>
> 要选择好时机,把握好时事的动态走向。
>
> 要有结果,给自己和受众一个可回味的空间。

以被称为"第一个敏感话题的成功介入"的关于流浪儿童的议题为例。这个选题最初是有争议的,有人认为这个选题太过敏感,报道了等于踩到"雷区"。要知道中央电视台和中央媒体从来没有报道过中国流浪儿童的新闻,如果我们报道了,很可能会给政府抹黑,给社会主义抹黑,给共产党抹黑。

但也有同志认为这个选题不错。最后,这个选题还是获得了大家的一致认可。不过,在制作播出时,为了慎重起见,栏目组还是专门给台里打了一份极其正规的书面选题报告,报告中建议分上、下两集制作,上集重点报道社会上普遍存在的流浪儿童问题的现状以及产生的原因(没有过多地停留在对流浪儿童生存状态的展示),下集重点报道中国各级政府针对这些问题采取的具体做法以及需要改进的方面。

节目上集于1994年4月23日,即《焦点访谈》开播的第二十三天晚上播出了,题目为《回家的路有多长(上)——对流浪儿童的追踪采访》。巧合的是,这天中宣部正在杭州举行一个各大媒体老总座谈会。看到这个节目后,一些同志便说《焦点访谈》怎么选了这么一个敏感的话题?好在上、下集播出后,丁关根同志觉得节目整体把握得还比较适度。当然,这期节目播出后,在观众中也产生了极大反响,成为《焦点访谈》开播以来影响最大的一期节目之一。

但后来丁关根同志坦言,当时他刚看这个节目时,确实很担心,怕这个题材把握不好。不过两集节目看完后,他放心了,认为报道得很到位。揭示流浪儿童问题,并不是给我们的社会抹黑,给政府工作添乱,而是通过对专家的采访,说明这是很多国家,包括西方发达国家都存在的问题,而且被认为是难以解决的社会问题。更重要的是,在这组节目中,《焦点访谈》表明的立场是,我们政府有解决好这个问题的信心,而且有解决问题的具体措施,因此整个节目的基调是积极向上的。

而除了要把握好报道尺度的"度",把握好政治和政策上的"度"同样很重要。

政治上的"度",即要始终把握正确的政治导向。尤其对于《东方时空》《焦点访谈》这类名牌栏目，观众很多，影响很大，保证正确的导向十分重要。所以，我对新闻评论部的同志们说："办好《焦点访谈》关键是要把握正确的政治导向，而要把握正确的政治导向，最重要的问题是每一个编导都要站在台长的高度去审视你的节目。"

我有一个讲话，我对评论部的同志们说："你们的节目怎样才能顺利通过？记者和主持人应该站在台长的位置上把握导向。我们并不愿意枪毙节目，花了很多钱、很多精力，领导也不愿意轻易枪毙，但可能造成不良影响，就不得不枪毙。"从那之后，《焦点访谈》就逐渐走上了正轨。

《焦点访谈》拥有很强的对政策的把握能力，这也是朱镕基总理最欣赏的。关于这点，他在讲话中也曾多次提道：

"十几分钟的节目，把政策都溶化在其中，所以（节目的）政策性很强。""你们舆论监督的方方面面，都抓住了当前的政策。"

"你们的题目都是政府要改革的政策，但这些政策有时落实不下去，有很大困难。你们走在前面，把政策执行中的种种问题都指出来，所以我们才能把改革推行到底。"

为了说明《焦点访谈》对国务院制定政策的影响力，朱镕基总理还举过一个有趣的例子：

1998年10月，国务院在研究制定解决公路运输不合理收费问题相关的政策文件之时，《焦点访谈》栏目正好规划了一组揭露公路运输不合理收费的三集系列节目，打算在10月4—6日的《焦点访谈》节目中播出。在第一期刚播出后，李岚清副总理就要求我们把系列节目全部复制成录像带。10月7日上午，也就是朱镕基总理来《焦点访谈》座谈的当天，国务院要开会通过这个文件。按常规这种会都是9点召开，但李岚清建议提前到8点半，就是为了能在开会前看《焦点访谈》的录像带。

朱总理兴奋地说："这件事对你们是个鼓舞吧！国务院在通过一个文件前，包括总理、副总理、国务委员和部长，聚在一起学习你们的《焦点访谈》！"

（2）摆正自己的位置，明确自己的立场。

1994年2月初，《焦点访谈》的创业者们在北京梅地亚会议中心举行了第一次正式的筹备会议。会上，刚刚成立的新闻评论部的主任孙玉胜就旗帜鲜明地表了态："这个栏目首先要突出舆论监督的特色，不过有一点必须明确，尽管我们是做舆论监督的，但是我们的位置要摆得非常正，我们不能以在野党的位置来看待监督出来的问题，向政府发难；也不能像粤菜流行的'生猛'海鲜，搞得那么'生猛'，过把瘾就死。而是要本着一种建设者的思维，抱着解决问题的态度来帮助政府，绝不是添乱。"

基于这样的认识，才有了《焦点访谈》明确的栏目定位：时事追踪报道、新闻背景分析、社会热点透视、大众话题评说。继而，也就找准了报道立场。新闻改革的一个突破口就是如何将正面报道和舆论监督结合起来，以解决中央领导提出的"解疑释惑""平衡心态""缓解矛盾""团结鼓劲"等问题，这是政府的需要，也是观众的需要，更是新闻媒介本身的需要。

正如孙玉胜在内刊中所写："根据栏目定位，'焦点'节目不可能回避问题，而同时又要坚持正面报道为主。所以我们在新闻部全体工作人员中灌输一种指导思想，即不要以在野党、反对派，甚至持不同政见者的角度观察社会，分析问题，选择题目。在这里，不允许渲染个人好恶，一切报道要有利于团结、稳定、鼓劲。"

他们这样说，也这样做了，所以《焦点访谈》成功了。而事实也证明，正是这种清晰、清醒的认识和定位，让《焦点访谈》站在了一个正确的位置上，成为中央新闻单位开展舆论监督的一个成功典范。

（3）顺时而为。

谈《焦点访谈》的成功，离不开特定的时代背景。诞生于社会转型时期的《焦点访谈》，正好顺应了公众反腐败的期待和要求。时代需要这样一档栏目，政府需要这样一档栏目，社会同样需要这样一档栏目。用中国青年政治学院学者展江的话说，这是"时代发展的必然产物"。

自改革开放以来，中国社会急剧变革。首先，社会结构发生了深刻的变化。经济体制改革促进了中国社会结构由总体性社会向分化性社会的转变，而国家对资源控制的弱化以及人民公社的解体，也使得中国行政性整合能力下降。此外，中国的区域型格局也发生了重要的变化，地区差异性增强，地方成为利益主体，中央对地方的刚性指挥大大减弱。

在这种情况之下，中央对地方的管理主要通过两个刚性任务的达标来实现：经济建设上，中央要求地方达成硬的指标和速度；政治上，中央要求各地保持安定团结的政治局面。这导致各地在上报中央政府的材料中多是报喜不报忧。在对下无法及时实现舆论监督的情况下，中央需要一个有权威、有影响力的媒介担当起此重任。这时候，《焦点访谈》出现了，它恰好符合中央政府惩办部分中间层行政故意偏离行为的理性选择。

同时，随着社会矛盾急剧增加，公众民主监督意识在不断增强，对中央领导和各级政府来说，也需要一个观察民情、倾听民意的窗口，一个调节公众情绪的"减压阀"。作为国家级电视台新闻评论类栏目，《焦点访谈》无疑正是这样一个"窗口"。

对此，《人民日报》也曾刊文说：在我们这个正走向法治的社会，有法不依、执法不力的情况还大量存在，舆论监督的力量便凸现了出来，在某种程度上填补了由于吏治、法制不够健全而形成的某些真空。因此可以说，现阶段的社会转型期是舆论监督的黄金时期，《焦点访谈》可谓生逢其时。

（4）精益求精的追求。

精益求精首先表现在选题上。《焦点访谈》播出的选题都是大家关注的国内外焦点问题。《焦点访谈》是中国第一档舆论监督栏目，在中国电视史上有着填补空白的历史性作用，根本没有任何现成的节目和样式可以借鉴。所以，在节目创办之初，许多记者只能凭着一颗对电视新闻事业的热爱之心，用扎实的业务本领进行大胆探索，在选题上精益求精、反复取舍，在节目的格调上追求高品位、精制作。

精益求精还表现在人员的配置上。《焦点访谈》演播室不仅会聚了许多专家、学者，还有一批与节目定位相符的高素质的栏目主持人和记者。他们集编、导、主持于一身，他们睿智、干练、目光敏锐、口才犀利，有较高的学识水平。有些甚至有多学科背景，如主持人方宏进，有着中山大学物理系本科、南京大学社会学硕士、深圳大学讲师等多重学科背景。知识面广，应变能力强，这些都是这个栏目所需要的。《焦点访谈》能走得这么远，实现这么大的影响力，与拥有这样一批广为观众所认可的记者和主持人有着密切关系，如方宏进、敬一丹、水均益、方静、翟树杰、张羽等。

很多人称《焦点访谈》的记者是"拼命三郎"，他们有激情，有理想，期待能够在这个新的空间里证明自己，正如白岩松曾描述的那样："……大家处在一种激情、流动的状态，一群来自全国各地的热血青年投奔到这里，朝气蓬勃，豪情万丈。尽管有很多幼稚的东西，无论是思想上还是技术上，但大家真的是在满怀豪情地去创造一个新的开始。"正是因为有了这样一群满怀豪情的"拼命三郎"，才成就了每天3亿人收看《焦点访谈》的奇迹。

所以，我一直说，《焦点访谈》是集体智慧的结晶，是大家共同努力的结果。敬一丹、白岩松、水均益、方宏进、王志等人，还有更多忙在幕后的编辑、记者，是他们创造了《焦点访谈》这个奇迹。而我，只是给他们掌好了舵，引导他们加足马力把船开向成功的彼岸。

开播一年后,《焦点访谈》基本上站住了脚。作为新闻改革的试验品,它的成功也标志着中央电视台新闻改革取得了重要成果,也昭示着我们有了可以和世界大台相比的节目。

从1994年创办至今(2012年),《焦点访谈》已经走过了18个春秋。这期间,它经历过了不少风风雨雨,有过无与伦比的辉煌,也经历过低潮与起伏。节目宗旨也由最初的"时事追踪报道,新闻背景分析,社会热点透视,大众话题评说"浓缩为一句"用事实说话"。

但毋庸置疑的是,不论经历怎样的世事变迁,直到今天,它仍然是中国最有影响的舆论监督品牌,其报道的80%的舆论监督节目都使问题获得了解决。我始终相信,作为中央电视台新闻改革产物之一的它,骨子里天然就含有革新的因子,这促使它不断地与时俱进,常革常新,继续为中国社会做一个合格的守望者,继续为中国的舆论监督竖起一座不倒的丰碑。

不仅是《焦点访谈》,任何的创新、任何的改革都是有风险的,引起争议与质疑也是正常的。但是,只要我们能够把握住正确的原则,任何改革路上的风险都会迎刃而解。

6. 从无冕之王到平民视角

1996年5月17日,继《东方时空》和《焦点访谈》之后,在电视新闻深度报道领域出现了《新闻调查》的身影,这是中央电视台首个标榜以记者的调查行为和采访活动来完成节目的栏目。

调查者辛辣尖锐、张弛有度的提问是《新闻调查》的一大特色和标志，也是最为观众津津乐道的地方。

《新闻调查》的出击，也是顺应了时代的呼唤。在那样一个变革的年代，新旧体制的剧烈碰撞，必然带来新旧观念的激烈交锋和众多丛生而尖锐的矛盾。这是在转型的年代必然会面对的、无法逃避的困惑，我们谁都无力去更改。但是，我们可以利用电视的天然优势，用冷静、平实而又客观的述说，为观众搭建一座解疑答惑的桥梁，让他们知道他们想知道的真相，让他们有一个窗口去感受不断变化着的世界。

作为推进央视纵深改革的重点之作，《新闻调查》在正式开播之前，节目团队经过反复商讨，终于确定了"社会性、故事性、调查性"的栏目定位。社会性，即所选择的题材应该是被社会普遍关注的；故事性，即构成《新闻调查》栏目主体内容的应该是承载着丰富信息的事件，并要求事件的多元化和完整性，富于变化和冲突；调查性，即记者运用调查采访为主要形式，对事件进行多侧面、多角度、深层次的剖析。同时，在运作机制上，《新闻调查》采用制片人制，并以策划为先导，以编导为主体，以记者、主持人为栏目形象，形成稳定有序的程序化生产模式。

以探究事实真相和揭露内幕为主要宗旨，《新闻调查》这一定位本身就代表着不确定性和报道的难度。所以，在采访报道和节目的制作过程中，把握好"度"更显重要。在这一点上,评论部的年轻人做得非常好。

采访的角度:不以"无冕之王"自居,取而代之的是平民视点、平等交流。

以往的电视新闻,很多记者摆不正自己的位置,总喜欢以"无冕之王"自居,习惯用居高临下,甚至审问的语气向采访对象提问,从而导致双方处于一种不平等的交谈状态。可想而知,这会是怎样一种结果:不仅达不到预期的采访效果,也给受访群众造成采访记者盛气凌人的坏印象。但《新闻调查》不一样。像王志、王利芬、董倩等,他们在采访中始终都是以"平视"的视角面对采访对象。无论你是乡村的老百姓,还是掌握实权的政府要员,在他们眼中,都是一样的身份:被调查对象。

比如《羊泉村记忆》中,女记者董倩与50年前遭受日军性暴力侵害的老人万爱花同坐在农家小院内,万爱花说起往事,情绪激动地哭起来。这时候,董倩一言不发地伸手去轻轻抚摸老人布满老茧的手,这一画面感动了无数观众。

在《新闻调查》中,这种"平视"视角的运用随处可见,这也是其让观众倍感真实亲切的重要原因之一。正像王志所说:"平视是要还原真实,让他把自己的心里话说出来,把自己的真实意愿表达出来。"

采访的力度:不只是就事论事,更是透过表象挖掘本质。

我一直很喜欢这样一句话:有力度才有深度。的确,作为深度报道栏目,怎能没有力度!那么,力度是什么?是能够捕捉到事件要害点的敏锐,是敢于往深层次挖掘事情真相与本质的勇气，也是切中时弊、直指要害的责任。《新闻调查》彰显的正是这种力量。如在《与神话较量的人》中，王志频频以挑剔的问题向刘姝威发难：

  王志："你指的这个因素是权力吗？"
  刘姝威："你说呢？"
  王志："我问你。"
  刘姝威："我问你，你听了我讲述的话，你认为这个因素是什么？"
  王志："你是当事人。"
  刘姝威："这个问题我想让公众来分析吧……"
  王志："你认为会不了了之吗？"
  刘姝威："我不希望会不了了之。"

  即使面对最强硬的被采访对象，也能从容应对，在铿锵有声的质问中，一步步逼出事情的真相，这才是真正的力度。

  采访的尺度：不一味咄咄逼人，无尽诘难，而应适可而止，发人深省。

  "我们的节目更需要讲述者，而不是非此即彼的英雄或罪人。"对王志的这句话我一直深表赞同，这也是《新闻调查》栏目采访尺度定位的依据。记者不是审判者，而是记录者或者说是讲述者。同样，一档电视新闻节目也是如此。对于社会尖锐问题，"可以用机智的对话完成对事件的调查和验证,也可以用尖锐的提问深入事件更深的层面,还可以用平等真诚的交流进入调查者的内心世界"。但是要把握住一个"度",绝不能一味咄咄逼人,揭人伤疤,逐臭挖私;而是要用冷静、客观、平和的方式,捕捉到切中要害的事实和证据,展示事件真相后,适时戛然而止。如《行贿"大公家"》中,针对福建诏安县制假分子公开组织行贿的事件,记者采访了诏安县公安局副局长钟洪生和副县长许瑞章。

记者:"像这样送钱还有多少次?"

钟洪生:"六次,我收了五万五,他都是过年、过节送给小孩的。"

记者:"这五万五是在多长时间内送的?"

钟洪生:"三年,1997到1999,都是在过年、过节期间,三个春节、两个八月十五、一个清明节。我个人认为,既然收了他的钱,他过年、过节送钱来,我也送给他(东西),既然他要交朋友,就交了这个朋友。"

……

许瑞章:"如果用'勾结'这个字眼儿,我不苟同。"

记者:"那应该用什么字眼更准确一点?"

许瑞章:"至少我是被利用了。"

记者:"仅仅是被人利用了这么简单吗?"

许瑞章:"坦率讲我在诏安当副县长,我对他们这些什么制假我从来就嗤之以鼻。"

记者:"其实你从心里是瞧不起他们的?"

许瑞章:"他们本来就没有什么本事。"

两段对话中,面对受贿官员,记者从细节问题入手,在一问一答中,让对方渐渐露出贪婪又想掩盖罪行的丑恶心态。揭示出事件真相之后,记者便适可而止,立即结束采访,将思考和回味的空间留给观众。记者始终不忘对自身"述说者"身份的坚守,不咄咄逼人,不忘加审判。

记者始终不忘对自身"述说者"身份的坚守,不咄咄逼人,不妄加审判。正是凭借着对社会热点问题的高度关注,凭借着对事件本质的深度挖掘和反思,《新闻调查》自开播之日起,节目即受到高度关注。有些节目播出后,还受到了中央有关领导的关注和表扬。如1996年7月26日,正是凭借着对社会热点问题的高度关注,凭借着对事件本质的深度挖掘和反思,《新闻调查》节目自开播之日起即受到高度关注。《新闻调查》播出了《一言难尽择校生》:节目通过调查了数年义务教育阶段升学中的"择校生"和学校高收费现象,探讨了从应试教育向素质教育转变的重要性。节目播出后的第三天,时任国务院副总理的李岚清在中南海召开教育工作会议,着手解决"择校生"问题,并充分肯定《新闻调查》节目所反映问题的及时和深入。再如1997年11月4日,《新闻调查》播出了《跨世纪的访问》:节目通过追踪报道江泽民总书记对美国的访问,全面透视了中美关系几十年的历程。节目播出后,受到了时任中央政治局常委、国务院副总理李岚清同志的表扬,还要求国家教委将该节目列入高校教材。

7. 把观众请进演播室

2009年9月26日,《实话实说》这个曾经创造了高达62%的收视率的节目,消失在了电视荧屏上。那么,《实话实说》消失背后的原因,究竟是什么呢?

我国电视节目栏目化的进程中,催生了各种类型的栏目出现,其中以"贴近性"为特征的电视谈话栏目是最受关注的一种,《实话实说》正是在这种背景下出现的。生逢其时,再加上中央电视台的影响力,以及主持人的个人魅力,尤其是崔永元,可以说是在没有什么悬念的情况下,《实话实说》创造了一番辉煌。

但时势也是把双刃剑。14年后,电视谈话栏目遍地开花,慢慢进入尴尬的饱和期。受众的感受从最初的兴奋慢慢转向平淡,手机、网络等新媒体的冲击,以及其自身在定位和运作中出现的诸多致命性问题,导致了节目最终的衰亡。不管怎么说,消失也好,停播也罢,《实话实说》——这档见证了中国电视谈话节目的产生与发展的节目,在中国电视史上具有独特的意义与价值。

当年《东方时空》播出后,有观众这样评论它:"看完《东方时空》就像刚从南方的早市上拎回了一条扑腾着的活鱼、一捆绿油油的青菜。"

电视表达和叙述方式"真诚和平民化"的追求造就了《东方时空》的成功。当然，这不是偶然，任何栏目的成功都有其必然性。观众需要这样一种更具贴近性、亲和力和生动感的表达方式，所以《东方时空》成功了，在此基础上延伸出来的《实话实说》也成功了。

《实话实说》是央视打造的又一个贴近百姓生活的节目，是第一个与百姓现场对话互动的节目，也是中国内地第一个大型电视谈话节目。其开播于1996年4月28日，同《新闻调查》一样，是该年央视新闻改革道路上的又一件大事。为什么这么说呢？

栏目定位实现了突破：从党和政府的"喉舌"到老百姓的"代言人"。

《实话实说》真正实现了对以往大众传媒功能的颠覆，不，更确切地说，我认为《实话实说》让迷失已久的电视作为大众传媒的本性得以回归。其表现形式就是：不再将电视仅仅当成是党和政府的"喉舌"，而是以一种全新的、贴近百姓生活的、亲切和生动的形式，将观众请进演播室，让观众与主持人能够进行面对面的交流，直接参与节目的制作，从而实现一种"由下而上"的传播。观众和嘉宾走进演播室，不仅代表着中国电视节目形式上的突破和创新，也意味着其语态的改变——它不再是高高在上的"喉舌"，而逐渐开始成为普通百姓的"代言人"。

除了形式上的追求更生动活泼，在选题上，《实话实说》更加关注普通人的情感世界和人生经历。像1997年8月17

日播出的《父女之间》、1998年2月8日播出的《日子》等，都是通过对普通人非凡经历和情感世界的发现，引起了观众共鸣，深受欢迎。

主持人身份实现了转换：从倾诉者到倾听者。

主持人完成了从倾诉者到倾听者这一角色的完美转换，是《实话实说》这一栏目的另一亮点。在以往的电视栏目中，主持人是站在舞台中央，与观众遥遥相对的强势主导者，观众只能处在被动位置；主持人是面对镜头滔滔不绝的独白者，观众只能单一地选择倾听。而《实话实说》则不同。走下高高的舞台中央，主持人更像是"一个朋友、同学或是一个年龄相仿可以托着办点事的邻居"。

主持人第一次不只充当"喉舌"，而且还充当了有思想的"耳朵"，扮演了一个倾听者的角色，倾听来自嘉宾的声音，来自社会的声音。脱离事先准备好的稿子，主持人不是在演讲，而是用口语机智、幽默地营造心领神会的交流氛围。主持人、嘉宾、观众在共同参与和直接对话中，一起探讨社会生活或人生体验的某一话题，并在这一过程中，通过"提出现象—不同观点的展示和辩论—达到一种心服口服的意见统一"这种独特的形式，在潜移默化中发挥正确的导向作用。可以说，主持人崔永元的形象丰富了中国的电视屏幕，也使中国的电视观众转变了对电视节目主持人的固有观念。

2009年9月26日晚，最后一期节目《四世同堂齐欢乐》播出后，创办了13年的央视名牌节目《实话实说》正式告别了观众。

虽然在几起几落之后,《实话实说》最终走向了停播,相对于曾经的辉煌来说,这是一种悲情,但不应该悲观。纵观如今电视谈话节目的发展,不难发现《实话实说》的停播,并不意味着电视谈话节目的末日,相反,这表明电视谈话节目进入了一种常态发展和激烈竞争的阶段。

而在这样竞争激烈的"战国"时代,唯有真正将"内容为王"的准则贯彻透彻,在差异化中寻求自己的生存之路,让对热点问题的真切关注成为吸引观众注意力的点,才能在激烈的竞争环境中立于不败之地。东方卫视的《头脑风暴》和凤凰卫视的《一虎一席谈》就是典型例子。相比而言,《实话实说》后期选题的琐碎是导致节目最终停播的元凶。"一句真话比整个世界的分量还重!"虽然,《实话实说》停播了,但是有人已然接过了"说真话"的棒子,这正是新的希望所在。

8. "度"的把握——我最喜欢的一个哲学概念

继《东方时空》《焦点访谈》《新闻调查》《实话实说》成功之后,不断地有人问我,新闻改革成功的心得或秘诀是什么?

而我的答案始终都是一样:关键在于对"度"的把握。这也是我最喜欢的一个哲学的概念。

孔子讲过,过犹不及。他认为做事情过了头和做得不够,都是不好的。这就是说,无论做什么事情,都要把握好一个

"度",一旦超过了这个"度",事情的性质可能完全就变了。比如水,1℃~99℃是液态的水,超过了100℃,液态的水就不存在了,水会转化成气态的水蒸气;而当温度处于0℃以下,液态的水就会变成冰。100℃和0℃就是水的两个临界点,也就是"度"。

关于"度",丁关根同志也有个形象的比喻,我觉得很贴切,他说:"把握'度'就像大师傅烧菜煲汤时放盐,盐放多了少了都不好,适量为最佳,盐适量了才能显出菜和汤的美味。"

可以毫不夸张地说,中央电视台在20世纪90年代的每一次成功改革的背后,都离不开我们团队对于"度"的理解和运用。当时我们所处的情势就是"谁领会中央精神深刻,谁敢于解放思想,谁能抓住机遇,谁能把握好'度',谁就能在激烈的竞争中胜出"。

把握好这个"度"并不容易,它不像自然现象的"度",有准确的数据可以测量,而是主要靠新闻单位的总编辑、记者根据当时的情况主观把握。当然,这个"度"也不是不可捉摸的,还是存在大体的规律和原则的。关于如何才能把握好"度",我认为这五个方面最重要:

(1)以中央的方针、政策为准绳,把握好政策导向的"度"。

这是最基本的一点,但也是最重要的一点,一旦把握不好,就会犯重大错误。

(2)坚持"以正面报道为主,批评性报道为辅"。

这涉及开展舆论报道目的这样一个命题,即我们开展批评报道是为了什么?舆论不是"打、砸、抢",它应该是一种正能量的导向,是一种真善美的宣传。批评报道虽然是"惩恶",但它的最终目的还是"扬善",批评报道虽然是一种揭露黑暗的报道,但它的初衷还是要宣扬公正,促进社会进步。所以,我一直告诉台里的记者们:一定要摆正自己的姿态,把自己当成调查研究的人员,看成是党的宣传工作者。只有这样,才能正确把握住揭露性报道的"度",产生积极的社会效果。

(3)在报道中坚持"一分为二"的观点。

这要求记者应保证被报道事件的真实性,防止片面性,要求记者对事件有一个全面了解的同时,多听取来自不同方面的声音,以防出现片面和舆论误导。捕风捉影的东西是绝对禁止的。以前我常对《焦点访谈》栏目组的同志们说:"《焦点访谈》要一分为二,不要肯定一切,也不要否定一切,提倡对事物进行客观辩证的分析。看了以后使人信服,要以理服人,以情动人。"

(4)不仅要把握住事件报道本身的报道尺度和力度,也要把握好事件报道的时机。

举个简单的例子,在求稳定局面的"两会"期间,若播出大量的揭露性报道,这显然是不合时宜的。这就是报道时机不对,这样的节目肯定无法通过。

(5)在节目中,尤其是评论性节目中,尽可能地邀请到主管部门的同志参与其中。

他们往往任职于制定政策的部门，不仅最熟悉政策，最能把握好政策的尺度和导向，对政策的阐释也更具有权威性。有了他们的参与，节目在"度"的把握上自然就会更准确一些。

一个简单的"度"字，其实包含了很深的学问，我们每个人都应该下功夫去参透它。把握好"度"，应该成为每个人在为人处世的过程中应该信奉的准则。"度"是一种分寸的把握，是一种审时度势的考量，是一种大智若愚的智慧。

在改革中，人们往往更重视创新，认为创新是改革成功的关键，但我始终坚持，创新不能盲目进行，只有积极稳步，把握好"度"，才能让一切风险迎刃而解。我常对新闻评论部的同事讲："除了极少数特殊的问题，应该没什么禁区，关键是你们怎样来评述它，从什么样的角度去阐述问题，把'度'把握好了，很多问题就都可以谈了，热点问题面也会大大拓宽。"当然，这并不是说其他因素就不重要，中央领导的支持、团队的积极努力等因素，也都是改革能够获得成功不可缺少的。他们的合力催化了那场改革的成功。

对于我这种"稳中求胜"的策略，其实也有人提出反对意见。比如有人认为，改革就要敢闯，不必考虑承受力的问题。在他们看来，进两步，退一步，还是进了一步；进两步，退两步，还在原地。但他没有想到，进了一步，退两步怎么办？并不是我杞人忧天，这样的事确实发生过。比如在采访国外领导人的问题上，有的新闻单位未经请示就采访戈尔巴乔夫，引起国际上的强烈反响，苏联借此制造舆论，结果带来了消极后果。

所以我的观点一直都是，改革一定要稳中求进，看准了再走，才能步步取胜。改革出点偏差是允许的，但任何偏差都可能推迟改革的进程。

9. 开弓没有回头箭

1992年12月中旬的一天，时任中宣部新闻局局长的徐心华同志突然找到我，向我传达了中央领导的指示精神，即新闻应更贴近观众。报纸、广播、电视都要抓热点问题，应让工人、农民、战士、干部、专家、学者对热点发表意见，通过讨论来引导社会舆论。

说实话，听完这个指示精神后，我本能地一惊。在以往的新闻宣传中，都是要求正面报道，不允许批评官僚主义、腐败现象及社会的一些丑恶面。而现在，中央开始允许批评一些当前的社会问题了。多年的新闻工作经验告诉我，这个精神对于新闻界日后的改革无疑有着提纲挈领的重要作用。它不仅是中央领导对新闻媒体的新希望，也是对整个宣传思想界的要求。我感觉到，这是深化新闻改革的一个重大机会。

但是，任何事情都有两面性，机遇的对立面也许是风险。我深深地懂得，抓热点问题很烫手，很容易踩雷，而且如果真出了问题，惩罚的鞭子总是打在新闻单位的屁股上，领导是没有责任的。

在经过一番深思熟虑后，我还是觉得这样简单的口头传达不够严谨和慎重，认为这么重要的一个新闻精神的传达应该有一个更郑重和权威的表达形式。

于是，我对徐心华同志说："这样重要的措施，光口头传达很难贯彻，最好有文字的依据，中央领导倡导媒体抓热点，应以红头文件的方式下达，让各媒体都遵照执行，使干部、群众都有思想准备。"

徐心华同志看着我，很长时间之后，终于点了点头。

在1993年春，有了中共中央宣传部下发的一个关于全国宣传思想工作指导思想的文件。文件要求各个新闻媒体注意抓热点，让工人、农民、战士、干部、专家、学者对热点问题发表意见，通过群众参与交流，来引导群众正确认识形势。

这之后，电视新闻进行实质性改革的钟声正式敲响，这意味着这场声势浩大的中央电视台电视新闻改革大战正式打响了。

《东方时空》的播出时间之所以放在了早上7点，也是出于开弓没有回头箭的考虑。很多人说，这是一个冷门时间。其实，我选择这个时间正是看中了它的冷门。黄金时间收看节目的人多，如果放在黄金时间首播《东方时空》，万一出错了怎么办？观众不接受、领导不接受怎么办？要做好一个崭新的节目，就必须要稳步前进。要知道，退回到20年前，中国社会远没有达到今天的开放程度，对于很多事情的接受也远没有今天这么容易。所以我认为，逐步培养观众的收视习惯才是明智的选择。

果然,观众的收视习惯在《东方时空》开播一两个月后逐渐养成。这意味着,我们在冷门时间里成功打造出了一个黄金品牌。

时至今日,改革依然是我们重要的使命之一。没有回头路的改革之路,还需要继续走下去。在前进的同时,一定要注意脚步的节奏,因为走回头路势必要付出沉重的代价。

第三章 文艺"四化":"精"="竞争力"

"当时允许白岩松出镜真是需要勇气,可是,白岩松身上有着一个优秀主持人所应具备的素质——深度与睿智。"李挺后来如是说。

在某一次座谈会上,一位中央领导人对崔永元说:"你的节目很好,但我原来看你笑觉得很别扭,我总感觉你的嘴和鼻子不在一条直线上。"崔永元回答说:"现在也不在一条直线上,只是您看习惯了。"他身上的这种机敏和幽默正是比外形更有竞争力的特质。

白岩松和崔永元都不是我们习惯意义上的那类主持人——"俊男美女"。但他们都是备受观众认可的主持人。而他们能够出现在主持人舞台上,跟20世纪90年代中央台文艺领域的那场轰轰烈烈的改革是分不开的。

1. 文艺领域的"供不应求"

《正大综艺》(1990年)、《曲苑杂坛》(1991年)、《综艺大观》(1992年)、《东西南北中》(1993年)、《夕阳红》(1993年)、《人与自然》(1994年)、《中国音乐电视》(1994年)、《同一首歌》(2000年)、《幸运52》(1999年)、《艺术人生》(2000年)……

这些名字都是曾经或是现在依然为广大观众所熟悉和喜爱的节目。细心观察,你会发现这些节目都是90年代陆续开办起来的。这并不是偶然的,而是因为在彼时,中国社会面临着的严重的不协调日益凸显出来了:经过多年的改革开放,中国的经济有了翻天覆地的变化,人们的生活水平有了质的提高。就在这个时候,人们觉得,哎,应该再追求点什么呢?于是,越来越多的人开始追求精神层面的东西。但是,遍观当时的传媒界,文艺类的东西太少了。

拿中央电视台这个国家台来说,20世纪六七十年代的时候,文艺类节目只有电影、戏剧、音乐等,而且内容单调,形式枯燥,很难让人真正提起兴趣。到了80年代,随着时代的进一步发展,中央的文艺步伐慢慢加快,开始不定期地播放一些文艺晚会和电视剧等,但是总体来说还是摆脱不掉"内容单调,形式枯燥"的刻板印象。这种状况延续到90年代,一场大刀阔斧的改革已经迫在眉睫。但是,在当时的背景下,要想彻底改变痼疾,无疑是难上加难的事情,再加上我们一没钱二没人才,更让当时的情况显得十分紧急。

所以,怎么办呢?怎么解决群众对电视文化不断增长的需求同文化娱乐,尤其是精品电视剧节目数量少形成尖锐矛盾的问题?

对此,我们没少费脑筋。我和台里的其他领导研究,一定要制订一套切实可行的策略出来。我们确实做到了,这就是文艺"四化",即文艺节目要逐步实现四化:栏目化、主持人化、多样化、精品化。

可以说,20世纪90年代中央台那场轰轰烈烈的"文艺复兴"就是围绕这"四化"展开的,且取得了重大突破。

2. 不是"俊男美女"的主持人

> 一看到白岩松来了,大家就会屏住呼吸,感到这个世界上要有惊天动地的大事发生;而一看到崔永元来了,大家就会长出一口气,觉得不会有什么大事发生。

这是当时业界广为流传的一句玩笑话,却鲜明地道出了白岩松和崔永元给人留下的鲜明印象。而这份鲜明,显然首先要归功于"节目栏目化与栏目主持人化"这一宗旨的提出与实行。

"节目栏目化"这个概念,当时对我们来说已经不陌生,在电视新闻的改革中,我们已经实现了,比如《东方时空》

《焦点访谈》《实话实说》，都已经实现了节目栏目化。现在我们要做的，就是在文艺节目上也实现"栏目化"。

在这里，有必要先明确一个概念，即什么是电视节目"栏目化"。

"栏目化"说简单点就是"有固定主持人、内容主体明确、风格和形式统一、定时定量定期播出的电视节目单位"。要想了解得再明确些，我们不妨仔细比较一下栏目化之后和之前的区别。

从主持人方面说，在栏目化之前，节目主持人是不固定的；但栏目化之后则不然，节目主持人不仅是固定的，还往往是一个节目最重要的外在标志。

从节目播出来说，在栏目化之前，节目播出的时间多是不固定的，内容也往往缺乏连续性；而栏目化之后则完全不同，节目除了定期定时定量播出，还会有一定的编排规范。如央视第一频道节目单：19点《新闻联播》，然后天气预报，19点38分《焦点访谈》，这就是一种固定的编排样式。

从收视对象来看，栏目化之前，节目并没有明确的受众；但栏目化之后，节目则开始针对特定的观众和人群。比如国内最早的女性栏目，也是中央电视台的唯一女性栏目《半边天》，是以女性观众为收视对象；以老年人为服务对象，以所有和老年人相关的社会群体为收视主体的《夕阳红》，是老年人的忠实伙伴；定位于宣传自然生态的状况、环境保护及可持续发展思想的《人与自然》栏目，它的目标观众是所有关注自然生态环境的人们，并希望能够争取更多观众来关注自然生态环境；定位于普及法律知识的《今日说法》栏目，它的目标观众是一切想了解具体案例和法律知识的观众。

通过比较不难发现，实现文艺节目栏目化有利于广大观众根据自己的喜好安排时间收看。

在"文艺节目栏目化"这一理念的引导之下，中央台从1992年开始，相继推出了一系列节目：

1992年，《综艺大观》；

1993年，《地方台30分钟》改为《东西南北中》；

1994年，《中国音乐电视》《欢乐一堂》《星期音乐会》；

1995年，《综艺走廊》《世界文化广场》《世界影视》；

1996年，《文化视点》《音乐电视城》《旋转舞台》《京剧音配像精粹》等。

这其中当真是出了不少的精品。如《综艺大观》，可说是当年亿万观众的保留节目；再如《东西南北中》，它将西方的音乐电视形式引入国内，让中国的民族歌曲有了发扬光大的平台。

那么，"栏目主持人化"又是怎么回事呢？

"节目主持人化"是为了让每一个栏目都有适合本栏目风格的节目主持人，树立起主持人的形象，这是我们在1993年提出的一个口号。这种节目主持人，不是过去《新闻联播》的播音员，只负责念稿子，而是要形成自己的风格。主持人要从只是念稿子向主编式主持人的方向发展，对节目起主导作用。

电视是一个互动媒体，电视节目的主持人是交流和传播信息的重要中介。电视台培养富有个人魅力的名牌主持人、名记者，不仅是确保栏目收视率的保证，也是关乎媒体生存和发展的大事。如 1999 年，日本朝日电视台《新闻站》节目的主持人久米宏退出节目后，这个在日本收视率最高的电视新闻栏目的收视率曾一度严重下滑，直到久米宏重返后，收视率才得以重新回升；再如，2002 年，崔永元因故不能主持《实话实说》之后，《实话实说》的收视率也受到极其严重的影响。久米宏之于《新闻站》，崔永元之于《实话实说》，这就是一个优秀主持人对于栏目的重要性。在节目中，他们不再只是念稿子的工具，更是一个栏目的灵魂，甚至能在一定程度上决定一档栏目的定位。

因此，一个栏目要想真正做到有影响力，就必须有一个好的主持人与之相配。美国著名的电视新闻述评性栏目《60 分钟》《48 小时》等，都有自己的主持人，且他们都有很高的地位和声望。

那么，什么是好的主持人？仅仅是形象好吗？

当然不是。白岩松和崔永元都不是我们习惯意义上的那类主持人——"俊男美女"。用李挺后来的话说："当时允许白岩松出镜真是需要勇气，可是，白岩松身上有着一个优秀主持人所应具备的素质——深度与睿智。"还有崔永元，在某一次座谈会上，一位中央领导人曾对崔永元说："你的节目很好，但我原来看你笑觉得很别扭，我总感觉你的嘴和鼻子不在一条直线上。"崔永元回答说："现在也不在一条直线上，只是您看习惯了。"他身上的这种机敏和幽默正是比外形更有竞争力的特质。

如果我们当时在选择主持人时过分关注外表，岂不是错过了两位非常优秀的主持人？所以，主持人不是漂亮就可以当，也不是嗓子好就可以，还应该具备很多素质：要懂得马克思主义的基本原理和党的方针政策，善于用马克思主义的观点去观察问题，判断是非；要有较高的事业心和刻苦的工作精神；要有较高的语言文字水平，注意语言的通俗化、口语化；要有渊博的知识；要广交朋友，懂得民情，谦虚谨慎，为人师表；还要有健康的身体，转播，尤其现场转播是艰苦的劳动，要求主持人精神要高度集中，眼、脑、口要处于紧张状态。

在充分认识到主持人的重要性之后，中央电视台的"栏目主持人化"改革也快速走上了轨道，并取得了可喜的成绩。

从《综艺大观》的栏目主持人到连续13届的《春节联欢晚会》的主持人，倪萍以潇洒、自然的主持风格，深受观众喜爱。她是中央电视台迄今为止主持现场直播大型文艺晚会最多的女主持人；因为主持过《正大综艺》《动物世界》《人与自然》，主持过15届中央电视台的《春节联欢晚会》和国庆45周年、50周年以及香港、澳门回归等大型晚会，全国的观众都记住了赵忠祥；杨澜，曾在中央台主持《正大综艺》，以极具亲和力的主持风格备受大众喜爱；由《曲苑杂坛》，广大的电视观众记住了那个果敢爽快、干劲十足的姑娘汪文华……

短短时间内,赵忠祥、倪萍、杨澜、汪文华、朱军、亚宁、周涛等,一批文艺节目的知名主持人就这样出现了……而其中有机遇的原因,有个人综合素质的原因,更有"栏目主持人化"这样一种主持人培养机制的原因。

3. "多样化"赢喝彩

在1993年之前,我们的文艺类节目实在太少了,且内容还单调,形式也枯燥,观众都不爱看。观众不爱看的节目有什么价值?于是,"多样化"方针在这个时候被提出来了,之后陆续推出了一系列的文艺节目。

(1)《东西南北中》:中国的音乐电视来了。

1993年,中央台新栏目《东西南北中》正式与观众见面。其实严格来说这并不能算新栏目。在《东西南北中》之前,中央台早有一档音乐节目叫《百花园》,主要是播放地方台送上来的节目。这档栏目诞生于1983年,但是这档栏目质量普遍不高,且长短不一,创新性不够,往往是地方台送什么就播什么,这导致收视率一直不高。在对文艺领域的改革拉开序幕之后,我们深感对《百花园》这一栏目改革的必要性——因为它当时的状态既和中央台的地位不相称,对和地方台搞好关系,发挥电视系统的优势也没有什么帮助。

负责《百花园》改革事宜的是文艺部,他们很快就写出了改革方案,并得到了台领导和编委会的支持。于是,在《百花园》的基础上,新栏目《东西南北中》于1993年的3

月 25 日晚正式播出了。《东西南北中》又被喻为"地方台和社会上文艺节目的窗口"。

节目播出的第一期就赢得一片喝彩声。当天晚上，山东台、海南台、长春台、上海台、广州台就打电话、发电报过来表示祝贺，上海台的导演王国平在电报中这样说："开播大吉，电视精品，新奇独特，精彩纷呈。"不少地方台同志也认为，这个节目有构思、有新意，把地方台精彩节目集中在这个栏目播出，为地方台和广大观众办了一件大好事。不久，不仅同行和业界，观众也纷纷来信，对新节目表示了肯定。短短的 10 天内，我们就收到观众来信 1000 多封。

有了各方的鼓励，1993 年后，中央台先后开设了《中国音乐电视》《每周一歌》《金曲榜》，"音乐电视"这种电视形式也进入了繁荣期。

那么，《东南西北中》的成功之处在于哪里？

第一，新观念。为了真正吸引观众的注意，在保持栏目总体风格不变的情况下，栏目组的同志们努力求新求变。其中一个比较明显的新意是，节目大胆地采用外景录制。

第二，强调快节奏和大信息量。为了让观众能在节目中获得最大信息量，不管是自己录制的节目，还是地方台送来的节目，我们都精选精编，取其精华。如厦门台送来的《惠安女》的舞蹈，原作 10 多分钟，节目组把它精编成不到 1 分钟。实地拍摄的《自行车的故事》节目，原来也是 10 多分钟，节目组把它精编成 3 分钟。同时，为了加大节目的信息量，有的节目还用特技字幕向观众介绍知识，深化主题；有的节目用画外音衔接过渡，协调节目的节奏和气氛。

第三，强调民族特点、地方特色。《东西南北中》栏目是地方台精彩节目的荟萃。节目内容是否具有地方特色是这个栏目在内容上区别于其他栏目之所在，也是我们办这个栏目的指导思想。《地方风采大擂台》是《东西南北中》的重点小栏目，地方特色很浓，几乎每期都有。另外，不固定的小栏目，如《各地一星》《请跟我来》《幽默家庭》《各地一绝》《春讯花雨》等，都是在荟萃了民族特点和地方特色很浓的精彩节目以后，加以归类、精选和精编所得。

第四，紧抓时代脉搏。热点问题往往是观众最关心的问题。不仅新闻栏目要抓热点问题，文艺节目也应该紧跟时代的步伐。在这一点上，文艺栏目组的同志做得很好。比如，栏目组比以前更关注热点问题。拿第六期节目来说，时值中国足球队在世界杯外围赛中失利，为了缓解观众的抵触与不满情绪，栏目组专门请来著名的足球守门员傅玉彬演唱《我的梦》，并制作成MTV播出。这首歌唱出了足球运动员的艰辛，也表达了希望社会谅解的请求，该期节目播出后，反响很大，国家体委的有关同志还曾来电话表示感谢。

第五，强调贴近性。强调贴近性就是要加强与观众的互动。《东西南北中》的小栏目，像《点歌台》《歌迷天地》《影视热点》《热门话题》《请跟我来》等，都是这类节目。贴近性应该成为所有电视节目追求的宗旨之一。

（2）源于李瑞环同志的戏曲音乐频道。

1996年，中央电视台设立了戏曲音乐频道，把原来很难安排的戏剧、曲艺、交响乐、民乐、地方戏等，安排在该频道播出。而说到该栏目的成型，不能绕过一个人，那就是李瑞环。这究竟是怎么回事呢？

先是酷爱京剧的李瑞环同志，从海外企业家那里募集了一笔京剧发展基金，在京剧艺术家张君秋、原天津市委宣传部部长谢国祥同志的主持下，把梅兰芳等老一辈京剧艺术家的演唱录下来，让他的弟子配上表演，创造了一种新形式，制作成《京剧音配像精粹》。

后在1996年元宵，李瑞环同志把我叫到中南海，说这个《京剧音配像精粹》决定让中央台播出，并且希望这项工作能够长久进行下去。

我当时立刻就表示欢迎。但是我们录节目也要花钱，所以我就对李瑞环提到，希望给些赞助，他同意一台戏给10万。

就这样，在李瑞环同志的支持下，戏曲音乐频道不仅顺利成立，而且发展得很好。到1998年，该节目就录制了350台左右，在受到海内外老同志、京剧迷们热烈欢迎的同时，其更重要的意义在于，把中国的国宝——京剧艺术家的精品保存了下来。

（3）"六个一百"：关注青少年的成长。

作为社会影响力越来越显著的电视媒体，我们不仅要满足中老年群体的收视需求，更要注重对青少年的引导和教育。

为了满足儿童的收视需要，在1993年，我们开办了专门播出国产动画片的《动画城》。到 1995 年，我们拥有 3 个青少年栏目，每天播出少儿节目 450 分钟，比 10 年前增加了 10 倍，比 5 年前增加了 9 倍。其中，最具知名度的当属《大风车》这个伴随着几代儿童一起成长的节目。《大风车》栏目是隶属于中央电视台青少年中心的名牌儿童栏目，于 1995 年 6 月 1 日正式开播，以 3~14 岁儿童为主要收视对象，也是大型杂志类栏目。栏目把"以儿童为本"作为创作思路，注重孩子对电视节目的参与，从开播至今，虽然历经多次改版，但始终是最受青少年欢迎的儿童节目之一。

但这还是远远不够的。少儿节目数量不足，自制的精品节目不多，节目制作队伍小且人才匮乏，这些都是儿童文艺节目制作与发展中极需要解决的事情。不单我们意识到了这个问题，中央领导也已经意识到，于是先后召集会议，就加强儿童节目制作等问题做了战略部署。

1995 年 2 月 17 日，江泽民同志召集丁关根、李铁映等同志进行座谈会，讨论广播影视及整个文艺工作的开展，其中明确要求中央电视台要重点抓好"三大件"——电影、小说和少儿作品创作，尤其强调中央台要更加注重为儿童提供更多更好的精神食粮。

为了响应江总书记的号召，在 1996 年，我们制订了集中精力抓好少儿节目的"六个一百"计划：百集童话剧、百首新儿歌、百集游戏节目、百集人物系列片、百集科普系列片、百集动画片。

"六个一百"文化工程第一期在当年即取得极大突破：

"百集童话剧"中的50集现代儿童生活系列剧《好孩子·坏孩子》、52集人偶剧《玉米人农庄》、20集木偶剧《葵花镇》和中澳合拍的20集人偶剧《神奇山谷》等剧目陆续和小观众见面；

"百首新儿歌"，是在全国范围内进行广泛征集的基础上精选出来的，不仅健康优美，而且时代色彩鲜明，是真正适合孩子们自己的歌曲；

"百集游戏节目"，除了中央电视台，还有全国近20家地方电视台的参与，其中包含了100多个运动游戏、语言游戏、智力游戏，寓教于乐，又充满童真童趣，深受小观众们喜爱；

"百集人物系列片"——《英才的故事》，是由中央电视台与《中华英才》杂志联合录制，讲述了100位老革命、文艺界与科技界老前辈年轻时的故事，是少年儿童接受爱国主义教育和革命传统教育的最好教材；

"百集科普系列片"——《神奇之窗》，给孩子们打开了一扇寻求科技知识的窗口；

"百集动画片"，其实并不是百集，而是11部232集。《西游记》《大头儿子和小头爸爸》《小糊涂神》，不只在当时，到现在依然称得上是经典。尤其是52集动画版《西游记》的诞生，不仅在国内产生了重大影响，在世界范围内也一再掀起热潮。

动画版《西游记》是1999年由中央电视台动画技术部制作、中国国际电视总公司出品的经典神话系列动画。相对于电视剧版，动画版《西游记》的一些主要人物在保持原著性格特点的基础上都做了些微改动，如：孙悟空的塑造，在保持原著中优点的同时，制作组还赋予了他更受儿童喜爱的天真气质。此外，根据动画的特点和为了更符合儿童的观赏需求，动画版《西游记》在基本符合故事的发展脉络与人物思想的基础上，对某些情节也做了略微改动。如在流沙河擒拿沙和尚的一集中，增加了沙和尚抢走猪八戒的小包裹的情节，小包裹中有猪八戒写给高老庄高小姐的情书，这不但让沙和尚知道了他们正是自己要等的去往西天取经的和尚，也使得他和猪八戒的再次交战充满了戏剧性。不仅是动画片，其主题曲《猴哥》和《一个师傅三徒弟》也在孩子们中间广为传唱。

"六个一百"工程的实施，使得中国少年儿童节目发展比较落后的现状开始改观。对此，领导人不约而同地表达了赞赏：

李铁映同志说："为了孩子，为了中国的明天、民族的未来，多播出一些好的精神食粮，这是你们的一大贡献、一大责任。我替孩子感谢你们，也替天下父母感谢你们。"

而李岚清同志于1997年12月18日，在《关于加强国产动画片制作的措施的报告》上这样批示："伟光同志，看到你们为开发国产动画片做了这样的工作，很高兴，请代我向国产动画业的同志们问好！"

（4）"心连心"，惹得演员"走后门"。

为了响应中央领导人提出的"艺术家要到人民群众中

去"的号召，除了开办或调整文艺栏目，那些年央视还举办过不少到革命老区、基层和边陲地区群众中间去的文艺演出。让我印象最深刻的一次，是1996年春节前夕去河北西柏坡的慰问演出。当然，让我印象深刻的并不是天气的寒冷，虽然那个时候真的很冷。

演出队伍是由"春晚"部分队伍组成的。早上6点钟出发，没有一个人迟到，这很难得，也很让人感动。更让我们没有想到的是，当地群众的热情与踊跃，虽然天气寒冷，又是露天演出，他们还是早早就赶到了演出现场。从上午9点开始，陆陆续续地有群众赶来，到了下午，达到了几万人。说实话，这种场面真的让人震撼，在那一刻，我们都从观众的热烈欢呼中感受到了自己的价值。这是对我们最大的肯定。

春节期间，节目录播在电视上播出了，丁关根同志也觉得很好，于是对我说："我看你们中央电视台可以成立一个'心连心'艺术团，到革命老区、到基层、到边陲地区去演出。"

我写了一个成立报告，报给了孙家正部长，批准意见很快就下来了。就这样，"心连心"艺术团正式成立了。当时，我是这样给他们规定的：演出和工作人员的吃、住、行费用由中央电视台提供，且演员是义务演出。此后，他们每年都要到下面去演出五六次，群众中的呼声也很高。比如艺术团第一次到江西井冈山演出时，群众几乎是全城出动，夹道欢迎。据当地干部介绍，这次演出是新中国成立后当地第三次群众大集会，第一次是新中国成立初，第二次是粉碎"四人帮"时，足见群众对艺术团的喜爱程度。

演员对艺术团同样也是情有独钟。耿莲凤、田华等人都打电话找我，要求参加演出，宋祖英等一些年轻的演员也都积极地参加节目。为了参加艺术团的演出，演员居然纷纷"走后门"，虽然听起来有点不可思议，但当时真的就是这么回事。所以，直到现在想起来，我还是忍不住感慨，为了那些年的热情与激情。

（5）更重教育和服务功能。随着对电视功能认识的更加深入，除了传播新闻、文化娱乐功能之外，在20世纪90年代之后，我们开始越来越多地挖掘它的教育与服务功能：

1992年，开办《经济信息联播》《十二演播室》《天涯共此时》等。

1993年，开办《夕阳红》《环球45分钟》。我记得，当年《夕阳红》风靡荧屏，深受老年观众的青睐，一曲深情无限的《最美不过夕阳红》更是红遍了大江南北、长城内外。

1994年，开办《第二起跑线》《历史上的今天》等。时隔14年后，2008年6月1日，《第二起跑线》等节目虽然停播了，但是，它的确曾给中学生朋友们带来无数感动和快乐，孩子们会记得，我们也会记得。

1995年，开办《半边天》《书坛画院》《时事纵横》等。
1996年，开办《万家灯火》《军事纵横》《足球之夜》《读书时间》《生活》《黄土地》《商桥》等。

1997年，开办《科技博览》《商务电视》《中国财经报道》《当代工人》等。

1998年，在我们提出"研究世界各国长盛不衰的电视栏目，学习其形式"之后，中央台又相继开办《幸运52》《城市之间》《走进科学》《今日说法》等精品栏目。

4. 难忘"'98春晚"

在很多场合，如果有人问我，对哪届"春晚"印象最深，我都会说是1998年"春晚"。

我在任期间，对"春晚"做过一些或大或小的调整和改变。这些改变或是形式上的改变，如搞成剧场式；或是内容上的创新；或是转播方式上的创新，如曾尝试在北京、上海、西安进行三地直播，多点传送。

为了给更多年轻导演机会，也为了改变当时"春晚"导演都是指定的现状，我们觉得应该改改，因为一台"春晚"，你不能老盯着一两个人用。于是，后来就采用"春晚导演招标制"，谁更合适那就让谁来当导演。招标的时候，我们会让部里的领导、台里的领导都去听、去讨论，然后，以中标的导演为主，把其他人的好点子都吸收进去。这样一来，"春晚"质量明显上升了一个等级，并且这种形式一直沿用至今。

我在任时，要求给每个演员演出费用。当时制片人不理解，说"春晚"挤都挤不上，还要给钱？我就告诉他，给多给少双方可以商量，但一定要给，不给钱，就是不尊重对方的劳动。同时我告诉他们，要和演员签合同。朱时茂、陈佩斯和我们打版权官司，就是因为当时没签约，人家后来提出索赔。

首先，我们在这一年扩大了场地。以前办"春晚"的演播室都太小，不到1000平方米，很难办出气势。那一年，在距离除夕还有90天的时候，我们提出要搭建全新的演播厅。但时间太紧，怎么办？于是，我给时任北京市市委书记的贾庆林同志打了个电话，说："你什么时候有时间，我有事跟你请示。"贾庆林同志很爽快，说："有事就来吧。"于是，我就过去把这想法跟他说了，他听后立刻表示支持，并吩咐他的助理帮我们协调此事。

对方效率真的很快，当天下午就把相关部门协调到位了。后来，我们只用85天就把这个1号演播大厅建了起来。那一年的"春晚"就在新的1800平方米的演播室举办，效果很好。

1998年"春晚"还有一个小故事，是关于后来为人所津津乐道的那英、王菲两大天后同台演唱的《相约九八》。《相约九八》审完的当天晚上，那英忽然给我打电话，问我为什么要把节目拿下，我表示没有听说此事。后来我一了解，果然有这事，原来是因为过去有一台晚会，想让王菲把歌词改了，王菲不改，然后还不唱了，所以这次要惩罚她。我对有关同志说："这样不行啊，演员不想改歌词，那是她的自由，我们应该尊重她。可以不用她，怎么能惩罚她呢？作为大台，我们应该有大台的风度。"我一直主张不要封杀人家。于是，《相约九八》照常播出，还火了。

以 1998 年"春晚"为代表，90 年代那几年，可以说是央视"春晚"发展的一个高潮期。也是在这几年，借着"春晚"的东风，我们相继开办了一系列重大节庆晚会，如《元宵节晚会》《3·15 晚会》《5·23 晚会》《五一晚会》《七一晚会》《八一晚会》《国庆晚会》等。

晚会一多，问题又来了，演出人才不够。于是，我们经过研究决定组办选拔赛，为晚会寻找新人。青年歌手大赛、中国音乐电视大赛、相声大赛、京剧表演大赛、小品大赛、舞蹈大赛、主持人大赛等便被相继推出，彭丽媛、毛阿敏、董文华、宋祖英、杨丽萍、赵本山等现在广为全国观众熟悉的大腕们就是那个时候挖掘出来的"新人"。

5. 终结纪录片"哑巴时代"

1991 年，由刘效礼带领拍摄的《望长城》是中国纪录片领域的一件大事。它不仅结束了中国纪录片的"哑巴时代"，也标志着中国的电视纪录片创作跨进一个新的里程。但是，这突破的背后有着诸多不为人知的故事。

"为什么中国的纪录片只张嘴不说话？"一次经常来中国讲课的荷兰纪录片大师伊文思生气地这么说道。这让中国的纪录片人深受刺激，却又不得不承认他说的是对的。

这个事情发生在 20 世纪 80 年代。彼时国外纪录片大部分已有同期声，甚至同期录音都成为可能了。但中国的纪录片受制于技术，所拍的胶片无法添加声音，就像"哑巴"一样。另外，那时中国纪录片还在遵循着"教化与指导"的主要创作理念,这与当时电视的发展严重脱节,所以不论从创作理念、思想主题设定还是艺术表现方式,中国纪录片都需要一场变革。

正是在这种情况之下,以刘效礼为代表的中国的纪录片人铆足了劲,想改变纪录片现状,实现一次大的跨越。而第一步就是让中国的"哑巴"纪录片能够开口说话。

(1)《望长城》:开启新的纪录片时代。

从最初的筹备到最后完成,《望长城》共历时3年,片子总长度为624分钟,分4集,每集由3部分组成,每个部分的时间有50多分钟。1991年11月18日,《望长城》同时在中国中央电视台和日本东京广播公司播放(日本播出时,片名改为《万里长城》)。片子播出后,反响极好,双方都创下纪录片的最高收视纪录。据说,世界上至少有5万观众目睹了长城的风采。

不过,在拍摄《望长城》之前,拍摄组是抱着背水一战的决心。这又是怎么回事?

原来,当刘效礼等人着手拍摄《望长城》时,长城沿线总计10余家电视台正在播出一部名为《万里长城》的纪录片。该作品由河北、陕西、甘肃、宁夏、新疆等电视台把它们自己境内的"长城"记录下来,集合而成。这部纪录片采用的就是传统的"画面+声音"的表现形式。

这让摄制组很有压力,要想与之竞争,必须拍出新意。当然,也有人说,不如拍两套,一套求保险,一套求创新。但最后,刘效礼还是决定背水一战,用他的话说就是:"咱们生的孩子就是丑也要丑得吓人一跳!"

节目获得成功之后,《望长城》曾一度成为电视业界和学界关注和研究的焦点。大家不约而同地把《望长城》的开播视作中国纪录片界的一件大事,并且是里程碑式的一件大事。由此可见,其意义之重大。

那么,《望长城》的开创性究竟体现在哪里?对此,我想说的是两点:一是纪实;二是同期声,抑或说是声画同步。

纪录片美就美在以真实为核心的新闻纪实,这种美是对生活的原生状态的还原。《望长城》正是将这一点体现得淋漓尽致。如《望长城》第二集有一段"考察山海关悬壁长城,几个小伙子在爬长城时把摄像机绑在身上摄下了一个极富表现力的镜头——画面中崇山峻岭呈倾斜状态,而且极无章法地晃动"。虽然这个场景缺乏可以雕琢的美感,但是能给观众带来宛若身临长城脚下的真实感。真实正是突破。

再就是声画同步。有学界人士指出:"这部片子最重要的价值就是把纪录片从新闻电影的观念过渡到了电视纪录的观念。"其最突出的表现就是声画同步。可以说,《望长城》对声音的重视是前所未有的,声音在这个片子中是一场革命。比如这样一段,主持人问远处的一位老汉:"长城梁怎么走?"回答他的是从远处传来的两声狗叫。这段同期音响既真实可信又富有生活情趣,给人印象深刻。

再如,在第一集中采访一位女拖拉机手时,《望长城》采用的是这样的表达方式:画面基本静止不动,而用长达四五分钟的同期声——女主人公的自述，为观众制造一种亲临其境的现场感，让观众跟着她一起去了解她的生活状态。

《望长城》播出后，不论电视界还是观众，都觉得这种表现形式很新鲜，但是对刘效礼来说，这还远远不够。因为在他看来，同国外纪录片相比，《望长城》的纪实手法不是创新，不过是遵守纪录片的基本创作方法罢了。群众之所以会觉得新鲜，不过是因为被过去的纪录片创作形式禁锢了思维。刘效礼一直在等待下一次的突破，他是幸运的，机会很快就来了，那就是纪录片《毛泽东》。

（2）《毛泽东》：第一部伟人纪录片。

刘效礼，这位每次获奖后都要把自己打倒的山东汉子，从来不满足于过去的成功。这一次，他提出拍摄《毛泽东》，瞄准的是即将到来的毛泽东诞辰100周年。

那还是1992年2月，《望长城》获得成功后，首都电视界举行了一次《望长城》研讨会。在这次会议上，他就提出拍摄的设想，他说："咱们拍毛泽东，如何？"他还说："两年后即是毛泽东百年诞辰，机会实在难得。等到他老人家200周年诞辰的时候，我们这代人都不在了，我们不拍谁拍？现在不拍，何时再拍？"但遗憾的是，虽然大家热情很高，可后来因种种原因，没获得批准。

没有想到，到了1993年年初，为了祝贺毛泽东诞辰100周年，中共中央宣传部向各方发出宣传通知，其中有一项就是拍摄一部电视片。这项任务后来就交给了刘效礼的团队。我说："现在国内很多同行都在拍同类题材的片子，你们是国家队,要拍出国家队的水平。"

其实,这时候已经不早了,4月了,离毛泽东的诞辰日12月26日,还有不到8个月的时间。而且,这部片子的拍摄也是有难度的。

难度之一,应该从什么角度去拍?要知道,毛泽东是个伟人,而且当时对于毛泽东的评价还没有尘埃落定,一种评价是完全肯定,还有一种评价是完全否定。所以,要想把握好这个人物,实在太难了。对此,刘效礼做了两点很重要的工作:第一,明确拍摄中最核心的理念——毛泽东是人不是神,但也绝对不是一个普通人。决定取片名为《毛泽东》,不带任何修饰;第二,提出"要站着拍,而不是跪着拍"的拍摄理念,即要以平视的角度,展现一个真实的毛泽东——是人不是神的毛泽东。

难度之二,权威性该怎么把握?作为国家台,我们拍出来的东西一定要有权威性。所以,我要求摄制组的同志一定要同权威部门合作。于是,摄制组就找到了研究毛泽东生平和思想的权威部门——中共中央文献研究室,希望与他们合作。随后,摄制组同文献研究室的主任逄先知同志商定:内容由研究室把握,电视由摄制组把握。

在电视片正式开拍前,摄制组先花两个月收集资料,做了大量的前期工作。此外,摄制组更是花了大量的时间和精力,去采访与毛泽东相识或是与其共过事的同事等人。1993年5月开拍,到12月播出,摄制组走遍大半个中国,共采访267人,直至12月中旬,摄制组对原国民党将军张治中的秘书余谌祁先生的采访工作依然还在进行。

8个月要拍摄12集的节目,其中的艰难可想而知。更困难的是,为了实施制订的采访计划,摄制组没少碰壁,比如对散居全国各地的有关人士,特别是敏感人物的采访,摄制组费尽了心思。可以说,纪录片中这一条条珍贵的史料背后,都饱含着无数人的努力与汗水。

另外,毛泽东属于中国,更属于世界,所以,拍摄关于他的纪录片怎么能少了国际友人的参与呢?可是,这是既费时间又费经费的事情,不如就算了吧!节目组一度有过这样的念头。

但没想到,未出国门,摄制组竟然幸运地采访到了近20位已卸任的外国首脑:比如美国前总统尼克松。先是汪恒从收音机里听到尼克松访华的消息,灵机一动,打起见缝插针采访的主意,没想到尼克松虽然先以因疲劳无法接受采访为由拒绝了采访,却又在到了上海后,欣然同意了采访。

之后,第十一届国际行动理事会在上海举行。这是一个由30多位已卸任的国家元首、政府首脑组成的非政府性的国际组织,而更让摄制组成员兴奋的是,与会者中有7人见过毛泽东,这可是一个绝佳的采访机会。于是,摄制组提前准备好采访提纲,静待他们的到来。不过,采访过程也是一波三折,先是被外交部新闻司的同志告知,因为会期短、安排紧,且外交部不是会议的组织单位,所以无权出面联系与会议无关的采访。

但是,摄制组的同志们并没有放弃,而是各方斡旋,终于在会议第一天采访到了加拿大前总理特鲁多、尼泊尔前首相比斯塔、英国前首相卡拉汉;并在一位南斯拉夫籍外交官的帮助之下,于第二天采访到了其他风云人物,如法国前总统德茨坦、前国务卿基辛格等。他们对毛泽东的评价都极高,德茨坦说:"毛泽东是人类思想的灯塔。"三天会期结束后,摄制组采访到17位外国首脑,这是摄制组没有想到的事情。

正是在这样争分夺秒的拍摄下,8个月后,中国有史以来的第一部伟人纪录片完成了。但是,它还需要审,审核通不过照样不能播。一开始谁都不敢审,广电总局不审,中宣部也不审,因为大家心里都没数。后来,在纪录片制作进入尾声后,我们把该片的总顾问薄一波同志亲自请过来审看,一共12集,他看了1集就说:"很好嘛!"

于是,我们就放下心来,将片子安排在1993年12月26日那天,也就是毛泽东诞辰100周年的日子正式播出。此部纪录片播出后,立即引起巨大轰动,收视率达到28.9%。

(3)《邓小平》:走近伟人,"走近小平同志"。

在《毛泽东》之后,我们会拍什么,这是大家都非常关心的,答案也许出乎很多人的意料,我们拍摄了《邓小平》。

在确定这个选题之后,我们首先就面临一个大问题:拍《毛泽东》时毕竟他已经去世了,难度会小一些,但《邓小平》不一样,小平同志还健在,行不行呢?

为了解除后顾之忧,我就想让人先去探探风。当时小平同志正在上海过春节,我就先派人去摸了摸底,他们没说可以也没说不可以。不过，小平同志身边的人提了几点建议：如果要拍，集数不可以超过《毛泽东》，而且要有一首好主题歌。

这次我们还是和中央文献研究室合作，我们写了报告递到上面，上面表示同意，可以搜集资料，但不能成立"邓组"，要靠《毛泽东》的影响接着做这个。于是，1994年年初，编创工作正式开始，且又一次落到刘效礼团队的身上。

《邓小平》是采用纵向和横向结合的结构方式，前半段以时间为序，后半段以内容为序，集中反映邓小平同志的思想理论。

在创作理念上，《邓小平》的拍摄延续了之前拍摄《毛泽东》的理念：越是大人物，越不能跪着拍；越是拍摄关于伟人题材的纪录片，创作态度越是应该客观、平等和讲求实事求是。为了做到这点，摄制组做了大量的努力：

尽量充分利用第一手资料。在拍摄《邓小平》第三集《戎马生涯》时，由于涉及太行山、鲁西南、大别山等实地，虽然摄制组可以将之前拍摄的空镜头拿出来配上照片，稍加修饰，但是他们没这样做。相反，他们冒着酷暑，追寻着当年刘邓大军的足迹，重新来了个"挺进太行山，转战鲁西南，千里跃进大别山"，这让一切变得更真实。这样的敬业精神，实在令人敬佩。摄制组还大量采用了邓小平同志的原声讲话，让一切听起来更加真实可信。

此外，比起《毛泽东》，《邓小平》更加注重表现人物作为一个"普通人"幽默而充满个性魅力的一面，比如第十二集中，在与埃及总统穆巴拉克会见时，他说："前几天香港报纸上说我不在了，我很高兴你今天见到了一个活人。"在参观亚运村时他说："我就想看看到底是不是中国的月亮不如外国的圆。"

最后，我们不能不提到《春天的故事》这首主题歌曲。"一九七九年，那是一个春天，有一位老人，在中国的南海边画了一个圈……""一九九二年，又是一个春天，有一位老人，在中国的南海边写下诗篇……"这些歌词和纪录片要表达的内容实在太吻合了。好的主题歌是片子成功的一半，这首渲染力强又切合主题的歌曲着实为片子增色不少。

终于，经过三年的拍摄，在1996年年末，片子出来了。同《毛泽东》一样，谁来审是个大问题。为此，我们做了40多盘录像分别送给中央领导观看，但很长时间后，谁都没有表态。

后来我们有点急了，我就给时任中央办公厅主任的曾庆红同志打电话，问："《邓小平》这个专题片领导看了没有？怎么说？"他说不错。然后，我又建议说，我们认为1997年元旦是播出的最好的时机。

过了一个多礼拜，他给我打电话，说同意元旦播出。

就这样，1997年元旦，《邓小平》正式和观众见面了。片子一播出，即吸引了亿万观众的眼球。据说片子播出时，小平同志是在医院里，别人扶他起来看，他笑了笑。

只是没想到，片子播出后不久，也就是1997年2月19日，他就去世了。他去世后，中央台和各个地方电视台都在播放这个片子，成了播出次数最多的文献片，而观看这部片子，更成为人们缅怀伟人的最好方式。

直到今天想到这件事，我还是忍不住心生感叹。如果1997年元旦这个片子没播，以后就很难再播了，因为要和一系列评价、悼词对口径，必然要大改。但这样播了，则完全不一样，他们写东西反倒要参考我们的片子。

6. "数量"还是"质量"的选择

中国的电视剧大体经历了5个发展时期。从1958年到1966年，是初创时期，9年时间总共生产电视剧74集。从1967年到1977年，由于"文化大革命"，电视剧创作陷入停滞期。从1978年到1981年，是电视剧制作的恢复期，电视剧的生产数量明显增加。从1982年开始，则进入了电视剧的快速发展阶段。从年制作110部（集）发展到年制作1205部5224集，这是一个惊人的速度。

虽然数量跟上了，但是质量上还存在很大问题。优秀的作品偏少，有轰动效应、深受观众欢迎的剧目更少。

对于中央电视台的电视剧来说，1995年是一个分水岭。在1995年之前，电视剧更注重追求数量的增长，而1995年之后，则是质量大提高的新时期。这一切的改变，源于我在20世纪90年代提出实施"精品工程"——第一套每天播一集优秀电视剧。

《三国演义》《水浒传》《雍正王朝》《孔繁森》《北京人在纽约》《北洋水师》《中国神火》《外来妹》《情满珠江》

《一村之长》《和平年代》《中国命运的决战》《开国领袖毛泽东》《长征》《延安颂》《日出东方》……这些在20世纪90年代曾掀起过收视狂潮，并且现在依然不时掀起"重播热"的电视剧，正是这一策略提出后的实践成果。

矛盾是普遍存在的。我很喜欢用矛盾论原理来分析问题。"精品工程"，即第一套每天播一集优秀电视剧，这一战略正是在运用矛盾论的基础上提出的。

在当时的电视剧领域，数量和质量是一对矛盾。在没有多少部电视剧时，要追求数量；但达到一定数量后，就应该要重视质量了。我认为，到1995年的时候（当时中央台还没有第八套电视剧频道），电视剧已经发展到5000集，数量已经够了。于是我提出要把质量放第一位，要有精品意识。

精品意识，就是追求思想精邃、艺术精湛、制作精良的优秀作品的意识。对于电视工作者来说，精品意识是极富挑战性的一种观念。那么，电视剧精品的标志又是什么呢？我认为电视剧精品能代表一个时代或者一个时期创作的高水平，能够吸收一个时代或一个时期影视创作的较高思想成就。具体而言，主要有这样四个方面：

（1）思想性和艺术性的完美统一。电视剧精品首先要有积极健康的思想内涵，用饱满的激情来表现时代主流和时代精神。历史题材的作品还应该呈现中华文化的精华，达到弘扬中华文化的目的。此外，电视剧精品还要有完美的艺术形式，应该是思想性和艺术性的完美统一。历届获得"飞天奖"一、二等奖的作品都属于此类。

（2）要有鲜明的民族特色和地方特色。从世界范围看，越有民族性的作品，越具有世界价值。中华民族有几千年文明历史，有非常优秀的传统文化，电视剧精品应该从民族文化的深度和品位上下功夫。如《西游记》《红楼梦》《三国演义》等电视剧精品都是这样。

（3）要有鲜明的艺术个性，对生活的表现有独特的视角，对艺术形式有独特的追求。比如《潮起潮落》，写海军的建军史，但没有拍成海军发展的纪实片，而是通过两个家庭的人物命运来折射，这在审美创造上就更富有艺术魅力和个性特色。

（4）技术质量一流。视频、音频、服装、化妆和道具等，都是高水平的。

要制作这样的电视剧精品，当然也需要条件，一般需要满足"五个好"。

第一，剧本好——舍得花时间推敲。剧本是一剧之本。一般来说，成功的剧目都有成功的剧本做基础，重视剧本创作是出精品的基础。

第二，导演好——富有创造性。如果说剧本是一部戏成功与否的基础，那么导演则是一部戏成功与否的关键。要出精品，导演首先要有精品意识，对生活、对人物都有独到的见解，对艺术有执着的追求，有开拓精神和创新意识。

第三，演员好——对角色有执着追求，演什么像什么。

第四，制片人好——既懂艺术，又懂经营。

第五，班子好——团结奋进、和谐共事的剧组。现在有的人为了赚钱，干到一半了，提出新的合作条件，否则就罢拍，这种人是商人，不是艺术家。一个剧组，所有人都应该有追求，能吃大苦，拧成一股绳，形成审美合力，为拍摄出精品共同努力。

提出观点简单，实施起来并没有那么容易。首先在当时还存在一种与我的观点相左的观点。此种观点认为，可以不先提质量，让其发展，数量多了之后，精彩的电视剧肯定也会多起来。就像中国足球，虽然总体水平不行，但是中国的人口基数大，其中肯定会有一两个踢得好的。此外，电视剧做精品需要钱，哪里有那么多钱，而且风险也高。

为了实施这个"精品电视剧"工程，我们着实费了不少心思，我们主要尝试从这么几个方面努力：

发挥合作精神，收购地方台和其他制作公司制作的电视剧。

当时我们收购地方台的节目，价格比较便宜，是2万一集，这样一来，他们赚不到什么钱，而且当时的电视剧都是小制作，短篇、中篇，投资不过二三十万。拍完这部，拍下部的时候，还要去找钱，而且当时不像现在，有单位赞助。于是我说，这样不行，这样中国电视剧不会有良好的发展，很难进步，并形成良性循环。为了解决这种问题，我提出，要让制作单位收回成本还要有盈余。于是，我们把电视剧的收购价格，从2万一集提到8万一集，同时还对优秀电视剧给予奖励。比如，我们给获得"飞天奖"的电视剧的制作单位颁发奖金，最高一部奖到36万。这在当时可不是小数目，抵得上现在的 360 万。

还有一个典型的例子，就是《雍正王朝》。《雍正王朝》是胡玫导演的一部电视大片，长达 44 集。这部片子还有两个特点，一是贵，胡玫找到中国电视总公司，开价 3200 万，立刻被拒绝了，因为太贵了。地方台在当时更是没有这个经济实力，所以，转了一大圈，虽然不少人觉得这的确是一部好片子，但这部片子依然没有卖出去；另一个特点是，里面涉及敏感问题，政治导向有些难把握，比如片子的大背景是"反腐反贪、抗击洪水"，与 1998 年的现实惊人的相似。

所以，当我决定以 2600 万的高价买下《雍正王朝》时，对于能不能播和适不适合"此时"播还有些拿捏不准。于是，我决定先送给中央领导审看，听听他们的意见，如果他们说好，那我们就播；如果他们说不行，那只能当这 2600 万打了水漂。

说实话，将录像带送出去后，我心里并没有底，要知道，2600 万不是一个小数目，如果不能顺利播出，可是严重失职。

但没想到，上面很快就有了反馈意见，先是李鹏同志，他说不错，这部剧是历史剧中的精品，甚至还给我们指出了字幕上的一个错字。接着是吴邦国同志和罗干同志等几位中央领导办公室的同志，也打来电话，转达了上面对这部剧的肯定。

这下我的心就踏实了，将电视剧安排在 1999 年元旦正式播出，且一集未删。不出所料，电视剧播出后，不仅创下收视新纪录，收益也非常可观，仅首轮广告收益就超过了6000多万。

当然，我们也有把握失误的时候，那就是《抗美援朝》。外交部一开始觉得还是慎重一些好，毕竟中央台拍电视是要讲政治的。但是后来，看到美国人要纪念朝鲜战争，主题是"朝鲜战争遏制了共产主义的扩张"，所以我们又想，美国人敢纪念朝鲜战争，我们为什么不能这么做？于是我们又找到外交部，说这个事情。最后，外交部终于同意了。但很遗憾，当一年多之后片子出来，也经过审查被准许播放时，"9·11"来了。

这下彻底没戏了，还是那句话，中央台拍电视是要讲政治的。世贸大楼刚被炸，你来个抗美援朝不太好吧，所以，再综合考虑到当时的其他一些情况，就没有播出。到了现在，想想还是觉得有些遗憾，如果能早一点拍出来，这部《抗美援朝》就播出去了。

全力支持优秀电视剧的拍摄

当时的剧组普遍缺钱，所以，对于那些不错的片子，能够给予支持的，我们尽量给予支持。像《北京人在纽约》，当时郑晓龙要去美国拍《北京人在纽约》，但是他没钱，于是他打算借钱，借钱也不是那么容易的事情。后来，他来到中央台，找到我，希望得到我的支持。我说："支持可以，但是要先看剧本，本子可以才行。"我看了之后，觉得很不错。于是，我答应给他3分钟的广告。他就用这3分钟当抵押，找中国银行贷了款，然后去美国拍了戏。但是，电视拍完之后回来，他又找到我，说："不行啊，3分钟不够，收不回成本，还不了中国银行的贷款。"于是我说，那就把广告延长到5分钟吧。后来，这部剧播出后火遍了大江南北，也捧红了姜文和王姬等人，当然，郑晓龙也把借的钱还上了。

引进外国精品影片

在发展国产电视剧的同时，我们还开办了一档《名著名片欣赏》节目，开办这个栏目的主要用意是，通过把外国的，包含美、俄、日、印、法、英等国的精品电影引进来，固定播出，了解外国电影现状、学习汲取他人优势……

中央台自己投资制作精品电视剧

《三国演义》《水浒传》算是代表作，不仅是这项战略实践成功的代表作，也是中央台大手笔投资的代表作。比如《水浒传》，单是从香港请武打演员就花了300万港币；再如《三国演义》，一集的投资是100万，不仅在当时，就是在现在，这也算得上大手笔。

花了大精力和大价钱，当然，我们也获得了大回报，两部电视剧获得了空前的成功。尤其是《三国演义》，不仅在内地播，还卖到了中国香港、台湾地区，以及日本、美国等；不仅在当时播得火热，引起观众热捧，到了现在依然还在播，已经成了经典剧集。据说，当时在台湾"中视"播出时，最初是安排在晚上8点播出。没想到，这导致观众都来看《三国演义》，其他台的节目没有人看了，为此，台湾艺员协会会员不得不去"中视"楼前进行游行示威，提出《三国演义》不得在黄金时间播出的要求。在香港，播放《三国演义》的亚洲电视台，创造了收视率狂涨30%的奇迹。而在日本，NHK在播放《三国演义》之后，不少观众因为没有看到开头，居然给电视台去信，要求重播。

当然，除了观众的口碑，我们还赚取了经济收益。仅拿广告来说，播出时前面有3分钟的广告，1秒钟就是1万块钱，仅一集就180万的收入。

还有一点，那就是《三国演义》的带动效应。

前面我们说过，在香港，《三国演义》是由亚洲电视台播的，并让该台的收视率狂增，甚至有时超过了无线台。也正是在那一年，亚视破天荒地实现了扭亏为盈。在《三国演义》播出之前，一直是无线台收视占80%，亚视台占20%。所以，这让没有购买《三国演义》的无线台很是被动。于是，无线的董事局主席邵逸夫就问他的购片经理："中央台的《三国演义》，为什么我们没有买？"那位经理自然是很紧张，于是赶紧跑到北京问我们还有什么大片在拍。当他得知我们在拍《水浒传》时，立刻表示他们要了。但没想到，亚视在签《三国演义》的协议时，就订下了《水浒传》的播出权。不过，当时只是口头协议，并没有正式签约，于是我就说，谁出得多就给谁。当时无线台出1.2万美元一集，亚视出9000美元一集，所以，《水浒传》的播放权最终卖给了无线台。

这么多年过去了，电视剧的发展更快了，集数在不断增加，但总体来说，精品的比例下降了。作为一个国家大台，中央台还是应该有计划地搞一些"大制作"。用最好的演员、最好的设备、最好的内容,拍出代表中国水平的电视剧,这才是中央电视台应该做的。

杨伟光和邵逸夫。

7. 有质量,观众才会买账

从日常的文艺节目,再到纪录片和电视剧的创作高潮,20世纪90年代,中央台在文艺领域展开的轰轰烈烈的"复兴"活动取得了非常显著的成果。我们取得成功的原因究竟是什么呢?

就是精品战略的实施。精品是好东西,是观众的口碑,是高的收视率,是丰盈的广告,或者,概括成一句话:精品是竞争力。

赵忠祥主持的《动物世界》和《人与自然》,可以说是名副其实的名牌栏目,不仅为国内观众所熟悉与喜爱,在国际上也颇受赞誉。尤其是《人与自然》，连续5年获CCTV专题节目一等奖。作为宣传环保基本国策的专题节目，《人与自然》于1994年5月一经播出，即获得联合国前秘书长加利先生的赞扬，加利先生说："希望各国电视传媒向中国中央电视台这个节目学习。"

用精品来打造竞争力，这是20世纪末央视快速发展的核心力量，当然也是永恒的力量。没有内容上的优势，不管你是中央台还是地方台，观众都不会买账。当年中央台的经典剧集《三国演义》和《水浒传》等，成就了前些年央视在文艺领域的辉煌，这些年《快乐大本营》《还珠格格》等的成功成就了湖南卫视"娱乐立台"的追求，《我爱记歌词》《中国好声音》等成就了浙江卫视这几年的蓬勃发展。显然，在任何时候，拿出最精品的内容，都应该是电视台做大做强的前提条件和必然追求。

关于精品战略的实施，当时我们是这样做的：

（1）设立中央台第一套为精品频道。

到1996年1月1日，中央电视台已经有8个频道，8个频道都要办好，但要集中力量把第一套节目办成精品频道。第一套节目覆盖面最广，内容以新闻为主，兼有电视剧、文艺、体育和社教节目，广大观众收看这套节目既可以及时了解国内外大事，又可以看到当代最优秀的电视剧和综艺节目等。可以说，这套节目是中央电视台的当家节目，是同国内外电视台竞争的最重要的频道。

现代管理学中有一个很重要的概念：品牌定位。这是一个"把品牌做成什么样"的设想。有了明确的品牌定位,才会有明确的发展方向。中央一台就是中央电视台最重要的品牌。

(2)进行调整与改革。

比如《东西南北中》的前身《百花园》,虽然是已经创立很久的节目,但节目影响力低,与我们的精品定位不符,那就坚决进行调整和改革。将其改版成《东西南北中》,引入"音乐电视"的概念之后,节目获得了成功。不仅观众纷纷来信表示肯定,地方台表示支持,歌手演员也表示欢迎。比如歌手尹相杰说:"我在歌坛有今天的成绩,得益于中国音乐电视,得益于《东西南北中》。"歌手于文华说:"有了《东西南北中》,才有了我这个歌坛小妹妹。"

不仅如此,"音乐电视"这种形式也得到中央领导人的高度肯定,比如李鹏同志,曾以"高歌民族曲,激荡中国魂"的题词激励我们要继续办好中国的音乐电视。

(3)引入竞争机制,实行竞标制。

"物竞天择,适者生存",达尔文的进化论对电视领域的改革也同样适用。竞争促进进步,竞争促使革新,竞争促使发展。深刻意识到竞争机制重要性的我们,在20世纪90年代,就已经做过尝试,且取得了极好的效果。

那是在1996年,《神州风采》开办6周年之际。《神州风采》是中央台仅次于《新闻联播》的老栏目,但是经过多年发展后,收视与影响还是日渐下滑。在这种情况之下,经营部的两位同志率先提出,将《神州风采》栏目拿出来,全台竞标争办精品栏目。对于这个大胆提议，我觉得很好，于是和台里其他领导商量，最后决定：在全台范围内对《神州风采》栏目进行公开招标。

招标定于《神州风采》诞生 6 周年的纪念日——1996 年 3 月 18 日，竞标者有 8 个部门，不同的部门根据自身的实力和特色提出栏目策划方案，由我和台里的其他领导担任评委。经过多番较量之后，新影厂、社教中心、文艺中心、广告部 4 家获得出线权。当然，这远远还没有结束。他们将通过继续竞争的方式（即节目 5 月试办之后，由原栏目设计组社教中心承担 4 天节目，其他三部门负责一天，最后通过观众的测评决定谁是最后的夺标者），角逐最后的胜利宝座。

这么多年过去了，想到我们在文艺领域取得的成就，主要还是得益于"精品策略"的提出与实施。没有这一策略，我们就不会有站得住脚、经得住考验的经典之作，也就难以获得广大观众的认可。

第四章 从"录播"到"直播":"敢"字为先

现在已经是一个直播常态化的社会,但很多人并不知道,在20世纪80年代,舆论远没有开放到今天这个程度,连录播也是一件冒风险的事情。但是,我们敢于打破旧体制的限制,敢于开创改革的先例,首先是录播了1986年人大常委会对《破产法》的讨论,继而循序渐进,一步步走到了今天的直播常态化。

在今天看来,这一改革的过程中尽是成功和掌声,然而,每一个改革的亲历者都深深地懂得,改革的每一步都伴随着风险,没有一点"敢"字为先的精神是很难取得改革成功的。

1. "为什么不把人大讨论《破产法》录下来?"

1986年9月,国务院提出要制定《破产法》,提交全国人大常委会讨论。在人大常委会对《破产法》进行讨论的过程中,必然会伴随着争执、激辩,甚至争吵。于是,台里有人提议说:"这不正反映了民主化进程的一个侧面吗?为什么不把人大讨论《破产法》的整个过程录下来,拿去播出?"

当时我听到这个提议时,觉得很好,一个民主而开放的社会,应该允许不同的声音存在,应该让不同的意见得以表达,也应该让大众有更多的知情权。

此次人大常委会对《破产法》的讨论,正是我们改革突破的大好机会。我权衡之后,同意了录播人大常委会讨论《破产法》的提议。

当然,我知道这也是有风险的。在当时,舆论远远没有开放到今天这个程度,新闻报道受到的制约还很多。所以,把人大常委会讨论国务院提出的法律草案的情况公开报道出来,并把各种不同的意见也公开出来,这是一个没有先例可循的事情,更是一个生死未卜的提议,我并没有绝对的把握。

所以,为了保险起见,在同意他们提议的同时,我还事先给他们打好了预防针,我对他们说:"你们可以采访,并且可以做节目,但是,完成后一定要给领导同志审查,如果他们同意播出,那我们就播,如果不同意,那我们就权当是一次练兵。"达成这样一个协议后,年轻的"战士"们就出发了。他们对整个激烈讨论过程进行了全程录像，经过精心选择，编辑成节目。

这不仅是对新闻报道的一次突破，也是对人大权力的一种展示。当时有不少人认为，人大所拥有的否决权不过是名义上的，但如果这期节目播出了，就完全不同了。这期节目是一个最好的证明，证明人大是真正拥有否决权的，并且他们还在使用这种权力。

节目做出来之后，我们就送给相关的领导同志审查。首先是送给了时任副委员长的彭冲同志，他看了之后，觉得可以，又建议我们送给时任委员长的彭真同志审查。彭真同志看过之后，也觉得节目做得不错。于是，我们就在中央台播出了。节目播出后，反响好得不得了。有些观众来信说，这个节目无论在形式上还是内容上，都开了新闻改革的先河，是迄今为止最为成功、最有影响力的会议报道。还有观众说，真实的声音、生动的画面以及即时采访的图像消除了立法过程的神秘感和人们的不信任感，也缩短了人大代表与老百姓之间的距离。

这次报道满足了人们日益增长的对国家事务的知情权需求，因而赢得了人民群众的普遍欢迎。不过，虽然大家都觉得这个节目做得不错，仍然还有一些遗憾。

这个节目的突破仅限于本身，并没有像后来的《东方时空》那样，带来一系列节目的重大变革。究其原因，一是没有针对这次报道对提升开放程度的意义作出应有的总结；二是思想层面，当然这跟第一点也有关系，在当时的大环境中，我们还没有真正意识到开放性报道的重要性，也没有把提高新闻报道的开放程度放在一个相对重要的位置，或者说还没提上议程。

或许，这次报道只是一次灵感突发式的创新性报道，但是，敢于打破旧的限制，敢于开创新闻改革的先例，这已经是一种进步。在这个过程中，敢于突破的年轻"战士"们也实现了自己的价值。

2. "若出错就打你们的屁股"

1987年3月，为了响应党中央的号召，经过商量，我们提议，对六届人大五次会议全部8次中外记者招待会进行实况录播。提议率先得到了CCTV报道组和广电部的支持，却遭到大会新闻组的质疑："不行，这怎么行？中国记者招待会的报道模式，向来是把领导人的回答记录下来，经过斟酌，并送本人审看定稿后，才准予播发，第二天见报。怎么能把记者的提问和答记者问的实况向观众播出？再说，实况录像中领导人说漏了嘴，错了怎么办？"

这个事件对于现在对中外记者招待会进行实况直播已经习以为常的人们来说，可能有些难以理解和想象。但在20世纪80年代，这真的是一件超出人们想象的事情。

所以，当提议被提出来之后，不仅我们中央台，就是上级领导也是权衡再三。因为在这之前，中国记者招待会的报道模式，向来是把领导人的回答记录下来并送本人审看定稿后才准予播发，第二天见报。而电视更是只发简要新闻，国家领导人讲什么是不报的,外国人提什么问题也是不报的,敏感、尖锐的问题更是避而不谈。

当然,这次记者招待会最终还是采用了实况录播的形式,而最终能用这种形式进行报道,跟当时的形势和上级领导的支持是分不开的。

20世纪80年代中期,正是反对资产阶级自由化之时,国际上认为中国倒退,外国友人也对中国有很多误解。所以,中央领导决定利用这次会议(六届全国人大五次会议和全国政协五次会议)解疑释惑,为此专门安排了8次座谈会。但是在具体怎么报道上,并没有做明确说明。

时任中宣部副部长,也是报道组副组长的郁文同志,这样传达中央精神:"……通过各种手段,采取多种方式,抓紧一切时机,向国内外各阶层人士正面阐述、说明、解释党的政策……澄清国内外的各种思想混乱。"

经过和台里的有关同志商量,我们提出录像播出全部记者招待会的提议。当时我是这么想的:中外记者招待会上记者提出的问题,最能反映海外舆论对我国时局、政策方面的种种曲解和疑虑,而领导人的回答,则是最能消除"曲解和疑虑"的方式,所以,我们何不把这两种方式结合起来?

但方案的成功实施必然没有那么顺利。现在回想起来,我依稀还能回忆起当时激烈讨论的情况,那时否定意见一度占了上风,我们的改革方案很可能流产。但我们毕竟是改革中前行的一代,我们有足够的勇气和意志。有人因为风险否定方案,必然也会有人因为创新而支持改革。尤其是一些年轻记者，他们就认为，记者招待会不只内地的记者会参加，其他地区和国家的记者也会参加。记者招待会的内容，外国记者不会因为政治性问题而不予报道，相反，问题越尖锐人家越放在首要位置报道。所以，即使我们不报道也封锁不住，他们反而会抓到我们新闻自由问题上的把柄，《参考消息》再转载外电，就又变成"出口转内销"，小道消息到处传，这样不仅起不到解疑释惑的作用，还会弄巧成拙。而且，记者招待会的内容对外国人都是公开的，有必要对自己人保密吗？既然要解疑释惑，中国人也应该有知情权。

就这样，几经反复，几乎被否决的方案通过了。

虽然方案通过了，但是由谁来审稿、由谁来定稿，这又是个棘手的问题。最后这个任务落到广电部身上，郁文同志还曾半开玩笑地说："若出错就打你们的屁股。"

为了把握好宣传口径，每次招待会，时任广电部副部长的马庆雄同志和三位顾问（王福如，时任中宣部新闻局局长；王微，时任国务院新闻办局长；范荣康，当时《人民日报》的副总编辑）都守在现场，并把现场信号传回台里。我就和何光、马瑞流等人在传送制作中心看。两边都是边看边商量，哪些内容能够保留，哪些内容是需要删除的，然后两边再交流取舍。这之后，编辑再根据决定制作并播出。

边直播边播出，时间的紧张是可想而知的，可以说完全是和时间赛跑，一个小失误，就有可能造成空播，这样产生的负面效应也是可想而知的。还别说，在制播过程中，我们还真遇到过这样的紧急情况：

那天，中央领导同志的安排是从下午5点到7点会见港澳代表和委员。这离录像剪辑播出时间就差半个小时，时间实在是太紧张了。担心时间不充足，报道组也曾提出"能否将会见提前到下午3点或是4点"的建议，但是因为接见后需要宴请，这条建议被否决了。这样一来，只能靠和时间赛跑来争得主动权了。

最后，我们决定分三组来编辑播出录像带。就这样，我们进行了分工协作：先做好第一盘播放着，然后编辑第二盘，待第二盘播出之后，我们再集中精力抓紧编辑第三盘。到第三盘的时候，可以说还是挺惊险的，因为直到第二盘结束的前三分钟，第三盘才做好。直到看到第三盘播出带的内容清晰地出现在屏幕上，我们才彻底松了一口气。

这次的制作让每个人都捏着一把汗，需要考验的不是某个人的个人能力，而是整个团队的团结协作能力，还有面对危急情况时的心态和专注力。一个团队中，其余人表现得再好，只要有一个人出了差错，就可能让所有的努力付之东流。电视的播出，就是这样一个分秒必争的过程，丝毫不能有半点含糊。不得不说，报道组的同志们都是最优秀的，他们不仅顶得住压力，更能变压力为动力，让每次的报道任务完美完成。

8场记者会报道下来，广受好评与关注。不少人惊呼这是中国新闻改革进程中"历史性的一步"，还有观众兴奋地评价说："记者招待会比电视剧《杨家将》还吸引人。"甚至于，美国《基督教科学箴言报》也评论道："此举显示了前所未有的开放姿态。"

但中央领导迟迟没有表态,让我们的心里"有点打鼓"。直到4月5日,会议也接近尾声了,正值植树节,中央领导在天坛公园植树闲聊时,不约而同地说道:"这几天是电视热,记者招待会不仅是对外的信息传播渠道,也是领导和群众的对话。""广播电视宣传搞得好,打开了一个新局面。"

在一旁的新华社记者,立刻将这番评论转告给了新闻发言人曾涛,曾涛转而告诉了马庆雄。至此,我们悬着的心终于放下来了。

这次报道让我们看到了开放性报道的优势,使我们的政府可以通过自己的舆论阵地强化自己的声音。从此之后,我们一直走在新闻报道的开放性报道之路上。

3. 打响实况直播第一战

继六届全国人大五次会议中外记者招待会的突破性录播后,到了十三大,我们进一步提高开放程度,将录播变为现场实况直播。

1987年,十三大的实况直播主要是针对开幕式和闭幕式,记者招待会还是采用录播的方式。

当年十三大开幕式直播时,可以说在全国范围内引发了一波收视热潮。为了详细介绍当时的收视情况,10月25日,上海《新闻晚报》发表了《上海市民荧屏前喜看十三大》的报道,表达了群众对于这种更加开放的报道形式的认可与肯定;在10月27日,《人民日报》以《东西南北心连大会会场，男女老幼注目电视频道》为题发表了长篇报道，介绍了北京、上海、广州、沈阳、武汉等城市，人民在电器商场、机关办公室、工厂车间、学校和家庭收看电视直播的生动情景。报纸上还谈到因为当时学校里面电视还比较少，于是发动员工、学员等500多人挤在一个教室里面看电视的场景。

现在对于实况直播已经习以为常的人们，也许无法想象当时这种万人空巷的场景。在20世纪80年代，当改革的春风刚吹拂到电视领域的时候，一点小小的突破都让观众感到惊喜。所以我一直说，我们的改革之所以能够顺利地进行下去，跟电视观众的认同与支持是分不开的。

从这次直播开始，以后大会的报道都开始采用现场直播的方式进行报道，慢慢地，就形成了今天我们所说的"直播常态化"。所以，这次的直播报道，意义着实不小。后来做总结时，有人用"四个第一"来概括中央电视台在党的十三大报道上取得的突破：

第一次现场转播党代会的开幕式，通过电视把开幕式的盛况传到了全国各地；

第一次通过世界通信卫星转播了大会开幕式实况，日本、美国、英国等5个国家和地区的11家电视台、电视新闻社接收了实况；

第一次有很多外国记者参加了报道，提高了中国新闻界的竞争意识；

第一次实现了多层次、多侧面的报道。

当然，这次直播报道依然存在遗憾，其中一点就是中国的记者没有提问权。

当时，不论是六届人大五次会议时，中央电视台录播播出的8场记者招待会，还是十三大时中央电视台对开闭幕式直播和对最后记者招待会录像的播出，虽然在国内外的反响都不错，但都没有我们记者提问的身影。比如在十三大闭幕时，新当选的中央政治局常委和新闻单位领导会有一个5分钟的见面会。会议前，主持人朱穆之同志就说，领导人不准备在这个场合回答记者问题，并且让中国记者不要提问。

但是，中国记者不提问，并不代表外国记者也不会提问。事实证明，的确如此，那次见面会不是5分钟，而是持续了一个多小时，最后中央台准备的胶片都不够用了。这件事情之后，就有新闻界的同仁奚落中央电视台，说中央电视台主要是工具好，记者的水平低，要不在会上怎么一个提问的都没有？

得知新闻界同仁的这些议论，起先我有些不服气，但是后来仔细想想，他们说得也有道理，作为一个国家级的新闻单位，中央台怎么能不提问呢？于是，从七届人大一次会议开始，我就让他们组织了一个小组，专门研究提问题，且每次记者招待会都指定专人提问。渐渐地，再也没有人说"中央台没有记者会提问了"。

但是，新的问题又来了。怎么回事呢？因为中央台记者所提的问题是由专门的小组研讨出来的，所以问题的质量都比较高，引起的关注与影响也比较大。这样一来，电视台画面中总是有中央电视台记者的身影出现，而其他电视台的机会就减少了。于是，新闻界，包括外国记者都对此表示了不满。

为了协调这个问题，我又给他们定下了一个规则：重要的记者招待会必须有我们的提问，而一些小的、代表委员的记者招待会，我们不一定争着提问，也要给其他新闻单位机会。

在这次十三大上，有关领导人还提出：要"建立社会协商对话制度的基本原则""提高领导机关活动的开放程度，重大情况让人民知道，重大问题经人民讨论"。为了将十三大精神与我们的新闻改革更密切地联系起来，我当时还写了一篇文章——《更新观念是深化新闻改革的关键》。文章提出，电视新闻宣传工作要"改单向传播为多向传播；改灌输式宣传为启发式宣传；改回避问题为抓群众关心的问题；改'后发制人'为'先发制人'"。

改"后发制人"为"先发制人"，就是要解决我国长期存在的新闻"出口转内销"的问题。群众关心的问题不让讲，出了重大事故不让报，发生自然灾害不讲灾，但是我们自己不讲，不代表外国媒体也不讲，这样导致的结果往往是重大新闻外国记者先发，有些甚至是他们大肆渲染、歪曲之后，我们才不得不报道。但由于群众先入为主的心理，外国歪曲宣传的消极后果很难消除。这样的"出口转内销"，最终危害的是国家的形象和人民的利益。所以，1988年的"两会"报道，就是贯彻这一精神的一次尝试。

到今天，记者招待会直播已经成为常态。但回忆起改革的历程,从迈出第一步到渐渐为大众所接受,并成为习以为常的事情,不仅得益于时代的变迁和思想的不断开放,更离不开一代又一代电视人"敢"于跳脱旧框、敢于革新与改变的勇气。正是这份勇气,让我们一次又一次刷新着纪录。

4. 悬念,让直播更精彩

1988年5月5日16点25分,很多观众坐在电视机前看到了这样一幅特写镜头:茫茫的云海托出珠峰,异常壮观。而出现在同一镜头中的登山运动员不仅没有破坏这奇异自然观的美,相反,因为有勇气、力量与超越精神的渲染,这样的情景更加震撼人心。

这就是中国、日本、尼泊尔运动员从南北两个方向攀登珠穆朗玛峰的壮观景象。人类登上珠穆朗玛峰峰顶是人类征服大自然的一项壮举,代表着毅力、超越与无止境的攀登。而这一幕注定会被电视直播史铭记,被历史铭记。

这是一次做了充分准备,但也遇到不少突发状况的直播活动。

1988年5月5日,中央电视台对这次跨越珠峰壮举的直播原定时间是17时开始,并在事前向观众做了反复预告。但直播的一个风险就是具有不可控性。

在直播前一天,也就是5月4日,接近凌晨的时候,中央电视台值班室接到登珠峰组委会总指挥史占春同志的电话。电话里说由于气候状况和运动员的状况,登山时间可能提前到5日的15点20分左右,希望我们能将直播提前。

次日的 8 点 43 分，珠穆朗玛峰北侧的 6 名队员，离开海拔 8068 米的突击营队，开始向着目标地出发。9 点的时候，我召集体育部、总编室、新闻部开了一个会议，向他们布置了现场直播的时间和计划。

10 点 30 分，中央电视台通过印度洋上空的卫星接收到登山的信号；

10 点 35 分，中央电视台主控室收到了卫星传回的登山运动员的实况；

12 点 15 分，《午间新闻》播出了登山的图像新闻并预告了直播时间（预计是 12 点 30 分）；

12 点 44 分，北侧登山队员次仁多吉率先登上主峰，并根据指挥部的决定做了报告。99 分钟之后，也就是 14 点 23 分，北侧其他登山运动员全部到达主峰，并向南跨越。而此时的南侧运动员的登峰行动则没有那么顺利，根据大本营的消息：南侧的队员遇到了齐腰深的雪，进展非常困难。他们不得不跪着慢慢地开道，中国队员只剩下两个氧气瓶，一个运动员已经没有氧气瓶了。

到 15 点 53 分，南侧的中国队员大次仁、尼泊尔队员安格-普巴相继登顶成功，顺利会师。

16 点 25 分，北侧的尼泊尔队员和 3 名日本记者顺利地会合。于是，电视机前的观众就看到了前文提及的那幅特写镜头。

这是此次直播的高潮所在，而更为难得的是，有亿万人共同见证了这一历史时刻。作为一个电视人，我感到由衷的骄傲与自豪。我们不仅是节目的播出者，更是历史的见证者和奇迹的创造者。

刚才说到不可控性是直播的一个风险所在；但另一方面，这也是直播的最大魅力所在，可以说，直播因为悬念而精彩。在这次直播过程中，穿插了来自各处的祝贺就是我们一开始没有预计到的。但也正是因为没有预料到，这场直播才更精彩。

14点30分左右，也就是北侧登山运动员全部到达主峰后，我们接到了共青团的十二大代表对"三国运动员登上顶峰表示祝贺"的祝贺电话。当总编室打电话通知我这个消息时，我说你们快把电话记录送来，并立即安排在直播当中插播了出去。同时，我让人通知办公室、关联组，凡是收到电话都要及时送到主控中心。

果然，随后气象局、地质部部长以及中国驻新加坡的单位都打来电话，对登峰壮举表示了祝贺。

15点53分，在南侧的中国队员大次仁、尼泊尔队员安格－普巴相继登顶成功之时，恰逢西藏自治区党委书记武精华、副书记热地来中央电视台参观。从荧屏上看到有三个藏族运动员登上顶峰，我就建议武精华同志应该到演播室讲几句祝贺的话。于是，就有了武精华同志在演播室里对登上珠峰的队员表示热烈祝贺的精彩讲话，也为我们的直播活动添上了精彩的一笔。

16点31分，在听到了武精华的讲话后，激动不已的阿沛·阿旺晋美副委员长也给中央电视台打电话，向三国运动员表示热烈祝贺。

16点39分，国务院办公厅打来电话对三国运动员双跨珠峰成功表示祝贺！

16点50分，小平同志办公室来电话，传达了小平同志向中、日、尼三国运动员双跨珠峰成功表示热烈祝贺的讯息！

17点20分，国务院值班室的同志根据李鹏同志的指示，以国务院的名义发来贺电：向中、日、尼三国联合登山队双跨珠峰成功表示热烈的祝贺。

17点35分，杨尚昆主席、王震副主席发来贺电，祝贺三国健儿胜利跨越珠峰。

直到此时，长达6小时的现场直播才终于在国家最高领导人的祝贺声中顺利地结束。而这些在途中插播进来的贺电不仅大大丰富了此次直播报道的内容，也形成了登山队实况和观众祝贺互相交替播出、山上山下相呼应的生动局面，为我们的直播活动提供了一次更加新鲜的尝试。

无独有偶，继1988年，15年后——2003年，我卸任之后，5月11日—5月21日，历时26小时，全国亿万观众通过中央台的直播，又一次看到了攀登珠峰的盛况——中国第一支业余登山队登上珠穆朗玛峰峰顶的全过程。

这次登峰直播，我没有参与直播过程。这又是一场史无前例的尝试，这是一次真正地与珠峰的亲密接触，此前还没有谁这么清楚地拍摄下从珠峰大本营到珠峰顶端各个营地的模样与沿途的风景和气候。从1988年到2003年，15年的磨砺，在直播技术不断进步的同时，央视人追求突破、敢于创新的精神也在继续发扬光大，而这就是改革之路不断前行的最大动力。

5. 香港回归直播中的成功与遗憾

央视十多年，我几乎参与了那些年中所有大事的报道，而若说到最让我自豪的，还应当属1997年香港回归的直播。

"这次中央电视台报道香港回归的新闻很及时，报道面很广，很有深度，总的来说搞得相当好，大家辛苦了。"时任中共中央总书记的江泽民总书记这样评价这次直播活动。

这对我们来说无疑是莫大的鼓励，当然我们收获的还有更多：第一套节目72小时连续报道、英语频道41小时连续报道、海外逾百家的电视台转播了我们的直播节目……经过这一战役，我们建设世界大台的梦想终于开始开花结果，中央台在国际界的排名也从几十年来的籍籍无名，一跃上升到了第五十七位。

当然，事物都有两面性，在巨大成功与荣耀的背后，也注定充满了挑战与风险。这是一场面向全球的盛宴，全球多点、多层次传送新闻，比奥运会直播还要复杂。同时，这也是央视第一次真正意义上的直播报道。在这之前，央视很少有集演播室主持人和现场记者为一体的直播报道，更多的是仪式类或是竞赛类的实况转播或直播。可想而知，在接到直播任务后，我们的压力有多大。如果没有之前十多年经验的积累，就不会有这次报道的成功。

鉴于报道的重要性，对于这次直播报道，不仅台里极其重视，上级领导部门也是高度重视。比如，丁关根同志对这次的回归报道提出了5点要求：

1．中央电视台要成立专门的领导小组，负责香港回归宣传；

2．制订周密、细致的工作方案与计划，确保整个回归宣传，特别是重大活动宣传报道工作的万无一失；

3．制订严格制度，尤其是节目的送审制度；

4．责任到人，建立岗位责任制；

5．加强队伍培训，认真学习基本法和"一国两制"构想理论。

而鉴于题材的重大性与政治性，直播难度大且无现成经验可借鉴的现实情况，在1996年，台里就启动了对香港回归报道的筹备工作：时任播送中心主任的丁文华负责直播方案的技术设计，而时任新闻评论部主任的孙玉胜负责直播方案的节目内容设计。

但即便是这样，这样宏大的一次直播盛宴还是一路波折不断。这种波折一开始就存在，因为这次报道涉及第三方——英国，还涉及两个尴尬的时间点——1997年6月30日24：00和1997年7月1日。在前者之前，香港还是英国人的天下；后者之后，香港才正式回归中国的怀抱，中国才可以开始在这片土地上行使自己的主权。所以，转播权曾一度是中、英两方争持不下的焦点。英国方面希望政权交接仪式由香港电视机构或是英国BBC提供公共信号供CCTV使用；但是，我方自然坚决不同意。我们提出，既然政权交接仪式是两国的事情，中国政府作为其中一方，自然应该有自己的、对等的、代表自己国家的电视信号。

1997年，杨伟光出席香港回归内地记者采访团欢迎酒会。

就这样，经过几轮谈判，我们终于赢得了平等权利：中、英两国电视台对等拥有交接仪式的报道权。

接下来，就是筹备工作的进行。为了真正实现全面直播，针对这次报道，台里提出"同步报道回归庆典活动，全面反映普天同庆盛况"的战略思路，"以北京为中心，以香港为重点，以天津、上海、重庆、广州等国内八大城市和洛杉矶、伦敦、里斯本等海外15个城市为报道点，形成全方位、多角度、立体式报道阵势"。

而为了实现这一计划，我们又做了周密的部署：分别针对国内观众和国外观众，打破第一套和第四套节目的报道常规，连续72小时直播回归盛况；为了满足英语国家受众的需求，在香港回归前夕，开通英语频道，连续41小时播出回归盛况；同时，在香港、北京设立新闻中心，为外国记者提供重要庆典活动的电视信号，在香港的PBC传递三种信号，在北京的IBC传递北京和香港的重要活动信号；此外，我们还把有关香港的历史资料片译成英、法、德、西、俄语，供外国电视台选用，以便让更多人在了解香港现状的同时，也能够了解香港的过去。

1997年5月12日，距离香港回归还有一个多月的时间，我们成立了香港回归电视报道总指挥部。由我担任总指挥，赵化勇、刘宝顺、李丹、刘宜勤等任副总指挥。总指挥部下设5个分指挥部、1个办公室，按照战时体制负责协调各部门有关香港回归报道的具体工作。

说到这次报道的重点或是看点，不能不提两个：政权交接仪式和部队入港直播。

先说政权交接仪式。这是中、英双方唯一一个联合举行的大型活动，也是此次回归活动中所有仪式活动的重中之重。活动定于1997年6月30日午夜，在维多利亚海湾的会展中心举行。在这历史性时刻，我们和英国BBC达成协议，同他们一样，用同样的11个机位，在完全一样的位置上，同步地、完整地将这一时刻永远记录下来。

那么，政权交接仪式直播成功的关键是什么？是旗杆，在仪式现场有4根静立着的旗杆。因为24：00和0：00是一个人为的概念，其物化的标志就是旗杆上所挂国旗的变化，对这一瞬间的把握才是直播报道成败的关键。

再说部队入港的直播报道。其实，部队入港的直播报道不仅是此次报道的焦点，在之前中、英方谈判时，这亦是一个争论的焦点。英国方面认为，中国驻港部队应该在6月30日24：00之后进驻香港；中方则认为，在7月1日0：00那一刻，我们的驻港部队必须开始履行防务任务，香港的防务不能出现真空状态。所以，在这之前我们的部队必须就位。这事关国家的尊严，不能退让。

而要全程直播这一过程，有很大难度，主要有4点：第一，地形复杂。部队行进途中要经历多山地带、隧道还有港区的高楼林立，所以对信号的干扰是很大的，容易造成传送困难。第二，不可控性和一次性。对于同步直播，不论是报道者还是观众都是一样的，你无法预知下一秒钟会发生什么事情。同时，现场直播是一次性的行为，在此之前不会给你任何演练或是彩排的机会。第三，协调的困难。尤其在部队入港的直播这一块，因为中方部队是7月1日0：00入港，而在这之前香港还是属于英国的天地，所以，我们在做准备活动时，必须争取到港英当局的支持。第四，信息匮乏。要知道，部队入港这件事事关军事机密，所以何时出发、走什么路线对外都是绝对保密的，这对报道者的我们也是一样，这无疑为我们增加了巨大的压力。很久之后，主要负责这一块的丁文华说起这个时候，依然不免感叹道，无论在香港、深圳、北京还是任何地方，只要看见香港回归的倒计时牌，他就发慌。

不过，无论过程是怎样的艰难和曲折，在付出后，我们

得到了我们想要的结果,这一切的汗水、付出和压力就都是值得的。因为正是这次报道创造了中国电视史上现场直播的8个"最":

连续播出时间最长——第一套和第四套节目的报道常规,连续72小时直播回归盛况;英语频道,连续41小时播出回归盛况。

报道规模最大——此次报道,中央台共出动11辆转播车、21个卫星转发器和3架直升机,且出动报道人员1660多人,其中赴港的工作人员有289人,在全国8个重点城市和海外15个大城市采访报道的记者、编辑有近百人,同时还有上千名直接参加报道的二线人员。

新闻时效性最快——在第一套和第四套连续72小时的回归报道中,多是时效性强的现场直播,其中重大活动的现场直播就有25次,共计达18小时。

收视率最高——据统计,政权交接仪式的直播中,中国内地,就有94%的家庭,约10亿人通过电视收看了这一历史时刻。

覆盖面最广——此次报道,转播中央台节目的海外电视台逾百家,甚至美国的CNN等都转播了我们英语频道的节目。所有转播加起来共计2170小时,彻底打破了中央电视台之前"门前冷落"的落魄局面。

新闻报道中心规模最大——这次报道,我们在香港建起了近500平方米的报道中心,其规模不亚于国内一个省级电视台。

节目包装最成功——此次的香港回归直播，中央电视台的第一套节目在北京和香港分别设了总主持人；同时，除了现场直播，还有新闻节目、背景分析、大型专题、人物访谈等多种形式的节目，可谓是内容丰富，吸引眼球。

特色最鲜明——在这次直播中，我们采用了在西方大台也极少用的全球多点直播切换技术，即观众可以看到在同一时间、不同地点发生的多个新闻事件的采访报道。

此次成功的报道，得到了全国人民、世界人民和整个业界的肯定，也得到了中央领导同志，特别是时任中共中央总书记的江泽民同志的高度赞扬。

如果要我总结这次报道的成功原因，我想最主要有两点：一是有钱；二是有人才。有钱就有了资本，有钱就有了设备。比如这次直播动用了大量的转播车、卫星转发器，如果没有钱就不会有这些设备。如果是在1992年之前，我们需要设备，还要靠向国家申请拨款，那么我们就无法把这次报道做得这么好。而今不同于往日，自1992年可以自筹资金后，我们就不缺钱了。

同样，如果没有钱，我们拿什么来租近500平方米的报道厅？这是所有赴港报道700个新闻机构中规模最大的一个，功能也是最完备的。从里到外都是世界一流的、全新的数字设备。20多辆车浩浩荡荡从北京出发，运设备到香港，公安部还专门开了通行证，要各地都要保证车队的安全。而一开始说要和我们竞争的BBC，只租了50平方米。看了我们的演播室后，他们自己就撤到别的地方去了。最后世界各国的信号都是我们提供，许多国家电视台的记者都去参观我们的演播室。

说到人才，我不得不说，那些年轻人真的都很不错，像白岩松、水均益、章伟秋、孙玉胜，他们不仅年轻、有干劲，而且有想法、应变能力强。比如入港先头部队在落马州口岸办理入关手续的直播报道，按照计划，手续的办理时间是15分钟，而安排在现场的白岩松也是按这个时间准备的报道词，可是没想到，这入关手续一办就是40多分钟。白岩松事前准备的词早就说完了，这还不算，就在这关键时刻，他还跟香港演播室失去了联系，演播室这边可以听到他的声音，但是他听不到演播室的呼叫。但是白岩松应变能力极强，面对这突如其来的状况，他没有让节目在沉默中失控，而是镇定地在摄像机面前，把自己看到的和想到的都说了出来。可以说，正是因为他的沉着应变能力才避免了局面的失控。

不过，这次香港回归的直播报道中也有遗憾和教训。比如我们低估了报道过程中的不可控性，不仅把所有未进行活动和仪式的设计时间当作了一个确定的数量，而且将这次报道的形式设置成了日常频道那样：主持人在演播室播报的内容都是根据之前相关单位给出的时间长度事前写好的，且根据规定，为了防止语言中有政治错误，不能自己发挥。

所以，这样一来，在直播过程中出现时间与预计严重不符的问题时，我们就会陷入相当被动的局面。驻港先头部队在落马州口岸办理入关手续时的失控是一次；还有一次比较严重的，是"香港政权交接仪式"之后。按照之前的计划，查尔斯王子一行会在0：15的时候到达添马舰登上"不列颠尼亚号"皇家游轮起航回英国。按照事前的计划，这一过程是15分钟。但是没想到，他们决定在添马舰上举行一个告别仪式，更没想到，这个告别仪式一举行就是一个多小时。而不管是在演播室的水均益，还是在添马舰上报道的记者章伟秋，他们该说的词都早已说完，所以就演变成这样的局面：作为报道者的我们和在电视机前观看的观众一样都成了看客，都只能一起眼睁睁地看着没有任何有效信息的告别画面而无能为力。

如果是在直播常态化的今天，不，哪怕是在两年后的澳门回归报道中，遇到这样的情况，我们一定会有应对方法。比如将信号切回演播室，主持人和嘉宾可以聊一下相关的话题，或是先垫播一个其他节目，但是，在第一次做这种大型的直播时，我们毕竟还缺乏经验，对于直播的不可控性也没有足够的心理准备。当然，也正是在不断吸取经验和教训的基础上，才有了不断的改进和日后更臻完美的直播报道。

总体来说，1997年香港回归的报道是成功的。现在想起当时的情景，我依然觉得热血沸腾，能在那样的一个重要时刻，做一件那么有意义的事情，那是做电视这么多年来，我觉得最自豪的时刻。我们见证了历史，铭记了历史，也书写了历史。

6. 是勇者，也是强者

在1992年，我们是勇者，但不是强者。到1997年，我们就不仅是勇者,而且是强者了。1997年,这对于央视来说是一个非常重要的年份,这一年被称为"央视直播年"。并且在该年年初,中央台对"两会"召开进行了直播,为这一年开了一个好头。

3月9日,我国大部分地区出现日食现象,其中在黑龙江漠河地区还出现了海尔—波普彗星与日全食同现苍穹的罕见奇景。中央电视台联合黑龙江电视台、江苏电视台、云南电视台向海内外现场直播了这一天文奇观。

4月24日,中国、俄罗斯、哈萨克斯坦、吉尔吉斯斯坦、塔吉克斯坦5国在莫斯科签订边境裁军协定,中央电视台进行了长达两个多小时的直播报道。

7月1日,香港回归祖国的大日子,举国欢腾,全球瞩目。从6月30日清晨6点开始,中央电视台用72小时的时间,对这一世纪盛事进行了不间断的直播报道。

9月,中共十五大召开。对于这次大会,我们不遗余力地完成了相关的报道。

10月28日,中央电视台对黄河上最大的水利枢纽工程——小浪底工程大坝成功合拢的盛况进行了现场直播。

11月8日,世界水电史上最大的工程——长江三峡水利枢纽工程胜利实现大江截流。中央电视台从空中和地面进行了长达14小时的全方位立体报道,这一年的直播任务算是比较完满结束了。

从年初到年末,这一年来中央电视台直播不断,也超越不断:直播方式从单一的切换到多级切换;直播机位从常规的几个发展到十几个，甚至 24 个；直播时间也从 1 小时发展到 14 个小时，最多达到 72 小时。所以，1997 年这一年，是名副其实的"央视直播年"。

这一刻，我们等了太长时间了。这一年，我已经 61 岁，已经过了退休的年龄，但是我没有离开这个岗位，因为我知道，这是非常关键的一年。当然，这一刻的到来并不是偶然的，所谓"一分耕耘，一分收获"，没有之前十多年的铺垫，就不会迎来这一刻的辉煌。

到了 1997 年，中央电视台已经具备了一流的报道水平，因为在这一年，我们花了 8 亿元用于购置最先进的设备，彻底摆脱了"小米加步枪"的困窘。此外，到了这一年，我们对于直播报道也具备了极强的把握能力，主要表现在这么几个方面：

（1）对于报道题材的选择，更加游刃有余。

什么样的报道题材需要进行现场直播？难道对事件进行现场直播就一定是最好的选择吗？自然不是。比如美国电视发展中期，非常盛行现场直播，时不时地就来一场现场直播，但是，结果呢？泛滥成灾，事与愿违，最终引起的是观众的厌烦心理。在《电视改革论集》中，我写道："现场直播应具备两个必要条件：①重大的政治事件或突发事件；②观众关心的新闻事件。概括来说就是，现场直播报道的对象应该是具有重大新闻价值并为观众所关注的事件。而对于一般的新闻事件，只要求发生后及时播出就可以了。像香港回归、中俄哈吉塔 5 国签订边境裁军协定、长江三峡和黄河小浪底截流，这都是有重大新闻价值的事件，当然需要直播。

另外，分析这几次直播的选材，不难看出，我们的直播报道题材越来越呈现出多样化趋势。前些年我们的报道重点主要集中在政治大事，而今，既有香港回归这样的重大政治事件，也有三峡截流这样的重大工程，还有日全食这类自然现象报道。且从报道范围来看也有不断扩大的趋势，从主要集中在国外和一地发展到既有发生在国内的事件，也有发生在境外的事件（中、俄、哈、吉、塔5国签约）；既有发生在一地的事件（如三峡截流），也有空间跨度很大、多点发生的事件（如香港回归、彗星奇观）。

（2）对于报道手段的运用更加多样化。

刚开始直播时，我们的电视直播更多的是简单而被动地记录下事件发生发展的过程，那只能说是初级阶段的现场直播；而随着直播经验的不断积累，到1997年，我们已经可以充分运用多种电视报道手段，让整个节目更加丰富多彩。这些报道手段包括：

专题。比如为了增加信息量，让观众更加了解事件，针对与事件相关的人物和背景材料，我们专门做了专题。前者有：香港回归报道中对董建华、范徐丽泰、陈方安生等特区政府高官的专门介绍和访谈；三峡截流报道中对陆佑楣、张光斗、贺恭、乔生祥、杨浦生等和天象奇观报道中对几位天文学领域的中科院院士等的介绍和访谈。后者有：香港回归报道中的《香港百年大事》《今日香港》《建设未来》；三峡截流报道中有关三峡工程三大效益的介绍；中、俄、哈、吉、塔5国签约报道中有关俄、哈、吉、塔4国的情况简介；天象奇观报道中有关天文知识的介绍等。

精彩回放。精编一些精彩的场面，比如香港回归报道中，特区政府成立、人民解放军进驻香港等重要事件，还有三峡大江截流报道中的大江截流的瞬间，进行反复回放。这不仅是让转瞬即逝的重要时刻再次停留的方法，也是吸引观众的有效方法。

节目预告。为了方便观众收看直播，不论是在香港回归报道中，还是在三峡大江截流报道中，我们都会根据直播的情况，不定时地做出预报。

MTV。MTV是一种活泼的形式，如果在大型直播报道中运用得好，不仅能起到烘托气氛的作用，还是调节播出时间的好办法。在香港回归报道和三峡截流报道中，我们均安排了多首与事件相关的MTV，取得的效果也比较明显。

图板、图表和电子动画等辅助手段。在直播中，往往会涉及一些用言语很难解释清楚的问题，这时候如果能借助一些便于说明问题的辅助手段，往往能起到事半功倍的传播效果。如香港回归报道中主持人在香港君悦演播室用沙盘介绍7月1日将发生的重大事件；三峡大江截流报道中主持人借助图板介绍大江截流地区的概况以及中央电视台的报道阵容；中、俄、哈、吉、塔5国签约报道中用电子地图介绍俄、哈、吉、塔4国的地理位置及与中国的接壤情况；天象奇观报道中用电子图表显示日食发生的原理等。这一切不仅让报道变得简单，也让观众观看起来更加轻松。

（3）技术支持更加强大。

我一直说，技术是电视直播成功与否的最重要元素之一，没有过硬的技术，就算拥有再多的人员和再多的创意也是徒劳的。在这几次的直播报道中，我们动用的不仅是当时国内最先进的技术设备，在规模上也是空前的。如香港回归报道中，共投入了 11 辆转播车、9 个演播室、21 个卫星转发器、43 套中继微波设备及 200 套 ENG 摄像机、250 台录像机、11 套多媒体设备和 3 架供航拍用的直升机，这可是相当于一个省级台的规模。

在三峡截流报道中，在方圆约 4 平方千米的坝区，我们共设立了 24 个机位，且动用了一架航拍直升机、两辆转播车、一艘摄影船。这样一来，观众们不仅能俯瞰三峡坝区，还能从近处各个角度细看围堰合拢口的情况。

在《日全食——彗星天象奇观》直播开始的 3 个月前，我们就抢先租下了泛美 2 号卫星上的转发器和相关时段的传送线路，以至于日本、韩国等国电视新闻机构直播漠河日全食的计划只能落空。

在这次日食直播的过程中还有一个小插曲。当时是计划昆明、南京和漠河三地联合直播，首先是昆明，然后南京，最后是漠河。可是，在直播前夕，漠河的工作人员却发现机器无法转动。当时的工作人员觉得，天哪！这是怎么回事？这可怎么办？已经事先宣布了是三地联合直播，轮到漠河了却没有了，这算怎么回事？

从北京重新运送设备？当时漠河没有机场，空运是不可能了。而火车运送速度上根本来不及。百般无奈之时,有人说:"是不是我们这里太冷了,所以机器转不了?"当时大家也不确定是不是这个原因,就尝试性地在机器周围生起了篝火。果然,机器转动了,这出人意料的"罢工"还真是因为太冷了。

1997年,真的是太精彩的一年。虽然在圆满与进步中也有一些瑕疵和遗憾,但我相信,那一年的那些大型直播注定会写入电视直播史,因为那不仅是中央电视台直播发展的一个里程碑,也是电视直播史上的一个里程碑。直到今天,想起那些激情澎湃的时候,我依然觉得无比的自豪。

7. "敢"做第一个吃螃蟹的人

鲁迅先生曾称赞:"第一次吃螃蟹的人是很令人佩服的,不是勇士谁敢去吃它呢?"在电视录播和直播领域,我们正是那"第一个吃螃蟹"的人。

从20世纪80年代,连"录播"都还是新鲜事物的年代,到带领人们进入"直播常态化"的时代,我们用了十多年的时间,这其中有波折,更有成就与喜悦。而支撑着我们不断前行的,是一颗"敢"字为先的心。在那样一个变革的年代,如果没有打破常规的勇气、信心与决心,是不可能乘风破浪,开创新局面的。而这当然需要跨过很多阻碍。

比如,"上传下达"的矛盾。电视台在进行节目的播出时,尤其央视这样的国家台,它代表的并不仅仅是自己的声音和态度,它也代表着国家和人民的声音;它不仅应该"上传下达",做好"上对下"的传声筒,也应该"下传上达",做好"下对上"的传递器。但这两者之间往往是存在矛盾的,一个解决不好都有可能全盘皆输。

而有些事情,不只在20世纪八九十年代,就是在今天,上面也是不愿意下面知道的,这就是报道的风险所在。要想既能最大限度地满足观众的知情需求,又能控制在上面允许的范围之内,就需要把握好尺度。不得不说,这是一个"探险"的过程。比如80年代的那几次会议报道,每一次的更开放报道,每一次的一小步跨越,我们都在与风险相伴,都在不断揣度政策的开放程度,都在迟疑与焦灼中等待最终的回应。

所以,在改革的过程中,没有点冒险精神是绝对不行的。尤其是在新闻领域,没有一点有的放矢的冒险精神就更难收获成功。改革意味着超越,意味着破旧创新,而要做到这点,就必然会面临风险。既然我们已然是被推到改革风口浪尖上的一代,就应该披荆斩棘,一路前行。我们要做的,已经不是在原地反复地权衡得失,畏首畏尾,而应该拿出魄力,发挥"敢"字为先的精神,来一场真正的"改革战"。

更何况,那就是一个改革的年代。在时代的大潮中,我们时刻感受着改革带来的新鲜变化和无尽活力,享受着改革带来的一次次的突破与激情蜕变。在这样的一种大环境下,作为电视行业排头兵的我们,没有理由不走在最前面。

当然,这不是说,只需要不顾一切向前冲的蛮力,而是在敢于排除阻力前进的同时,还要有应对风险的机制,能够将风险降到最低。在我们的每一次改革中,虽然都有踩到刀锋的危险,但我们从来都是在评估过当时的国内外形势,并尽可能地争得上级领导和相关方面支持后,才大胆进行的。比如1986年录播人大讨论《破产法》的实况,是在彭真同志和彭冲同志的首肯下才播出的;1987年3月,对六届人大五次会议全部8次中外记者招待会进行的实况播出,本身就是在响应中央领导的指示精神下提出的议案,且全程都有广电部领导参与其中。所以,我一直说,我们的改革离不开领导和群众的支持,实际上,我们每一次"敢为人先"的尝试也都离不开他们的支持。如果不顾当时的社会环境,贸然前进,改革是很难成功的。

2006年中国电视主持人盛典颁奖晚会上,杨伟光和央视著名主持人在一起。

第五章 人才济济：得人心，得天下

1993年，因为极度缺乏人才，央视举行了面向社会的第一次公开招聘。在进行公开招聘时，人事部门的同志拿出了一个招聘计划：按规定，不发工作证、不能评职称、没有医疗保险；按财政部的规定，每人每月工资只有280元；不能入党，不能享受福利分房。

我当时一看，就忍不住说道："这哪是招聘记者、编辑，是在找清洁工嘛。"

要知道，那时候我们需要的最低学历是本科，尽可能招硕士生和博士生。既然招的是人才，那就应该给人才应有的待遇。

如今央视的很多"名嘴"，就是在那个时候来到了央视。

1. 也曾陷入人才困境

央视人才济济，怎么可能缺人才？估计这是所有人的想法。

的确，现在作为"第一媒体"的央视并不缺乏人才。可是，在它还没有成为真正的"第一媒体"时，也和所有的弱势企业一样，面临过人才困境。正如你不会想到现在强势的央视也曾对广播老大哥望洋兴叹一样，你也不会想到20世纪90年代，央视曾面临过怎样的人才困境。

在20世纪50—80年代，新闻界的名记者主要集中在新华社、《人民日报》社，名播音员主要在中央人民广播电台。而我们是直到90年代采取了招聘制度之后，才将社会各界一批有志于电视工作的优秀人才聚拢起来，从而成就了央视人才济济的大发展时期。在这之前，虽然央视一直在追赶着"龙头大哥"——广播，但并没有达到质变的程度。

到了80年代中后期，央视事业开始不断扩张，其中一个表现就是人才的不断涌进。大约从1983年开始，连续4年，央视每年都会有大量的不同专业的大学生进来，之后的几年，每年也都保持了一定的进人量。但即便如此，到了90年代，也就是央视事业迅速扩张的年代，人才依然处在极度匮乏的状态。

所以，你不会想到，1993年我们创办《东方时空》时，拦在我们前面的最大阻碍并不是舆论的压力，也不是经费的困窘，而是人才的极度匮乏。当时台里抽调到栏目组的人就那么七八个，但是一个栏目，尤其还是一个时长达1小时的栏目，仅凭几个人怎么能撑得起来？按常理，支撑起这样一个栏目需要100多人。而且，当时的《东方时空》还是一档前途生死未卜的早间栏目，对人才而言并没有多少吸引力。所以，根本没有多少人愿意离开原来稳定的部门，来到这个栏目。

正所谓"巧妇难为无米之炊"，即使栏目有再好的创意，但是没有人去实施也是白搭。所以，当务之急是寻找人才。

也许有人会说，想找人才，招聘不就可以了吗？

对于现在的央视，招聘人才是一件很简单的事情，但在当时，完全不是这么回事。在过去的很长一段时间内，中央电视台都是一个壁垒森严的单位，沿袭着计划经济时代，人员的补充只有上级下达大学毕业生指标这一主渠道和个别的外单位外调和复员军人的接纳等次要渠道。所以，当时每招聘一个人才都需要有上面的指标。《东方时空》栏目组面临上百的人才亏空，想通过电视台招聘的方式招进来，近似于天方夜谭。因此，我们不得不去寻找别的出路。

首先我们想到的是一种"面对面传播"的方式，即依靠同学或朋友的介绍吸纳新成员。早期的《东方时空》就是采用了这样一种方式招揽人才的。如时间（《东方时空》工作室的总制片人）与崔永元是大学同学，时间就把崔永元拉过来帮忙；白岩松是崔永元的师弟，于是，崔永元又把白岩松介绍给了时间；《焦点时刻》的张海潮和盖晨光熟识，就把原任职于新华社的盖晨光也拉进了《焦点时刻》；而盖晨光又曾与水均益是同事，于是，水均益也进入了《东方时空》。

对于《东方时空》这样一个刚成立起来的栏目，没有人能确定它未来的发展状况，更没有人能够给你承诺它的未来，所以，支撑着这些年轻人一直走下去的就是那心中不灭的新闻理想。这群年轻人不负众望，制作出来的节目充满激情和活力。有一位中央领导人接受采访时说："你们的《东方时空》很好，一看就是一批年轻人办的栏目。"很多观众也纷纷评价："从《东方时空》栏目透出的活力，让人看到了编辑、记者们的活力。"

直到现在，这么多年过去了，我依然还能感受到这群年轻人散发出来的激情与活力。我想，如果没有他们，就不会有《东方时空》的辉煌。

地方台同行是早期加入《东方时空》栏目的另外一支主力军。他们为了理想毅然放弃原本稳定的工作，如原安徽电视台的戴明。他原是安徽电视台的主力记者，在《东方时空》开播之际，毅然地加入了栏目组，很快就成为栏目组的主力记者，贡献良多。

再如原中央人民广播电台的播音员张恒。那个时候，如果他要辞职来《东方时空》，就必须将原单位分的房子交回，这意味着他将失去安身之地，但即便这样，他依然没有犹豫。"即便如此，我也不会离开《东方时空》！"理想给了他足够的勇气。后来《焦点访谈》开播之时，正是他主持了第一期节目——《行情看好——'94国债发行第一天》。

之后，还陆续有其他为了理想而放弃公职，加入我们央视的年轻人。《东方时空》栏目组的确称得上是一个真正的"理想者俱乐部"。

但很快,我们就意识到仅靠这种方式聚拢人才是远远不够的,我们还需要一种更广泛、更科学的招揽人才的途径。这就是后来被一直沿用的招聘制度。

现如今,招聘已经是中央台一项正式运行的人事制度,但在最初采用这种制度时,不过是一种权宜之计,目的是为了快速找到人才。可是,没想到,这样一个权宜之计竟然拉开了20世纪90年代中央电视台的那场轰轰烈烈的人事改革。

当然也正是得益于这种全新的用人方式,才造就了央视今日的"名嘴"迭出。直到现在还有很多人说,如果不是当初我们打破事业单位的编制壁垒,"发明"了全新的用人制度,现如今仍活跃在央视荧屏上的,在杨伟光时代出道的那么一大批名播音员、名主持人,以及幕后的众多制片人、导演,也许就不能迈进央视大门,在央视找到属于自己的位置。

这话我是相信的。当然,我更相信,是他们自身的能力让他们走到了令人瞩目的位置。央视提供给他们的只是一个平台,真正铸就辉煌的还是他们自己,因为招聘的实质在于竞争。进入央视以后,谁都没有铁饭碗,干得好就留下,不能胜任的就离开。或许,在100个进央视的人里面,能出名的就只有10个人,另外90个人,干3个月,觉得自己不适应,只好走了。另外,当时我们对评论部还有这样的规定:一个季度评一次奖,如果两个季度没有评上奖,那他就要准备换岗。所以我们的招聘真的是"流水把泥沙冲走,留下的是金子"。

正是用这样一个"优胜劣汰,适者生存"的机制,我们会聚了来自五湖四海的优秀人才,为央视之后的快速发展打下了坚实的人才基础。

2. 打造"理想者俱乐部"

从 1994 年 11 月,中央电视台与第一批招聘人员正式签订聘任书那一刻起,本台的第二用工制度正式具有了法律效力。

与国家给编制(编者)的第一用工制度不同,采用第二用工制度录取的人员,都是"临时"性质。这种"临时"体现在两个方面:第一,他们多没有北京户口,不少人戏称自己是"漂泊北京";第二,从人事关系上来说,他们多是以"临时工作人员"的身份在此工作。他们的工资来源也和之前不太一样,国家拨款中没有他们的人头费,我们用台里的广告收入给他们发工资。

但是,他们的这种"临时"又和传统意义上的"临时"有很大区别:他们多受过良好的院校教育,有不低的学历,有很高的职业素养,很多人在来央视之前有着不错的工作。此外,他们在这里从事的工作也不是辅助性或是无关紧要的,而是节目创作等主要工作。

另外,他们对于央视的贡献也绝对不会少于正式人员。可以毫不夸张地说,没有他们就不会有《东方时空》《焦点访谈》《新闻调查》《实话实说》及其他节目的成功。正是他们，用青春的热血和奉献的激情，书写了央视历史上最激情的一笔。

第一次真正的对外公开招聘是在1993年年底。那个时候，央视分党组决定在新闻中心增设评论部建制，计划需要100多名采编人员，但是依靠内部调动很是困难，于是，我们决定通过对外招聘的形式实现人才的供给。就这样，央视历史上第一次大规模地面向社会公开招聘编辑、记者的活动轰轰烈烈地开始了。

虽然这次招聘是为新增设的评论部招聘采编人员，但由于当时评论部还尚属一个新成立的部门，在社会层面并没有形成什么号召力，所以，我们最后还是以《东方时空》《观察思考》《今日世界》三个栏目的名义在《中国电视报》《人民日报》和《北京晚报》上发表了招聘通知。

报名时间定在了1993年12月26日，地点在梅地亚二楼多功能厅。当时，整个招聘考试分三个阶段：第一阶段是初试阶段，也就是报名阶段。报名的同时，应试者还需要回答考官提出的一些问题，通过者当场就能拿到参加第二天早上9：00的笔试通知。第二阶段是笔试阶段。应聘者需要通过我们的笔试考试。第三阶段是试用期阶段。通过笔试的应聘者，将会有3个月的试用期。根据统计，初试那天共有400多人投递了表格，这比我们的预期多了一倍，参加第二天笔试的也有300多人。

对于笔试题目，评论部的同志们也没有像常规的招聘考试一样，设置一些文史类的考题，而是出了这样一道题：请你根据《观察思考》《今日世界》《东方时空》栏目的选题范围，确定一期适合电视报道的选题，并根据你所报考的专业的特点（编辑、记者、摄像），制订出详细的报道计划。

在求贤若渴的时候，本就该用些非常规的方法。根据他们的说法，这些应聘者中很多人虽然很有电视创造的天赋，但是往往都不知道宋徽宗的年号是什么和同时期世界上其他国家发生了一件什么事情，我们也没有必要为了一个莫名其妙的宋徽宗而失去一个未来能为我们的节目和事业奉献出大智慧的优秀人才。

就这样，经过笔试，有128人通过了考核。随后，负责招聘的同志分别将面试通知寄给了他们。面试是在梅地亚二楼的一个会议室进行的，主考官是当时的副台长沈纪。

经过这一番面试，最后有50人脱颖而出。但在第二天，也就是这50人接到评论部工作的试用通知之后，有不少人打电话过来询问诸如"试用期满后能否解决北京户口？""能否调入中央电视台？"等这些与他们有着密切关系的问题。

但是很遗憾，答案是否定的。这个时候，对于不少人来说，面临着一个艰难的抉择。因为这些人中有不少本来就有正式的工作和不错的岗位，放弃稳定的生活和工作来到这样一个陌生的环境是不是值得，必须要考量清楚。最后，有些人因为不愿意冒这种风险而选择了放弃，留下来的只剩下三十几人。

这些人中的绝大部分原来就职于中央人民广播电台、新华社、首都各报社,大都没有电视工作的经验,所以,很有必要在正式进入试用期之前给他们来一场比较系统的培训。这场培训为期3天,是在1994年元旦之后进行的,之后,他们便进入了为期3个月的试用期。陆陆续续地,有的人觉得不适应或是不满意,在试用期就走了,有的人是因为原单位不放,不得不离开了。剩下的人,或是加盟了《东方时空》,或是加盟了《焦点访谈》,开始了新的职业生涯。

发出《中央电视台关于从台外聘用人员暂行规定》之后的3个月,同样是在梅地亚多功能厅,我们又举办了一次面向全社会的全员招聘考试,聚拢到了更多的人才。再后来这种招聘方式也得到了人事部和中组部的认可和表扬,一直沿用至今。

在最初尝试这一招聘方式时,谁也没有想到这种招聘方式会产生如此重大的影响。也许就是机遇使然吧,因为面临人才困窘,我们不得不去创新,从而引发了一场轰轰烈烈的改革之战。所以说,在改革的洪流中,任何一小步的前进都可能产生深刻而重大的影响。

你也许很难想象,在20世纪90年代,我们评论部上演着怎样一种奇观。临时工作人员远远多于正式工作人员,两者的比例高达一比十几。这在当时中国的电视界绝对算得上是一个另类的奇观。可是,正是这种另类,创造了新的时代——央视用人的新时代。

看来,理想真的可以创造奇迹。尤其是早期那些义无反顾、背井离乡来投靠《东方时空》栏目的年轻人。与原来的工作和生活相比，他们在央视过得很艰苦。《东方时空》栏目组在一个地下室开辟了一个集体宿舍，《焦点时刻》在电视台附近租了一层廉价的旅馆做宿舍，《生活空间》则是在北医三院附近租了民房做宿舍。在忙的时候，像《焦点时刻》因为要赶时效，所以夜里加班是常有的事情，晚上就睡在走廊里也是常有的事情。白岩松、王志都曾是其中一员。

多年以后，已经成名的他们回想起这段生活，依然记忆犹新。白岩松笑着说："一帮人天天住在地下室里，每天吵来吵去，拍桌子都有，那个时候大家很平等。"王志则说："由于吃饭长期处于打游击状态，因此大家请了一个保姆，专门负责做饭。这个尽职的保姆，每天给我们把账算得很清楚，谁领来一个朋友吃饭，钱自然是不能少交的。"

所以，在很多时候，看着这群充满理想和活力的年轻人，面对着他们曾为理想付出过的坚持、执着与艰辛，我对他们充满敬意。

3. 应该给人才应有的待遇

1993年，在进行公开招聘时，人事部门的同志按照当时的规定拿出了一个招聘计划：按规定，不发工作证、不能评职称、没有医疗保险；按财政部的规定，每人每月工资只有280元；不能入党，不能享受福利分房。

要知道，那时候我们需要的最低学历是本科，尽可能招硕士生和博士生，所以，当我看到这个方案时，忍不住说道："这哪是招聘记者、编辑，是在找清洁工嘛。"

既然招的是人才，那就应该给人才应有的待遇。于是我说："台里聘用的编导、主持人、工程师，不是清洁工，是研究生、博士生，最低的学历是本科毕业，招聘的职工和正式职工只是用工制度不同，都是本台职工，他们的待遇不应低于本台原正式职工。"

1994年3月1日，在第一批招聘进来的年轻人试用期满的那一天，台里下发了一个编号为"电视人字（1994）第32号"的文件——《中央电视台关于从台外聘用人员暂行规定》。

这对于那些"台聘"人员来说，是极其重要的一个文件，可以说是对于他们权利的一种书面上的保障。如该规定"被聘用人员待遇"那一项中共用了14条，来规定说明聘用人员具有与正式职工一样的学习、工作、福利、休假等权益。其中的第12条更是规定：聘用人员可以被聘为处级（含处级）以下各类职务。因为按照当时的规定：中央电视台局级以上干部的任免必须通过广播电影电视部，台里没有人事任免权。

所以，对于招聘进来的员工，虽然我们不能保证"解决户口"或是给予"正式身份"，但从一开始，我们就努力给应聘者提供一种尽可能公平的待遇。我们希望他们得到的，不仅是眼前的工作机会，还有和正式员工一样的不断发展的空间。几年后，这些以招聘形式进来的年轻人，有不少走上了管理岗位。

古语常说，"不拘一格降人才"。对于真正的人才，往往不能死守规矩,要有"不拘一格降人才"的魄力。

汉武帝时期,尚是中国封建社会的前期。在那样等级森严的社会,一个奴隶的社会地位是极低的,想进入上层社会简直就是奢望。但是,卫青,一个骑奴(为汉武帝的姐姐驾车),为什么能够跨过等级森严的社会制度,一跃成为彪炳史册的大将?这全得益于汉武帝的"不拘一格降人才",看中了他的武艺、胆识和忠心,就让他追随身边,提拔他,最终成就了他。同样,霍去病成为将军时才20岁,这在今天看来也是不可思议的事情。但是,因为他具备大将之才,汉武帝就果断起用了他。不仅卫青和霍去病,像地方官吏出身的汲黯和韩安国、出身贫寒甚至以砍柴为生的朱买臣和主父偃,他们能被一一破格提拔,成为一代名臣,也和汉武帝"不拘一格降人才"的原则是分不开的。

古人尚且如此,我们今人又岂能被比下去?

所以,一直以来,我的用人标准都是"专业、敬业、有创新精神",对于那些能对中央电视台做出实际贡献、能开创崭新局面的人才,我从来不吝啬。

比如倪萍34岁破格晋升高级职称时,就有不少人反对,认为倪萍被提拔得太快。我就跟他们说:"倪萍担当的是和赵忠祥一样的工作,已经在这个岗位上,已经承担起了这个工作,而且没有人能取代,我们为什么不可以把这个名额给她?"不仅倪萍,汪文华、陈铎的高级职称也都是台里按照特殊人才标准给予评定的。

然后,像赵安、张子扬,他们本身都是特别优秀的知名编导，所以，我就让他们提前晋升到副高职称，也是因为优秀，一年后赵安再次被破格提为高级编辑。杨澜、鞠萍按资历只能当助理编辑，后来第一次评职称就定为编辑。还有中央电视台的主要台领导，如赵化勇、张长明、罗明、胡恩、何崇就、孙玉胜、丁文华、张华山、李建、李培森、李挺、袁振民等。

对待人才，除了要给予他们应有的待遇，还要避免大材小用，即要把人才放在最合适的岗位上。

拿敬一丹来说。曾有人提议让敬一丹当部门主任，却被我否决了。我说："用人要用其所长，不一定有才华的人就提处长。"按敬一丹的政治水平，胜任主任完全没有问题。但是，我觉得还是让她当主持人好，因为找一个部门主任容易，找一个名主持人难。

还有白岩松和水均益。白岩松，1989年从北京广播学院（现为中国传媒大学）新闻系毕业，被分配到《中国广播报》做编辑工作。但是，那个时候的他年轻气盛，常因为不满意工作而闹别扭。但在他来到《东方时空》之后，对工作充满热情，不仅为《东方时空》等节目的成功立下汗马功劳，还迅速成长为最知名的主持人。

水均益，来中央电视台前是新华社国际部的编辑。但在新华社时，因为领导认为他能力、水平一般，并没有委以重任。那时，他正准备去一家制作电话交换机的公司做公关部经理，那边已经把办公桌都准备好，名片也印了，只等着他过去上任了。这时，经过朋友介绍，他来到了中央台，因为英语口语好，当过驻外记者，加之良好的气质，到中央台后没多久就火了。后来，有一次一位新华社同志见到我，还半开玩笑地跟我说："水均益在我们这儿太一般了，没想到现在这么红。"

一个人能取得什么成绩，往往取决于他站在什么位置。站对了位置，就能很好地发挥自己的所长，取得好的成绩；反之，不仅不能人尽其才，还会束缚住他前进的脚步。这就是对领导者用人能力的一种考验了。作为一个领导者，除了要有发掘人才的敏锐性，还要根据人才的优势，为他打造一个能让他充分发挥聪明才智的舞台。这才是对于人才最好的待遇和最大的提携。

4. "你们的智慧和创意呢？"

纪录片《邓老》播完以后，我就跟刘效礼他们说，你们摄制组计算一下拍摄成本。于是，刘效礼就列了一个详细的清单给我。

我看了之后说："你们的智慧和创意呢？"

刘效礼一愣，困惑地看着我。

我又说："（智慧和创意）应该打入成本。"

做电视节目，有新意是最重要的。我常常鼓励大家为工作多想点子，而为了激励他们，对提交上来好点子的同志，我也会给予一定奖励。像《生活空间》制片人陈虻，他把节目定位为"讲述老百姓自己的故事"，而且做出了很多精品节目，我就觉得很不错，于是我发话，奖励了他600元钱。

一个人的智慧和创意值多少钱？

要我说，那是无价的。

我举个简单的例子。1987年，肖晓琳还在中国社科院研究生院研修班学习。她来中央台《新闻联播》组实习的时候，看到《新闻联播》播出的新闻都是短新闻，没有自己的评论，也没有深度报道，于是就想，能不能加入一个小板块，针对当天所发生的事情进行一些评论呢？她就把她的想法写成报告交给了我。我一看，这是个不错的点子，于是就批示道："小肖同学的这个想法很好，不妨在栏目里试试。"这个做法沿用至今。

所以，很多时候，也许只是一个很小的点子，但是它所产生的"燎原效应"往往是无法评估的。

像现在风靡全球的Facebook。2004年，只有20岁出头的马克·扎克伯格，使用"社交网络"这一概念创办Facebook时，相信所有人都不会相信，他将创造一个奇迹。但8年后，2012年4月，Facebook在美国纳斯达克上市时，却成为首次上市时估值最高的美国科技公司。Facebook凭借近1000亿美元的估值，超越2004年谷歌上市时创下的230亿美元估值，且在全球拥有超越9亿的用户。这一切，都离不开最初的创意——"社交网络"。

再如可口可乐，形状酷似亭亭玉立少女的包装瓶可谓是风靡全球。但是，你大概不知道，1898年一位叫亚历山大·山姆森的年轻人在发明它时，纯粹是灵感突发。那天，在同女友约会中，他发现女友穿着一套筒形连衣裙，显得臀部突出,腰部和腿部纤细,非常好看。于是,约会结束后,他根据女友这套裙子的形象设计出了一个玻璃瓶,还把瓶子的容量设计成刚好装一杯水。瓶子试制出来之后,即获交口称赞。有经营意识的亚历山大·山姆森立即到专利局申请专利。

后来,可口可乐的决策者坎德勒在市场上看到了亚历山大·山姆森设计的玻璃瓶后,认为它非常适合作为可口可乐的包装。首先,瓶子设计非常美观,其瓶体的中下部是扭纹形的,如同少女所穿的条纹裙子;而瓶子的中段则圆满丰硕,如同少女的臀部;其次,这种设计使用起来十分安全,消费者手握时不会轻易滑落。此外,由于瓶子的结构是中大下小,如果用它盛装可口可乐时,给人的感觉是分量很多。

于是,坎德勒主动向亚历山大·山姆森提出购买这个瓶子的专利。经过一番讨价还价,可口可乐公司以当时几乎是天价的价格——600万美元,买下此专利。

当然,实践证明,可口可乐公司的这一决策是明智的。在采用亚历山大·山姆森设计的玻璃瓶作为可口可乐的包装以后,可口可乐的销量飞速增长,在两年的时间内,销量翻了一倍,为可口可乐公司带来了丰厚的回报。而更重要的是,这个包装瓶也成为可口可乐不可替代的标志之一,而这伟大创意的源头亦不过是一个年轻人的灵感突发。

可见,一个好的创意是无价的,不仅能带来经济效益,还能产生巨大的品牌效应。我认为,尊重创意和智慧实际上是对人才的尊重,所以在我对刘效礼说出"(智慧和创意)

应该打入成本"这句话时,我能感觉到他的讶异和触动。在那个年代,对"创意和智慧"的重视远远没有提到应有的程度。

如今,随着创意时代的到来,创意产业已经成为经济的一大支柱产业,创意的重要性也得到了前所未有的重视。而电视业,其实也属于文化创意产业,一个节目的创意在很大程度上决定着节目的成败。正是因为意识到了这一点,我才提出了"智慧和创意应该打入成本"的观点。

当年,《东方时空》引进的"早间新闻"的概念带动了早间类节目的风靡,《焦点访谈》《新闻调查》等提出的"深度评论"概念推动新闻评论节目进入了一个繁荣发展的时代。之后,《实话实说》《一虎一席谈》《头脑风暴》等的相继出现,让电视谈话节目成为各大电视台争相模仿的节目类型。

如今,《激情唱响》《中国好声音》等真人秀电视音乐节目的相继大热……这一切的背后都离不开"创意"。谁能先提出好的节目创意,谁才能在竞争愈来愈激烈的电视大战中占得先机。不论是占据"第一"位置的中央电视台,还是发展迅速的地方电视台,都概莫能外。

5. "火车事件"引发的素质教育

曾经有一次,我们《东方时空》的一位制片人,在火车上遇到一个乘客和列车员发生纠纷,双方争执不下。这时候,我们《东方时空》的这位制片人就亮出证件,对乘客说:"我提三个问题,你给我回答。"

结果人家说:"你有什么权力管这件事?"双方就吵了起来。我们的制片人说:"如果在北京我就抽你。"最后这位乘客投诉到了台里,说:"《东方时空》是名牌栏目,怎么会出这样的人呢?根本不够格!"

《东方时空》跟列车有什么关系?显然你认为《东方时空》可以以势压人,你不相信人家能解决。你亮牌子是什么意思?抽人家是什么意思?这就影响了《东方时空》的声誉,影响了中央台的声誉。

作为中央台的成员,每个人都应该为台里争光添彩,要有这样的荣誉感,不能给台里抹黑;特别是评论部的成员,不能给《东方时空》《焦点访谈》《新闻调查》抹黑。因为你出去以后违反规定,人家不管你是张三李四,只认你是《东方时空》的。

这件事情让我充分意识到央视存在的人才问题。20世纪90年代,在"人才治台"方针的指导下,央视会聚了一大批优秀人才,尤其是中央电视台新闻评论部,更是被称为"全国文化精英心目中的延安",让很多心怀新闻理想的年轻人义无反顾地飞奔而来。不过,人才不是招揽来了就算完事,还需要不断锻造。所以,在不断以各种途径引进人才的同时,我也经常强调,要加强对人才的培训,不断提高他们的素质。为此,我不止一次在台里提到这个问题:

"新闻评论部是一支政治上、业务上都非常好的队伍,也是中央电视台的一支精锐部队。但是,这并不代表我们的队伍建设没有问题。"

"在取得很大成绩的情况下，要找找我们的差距。加强队伍建设是保证我们这支队伍走向成熟的必要措施。你们要根据中央的要求和评论部的特点提出一些具体措施。"

而关于怎样做到不断提高员工素质，我曾提出要做到6个"必须"和9个"务必"：

6个"必须"包括：

必须有坚定、正确的政治方向。

以前大家给中央电视台的定位是党和政府的"喉舌"。姑且不论这种定位准确与否，可以肯定的一点是，作为国家级的电视媒体，作为"从上到下""从下到上""从内到外""从外到内"传播信息与舆论的重要平台，我们中央台及中央台的员工确实应该在政治上和党中央保持高度一致。这是使命，是责任，也是义务。任何人都不能脱离这个基本的政治原则。

必须强化两个意识：大局意识和全局意识。

所谓大局意识和全局意识，也是一种把关意识，即对于这个事件或那个事件能不能发，能不能现在发，或应该什么时候发，要根据当时的形势，有一个准确把握的能力。新闻媒体的主要职责应该是解疑释惑，为公众的不满情绪寻找一个发泄口，从而让整个社会更加和谐。

有一次，江泽民总书记在俄罗斯访问时，有关部门拿来一条反映沈阳军区的部队进行军事演习的新闻，我们看了以后，觉得这条新闻不能发。当时江总书记在俄罗斯讲加强合作，这是一个全局，这时候如果发一条军事演习的新闻，算什么意思呢？

必须做到"三个忠于"：在新闻单位工作的领导干部必须忠于党，忠于国家，忠于人民。

当然，这里的"忠于"并不是愚忠。作为新闻岗位的领导同志，在这方面必须懂得并自觉认真地实践，信仰马列主义、毛泽东思想，对党的事业无限忠诚。我们的电视台对内代表党、政府和人民，对外代表国家和民族。所以，我们国家的新闻媒介也都必须掌握在忠于党、忠于国家、忠于人民的人手里。

必须坚持以建设有中国特色社会主义理论和党的基本路线为指导，在思想上、政治上同党中央保持高度一致；坚持党性原则，这是办新闻事业的根本原则；坚持正确的舆论导向；坚持政治家办台。

这其中最重要的，就是坚持正确的舆论导向。江总书记在视察《人民日报》社的讲话中，特别强调了这一点。他说："舆论导向正确，是党和人民之福；舆论导向错误，是党和人民之祸。在所有新闻媒介里，电视影响力最大。中央电视台如果真的出现舆论导向错误，就要影响国家的大局；这么多的观众接受你的影响，如果把握不好，如果把错误的思想传播出去，就会出很大的问题。所以舆论导向问题应该是我们电视人始终要把握的大问题。"

必须打好5个根底——打好理论路线的根底；打好政策法律纪律的根底；打好群众观点的根底；打好知识的根底；

打好新闻业务的根底。

必须发扬6个作风——敬业的作风；实事求是、报实情讲真话的作风；艰苦奋斗的作风；清正廉洁的作风；认真细致的作风；勇于创新的作风。

而9个"务必"是：

务必要当好党的宣传员，不要当"无冕之王"。

中央电视台是国家电视台，实际上是在代表党和政府说话，在传达党和政府的声音。所以，中央电视台播出的节目必须符合中央的精神，不能违背。

西方的记者把自己当成"第三势力"，自诩为"无冕之王"。实际上西方的记者也不是"无冕之王"，他也不是什么话都可以说，批评中国的话可以随便乱说，赞扬中国的话就不敢随便乱说，在美国就是这样。我们不当"无冕之王"，这一条非常重要，因为一讲"无冕之王"，就会自以为是"钦差大臣"了，下去之后指手画脚。特别是一些年轻同志，不知深浅，一看人家省委书记出来接见，就以为自己高得不得了了。

电视新闻务必要真实，不要搞"假大空"。

新闻是客观事实的报道，是以事实为基础的，新闻的真实性是新闻学里一个非常重要的原则。新闻的真实性包括两个方面：第一是本质的真实；第二是细节的真实。本质的真实，比如改革开放好，推动了生产力发展，人民生活水平提高了，这就是本质的真实。不要因为改革有个别不成功的事例，就抓住一两件事情说改革不好，这是"一叶障目，不见泰山"。细节的真实，即报道新闻，必须通过大量的细节来反映新闻事件的本质。这些细节不能是编造的，应该是来自生活当中的真人真事。过去"四人帮"随便编造细节，歪曲本质，背离党的实事求是的思想路线，教训是深刻的。

务必要坚持真理，不要向邪恶势力屈服。

特别是《焦点访谈》和《时空报道》，涉及揭露社会上一些腐败现象的问题，被揭露的单位可能不喜欢，在这种情况下怎么办？我们还是要坚持真理，不要怕。举两个例子：有一次我收到山东一个小学校长的告状信，说我们记者对他们高收费的报道不属实。我看了那个节目，当地省教委、市教委的领导都指出其违反规定，而且在采访过程中被采访人没有一句真话，很明显这是有问题的。这个不揭露，根本没法执行党的方针政策。后来我给他回了一封信，告诉他来信是收到了，但是信中讲的情况不真实，我们支持记者的报道。

还有一次，有一个单位没有经过任何批准就搞名牌产品的评选，只要给钱，名牌的桂冠就归你了。我们的记者揭露他，他不接受采访还写威胁信。节目播出之后真有一个人写信，扬言要让《焦点时刻》办不成。当然，后来中宣部严厉批评了这个单位。

务必要不断开拓创新，不要因循守旧，不要满足于已有的成绩。

务必要廉洁自律，不要搞有偿新闻。

对有偿新闻，中宣部曾发文严禁，广大群众对此也是深恶痛绝。有偿新闻也是新闻行业里不正之风的主要表现。所以我说，我们一定不能搞有偿新闻。

务必要遵守纪律，不要搞自由主义。

遵守纪律，主要是遵守宣传纪律，就是哪些东西可以报道，哪些不能报道，不能以个人的好恶为准。报道首先应该报选题，题目有价值才能去做。不能因为你跟他关系好就表扬他一下，和他关系不好就批评他一下，如果都这样，还算什么国家电视台？

遵守纪律，还包括遵守审片的纪律，就是说改了以后审片人还看不看，不看了，那是对你的信任。结果你没有改，这就是你自己不信任自己，不尊重自己，这样就不好，宣传纪律应该遵守。

务必要树立严谨的作风，不要"马大哈"。

新闻工作是一个时效非常强、非常紧张的工作，就更需要我们培养起严谨的作风。比如，我们作为一个文化单位，经常出现错别字，这和我们的地位很不相称。

培养严谨的作风，是保证我们不出政治和技术差错的重要条件。

务必谦虚谨慎，不要骄傲自满。

务必要强化台的意识，为台争光，不要损害台的荣誉，不要损害《东方时空》《焦点访谈》的荣誉。

另外，我还非常重视提高主持人的素质和水平，因为主持人在电视节目中起到画龙点睛的重要作用。而对于该如何提高主持人的素质和水平，我也有几点建议：

（1）要在现有基础上提高节目主持人的水平。一方面，所有栏目要实行主持人化；另一方面，不管什么栏目的节目主持人都应该是亲切型的。

（2）要给予节目主持人比较大的发挥余地。不能写了稿子，就必须按稿子念，这样的节目会显得很死板。这就要求节目主持人对自己所主持节目的背景有很深的了解，甚至应该直接参与创作。这是使节目更加生动活泼的一个重要因素。

（3）节目主持人主持的节目应加强对象感、现场感，更加充满生活气息。主持人必须经常提出观众在观看节目过程中可能提出的问题，这样节目才会有更大吸引力。

（4）节目主持人应具备许多重要的条件，其中一个是要有广博的知识。一个主持人首先应该知识渊博，天文地理、社会科学、自然科学都要有所了解。此外，作为一个主持人，特别是现场采访的主持人，还要有一定的风度，必须是发自内心地尊重自己的观众，而不是摆出一种居高临下的姿态。

我一直说，中央电视台这个舞台是为所有的有奉献精神、对电视新闻事业有执着追求的同志敞开的。但同时，我希望我们的每一名员工都能在这个舞台上表现得很出色，为中国电视事业的发展做出新的更大贡献。所以，提高素质，从来都是只能紧，不能松。

6. 后勤保障保人心

有一次内部开会，食堂说已经赚了500万元。我说：

"你食堂赚什么钱？这是问题，不是成绩。"食堂的房子是台里的，水、电、家具等都是台里的，食堂主要是为职工服务，把伙食搞好，不应该赚钱。后来食堂中午改为了自助餐，每人三元，饭菜丰盛，随便吃。始料不及的是，几年后检查身体，许多人得了脂肪肝。

所谓"衣食住行"，"吃"的问题并不难解决。"住"才是个大问题，而且是个大难题。我在任期间，也一直都在努力解决这个问题。针对住房紧张的问题，在7年多的时间里，台里买和盖的房子共达20多万平方米。高级职称、次高级职称按处级干部分房子，而且大部分是超标准的。比如1996年，我们分了新房子600多套，加上退出来的旧房子一共1000多套。现在老职工都说，他们最大的财产就是那套房子。

后勤保障保人心，这是我一贯强调的。只有这样，才能免除员工的后顾之忧，才能帮助他们把自己的聪明才智尽情地发挥出来。尤其是像中央台这种用工制度比较复杂的单位，怎样平衡不同用工工种之间的关系，让大家都能安心地工作，对于决策者来说，的确是一个大问题。

举个例子，在中央台有大批辛辛苦苦工作，但是和这个媒体没有任何法律契约关系的人，他们被称为"临时工作人员"，简称"临时工"。一般而言，这是一个特殊的群体，这一称呼也略带歧视色彩。尽管这些"临时"的员工中，不乏名牌大学的学士、硕士甚至博士，尽管他们对于台里的贡献并不比那些正式员工要少，甚至有些还会远远多于他们，尽管有些人在这个地方已经待了10年,甚至更长的时间,骨子里已经属于这个地方了,但还是会听见很多人用"连临时工都……"这样明显带有歧视色彩的语句来表达他们对于这一群体的态度。

这个差别首先是身份上的。比如根据国家新闻出版署的规定,新闻记者在外出采访时必须要有采访证,采访证是一个记者身份的象征。但是在早期,这个问题曾一度让我们很被动。因为顶着"临时工"的工作身份,这些员工没有电视台发放的正式证件,而想要申请记者证需要得到新闻出版署的批准,但这在当时是不可能实现的。当时出现过多次这样的局面:《焦点访谈》《焦点时刻》的记者们外出采访,因为没有采访证件而被扣留,或是不得不给台里打来电话核实记者的身份。

无奈之下,评论部的同志们不得不自己制作采访证。从"东方时空采访证件",到"东方时空-焦点访谈采访证件",到"新闻中心外出采访专用证件",最后再到"中央电视台外出采访专用证件"。这些采访证并不是私自伪造,而是经过新闻中心和台领导同意,并在台保卫处有过备案的。

改革是一个艰难的过程,在任何一项成功改革的背后,必然包含着无法想象的艰辛。不过,当"先驱者"尝尽艰辛,也已经蜕变为真正的勇者。

不只如此,相比于"正式员工",他们还会有一些待遇上的差别。台里正式员工的收入远远高于临时员工,而且,正式员工还会有定期的福利待遇,如劳保用品,还有廉价的食品供应。这些东西也许值不了多少钱，但它们是铁一般的身份的象征，隐含着对临时人员的不公平。于是，为了打破这种不公正，《东方时空》的几位负责人达成一致：取消正式员工在台里的劳保和诸如"鱼票""鸡蛋票"这样的福利待遇，统统折合成人民币发给大家。这钱其实不多，但传达了一种"公平""一视同仁"的理念。

还有安全保障。记者是一个高危人群，《焦点时刻》《焦点访谈》这种栏目的记者尤其如此。他们经常奔波于全国各地，面对诸多意外或非意外的状况，谁来保障他们的安全？这个问题也曾一度困扰着我们。

曾经有一位来自安徽电视台，在《东方时空·焦点时刻》工作的年轻人患了肾衰竭，虽然节目组握着不少节目经费，但按照规定，这笔经费中并不包括医疗费用，所以我们能做的只是承担一些补助。后来，还是小伙子说他在安徽可以申请公费医疗。小伙子义无反顾地从安徽来到北京，为节目立下汗马功劳，但当他遇到困难时，我们却无能为力，这不能不让人觉得愧疚。

还有一次，《焦点访谈》的一位年轻记者在采访途中突遇车祸，致使头部受伤，住进医院，但是没有相应的医疗保险。

于是，一个迫在眉睫的问题摆在眼前：那些临时工作人员的医疗费用该怎么支付？我们该怎样保障那些年轻而又可爱的生命？

为了解决这个问题，新闻评论部提出来要为这些"临时工作人员"上医疗保险和人身意外伤害保险,从制度上为这些员工的人身安全提供保障。

自有了这项制度保障之后,再有意外发生时,在医疗费用支付这方面,因为有保险公司的介入,就容易解决多了。而且,这样的制度安排对于员工来说也是一种心理上的安慰与保障。

不过,虽然我们在尽最大努力营造一种公平与一视同仁的氛围,歧视还是不能完全避免。比如有些活动会明确地打上这样的字眼:临时人员不得进入。不管是有意还是无意,这都会伤害到那些和正式员工做着一样重要的工作,但是不能享受到同等待遇的临时工作人员。类似的事情,不论在过去,还是在现在,肯定都一样存在,这是不公平的。

在如今这个"得人心,得天下"的时代,做好后勤保障,为那些有才华的人解除后顾之忧,更显重要。这也是为他们寻找到归属感,留住他们的"心"的好方法。

7. 对年轻人的"爱憎分明"

曾经有一次,中央电视台的两个年轻人拍了一个片子,叫《天安门》,其中穿插了清朝遗老遗少的人物图片、录音。在片子审查时,领导认为片子导向有问题,就把节目给枪毙了。

但是,这两个年轻人心高气盛,不服气,还偷偷把片子拿到香港参加电视节评选,结果又被领导发现了,弄得我非常被动,压力很大。我该怎么处置他们呢?后来,我调出他们的片子,看了看,觉得虽然导向有些问题,但制作水平还是很好的,两个年轻人还是很有才华的。我欣赏他们,但是,祸闯了不处理也说不过去,怎么办呢?我想到了一个折中的办法:让他们一个去新闻中心,一个到海外中心,去强化节目的导向意识。结果,其中一个不愿意去,还回家向父母抱怨:"杨伟光让我去新闻中心,我不去。"

正好这个年轻人的父母是新华社的,他们自然更了解我的心思多一些,于是对儿子说:"杨台长调你去新闻中心是好意,这样可以强化你的新闻导向意识,应该去。"于是,这个年轻人去了新闻评论部。

在新闻中心,他的宣传口径和新闻意识得到了提高,才能也得到了全面的发挥。后来,他不仅成为新闻评论部的主力,还被提升为副主任、《实话实说》的制片人。

改革是一个大工程,要想改革成功,仅靠个人是不行的,而是需要一个集体的努力,尤其离不开年轻人的努力。因为年轻人是最有活力的群体,是最富创造力的群体。所以,我一直主张要爱护年轻人。

对于台里的那些年轻人,我是从心底喜欢。比如,每次孙玉胜他们一群年轻人在梅地亚中心搞联谊活动,邀请我去参加时,我都欣然应邀而去。对于他们,我有一种不由自主地想去关心和爱护的冲动,我经常给他们打电话出主意,让他们注意什么、修改什么。这不仅是一个领导对下属的关爱,也是一个长者对年轻人由衷的喜爱。因为经验不足,或由于心性不够成熟,或是其他一些主客观原因,年轻人身上往往会有一些不足之处。而且，越是有才华的人往往身上更会存在一些或多或少的毛病，比如骄傲。所以，作为一个长者，一个管理者，应该具备一种"宽人严己"的心态。

下属在工作中犯了错误，应该追究，但也不应该深究，此时绝不能把小事当成大事来抓。关键还要看他的态度。如果他已经认识到自己的不对，就应该给他纠正错误的机会。一犯错误，就要处分，既不利于人才的成长，也会影响电视台的发展。

我觉得，领导者的宽容还应该体现在对年轻人的信任上，敢于放手让他们去做。因此，我极少去干涉他们的行动，而是更愿意给他们提供一个能够施展才华的舞台，希望他们能在这个舞台上按照自己的意愿和想法尽情施展。比如创办中央4套中文国际频道的时候，当时谁也不知道国际频道应该是什么样子。对于海外华人来说，节目做成什么样子是他们能够接受的，没有任何人知道。于是，我就跟筹备组的同志们说，你们放手去做就是了。后来，《中国新闻》就出来了，效果极好，节目一出来就给海外观众耳目一新的感觉。《中国新闻》的主持人徐俐还获了"台长奖"。这足以说明他们是一群优秀的年轻人，值得信赖。

当然，我也并不是一直这么宽容。对于那些冥顽不化、屡教不改的年轻人，我也不会留任何情面。比如曾经有一个员工，他原来在中央电视台负责节目销售。一次，我说电视剧《唐明皇》必须在咱们中央台首播，但他在首播之前私自将电视剧卖给了地方台。于是我找他谈话，让他停止这种行为，但是他不仅没有听，反而变本加厉，将电视剧卖给了五个地方台。后来我们就处分他，他不服气，用"罢班"来抗议。于是，我们毫不犹豫地辞退了他。

力的作用是相互的。在我信任、爱护那些年轻人的同时，他们也越来越信任我，遇到解决不了的事情时也会来找我，听取我的意见。

1994年的时候，杨澜因为主持《正大综艺》而红极一时，也正是在这一年，她决定赴哥伦比亚大学国际和公共事务学院主修国际传媒。在出国留学之前，她曾经找过我一次，看得出来，她很忐忑不安，应该是怕我反对她出国留学。但是我说，年轻人就应该在年轻的时候多学点东西，要敢于突破自己。

后来她在美国读书时，有一天忽然给我打来一个电话，原来是有广告商找到她，邀请她拍一个广告。她有些犹豫，不知道该不该接拍这个广告，于是想听听我的意见。我就对她说："一个人的名气来得不容易，过于商业化就容易功亏一篑。"

对于年轻人，不论从长者的角度，还是从领导者的角度，我的观点始终是，应该给予他们成长的空间。

在如今这个全球化趋势不断加强的年代，不仅我们的电视媒体要不断与世界接轨，我们的人才也应该与世界接轨。所以，我们的年轻人，更应该不断地提升自己，做一个复合型的新闻人才。而要做到这点，我认为应该从这几个方面努力：

要向西方学习，学习他们的制作、经营理念。

为什么同样的内容，人家做出来就好看，我们做出来就呆板、乏味？像原来我们中央电视台拍的野生动物，制作出来就不太吸引人，后来我们同澳大利亚南星公司合作，把我们拍的素材全部提供给他们，由他们重新编辑，结果就好看多了。这就是制作理念的问题，制作理念不活、不深，不符合观众的兴趣，观众就不爱看，所以要多学习别人的长处。再如经营方面，国外电视台注重产业链开发，我们主要是依靠广告，这也是我们要学习的地方。

要懂一两门外语。

在媒体竞争日趋国际化的今天，你要在一个媒体当领导、记者、编辑、主持人，如果不懂外语，就达不到国际水平。拿我自己来说，以前我不懂外语，出国开会的时候，就必须带翻译。但就算有翻译，有时候也会遇到很尴尬的事情。比如在一次国际会议上，他们要我来当主持人，但是我不懂外语，怎么能主持？所以，最后不得不请一位广电部的同志代我主持。

因为深知外语的重要性，在提出"大台战略"时，我就提出一条，领导和主要业务骨干要懂得外语。1994年，世界妇女大会在北京召开，我要求所有去采访的记者必须懂外语，不准带翻译，不懂就不要去。采访对象一听我们的记者用他们的语言与他们交流，非常乐意接受采访，同时也觉得中央台的记者很了不起。

此外，当然也应该懂得基本的中国特色社会主义的新闻理论，这是基础。

第六章 广开『财』路：经济独立才好办事

"我听说，你要在《新闻联播》里面加广告？"艾知生部长亲自打来电话，用一种质问的语气问我。

我一听，心想，这不对，肯定是有误会，于是赶紧跟他解释："我怎么会在《新闻联播》里加广告呢？这不是笑话吗？这玩笑开得有点过火了。事实上是我们决定在《新闻联播》播完之后，尝试性地加一个30秒的广告时段。"听完我的解释，艾部长没再说什么，这等于是默许了。至此，我们在《新闻联播》之后、《天气预报》之前插播广告的尝试也算是度过了"危险期"。现在回想起来，还是让人心生感叹。假如艾知生部长没有误会我们，一开始就知道我们是要在《新闻联播》之后加广告，又会是什么反应？也许就没那么宽容，我们也就难以成功了。幸好没有如果……

1. "杨伟光,你是大老板了"

在《新闻联播》和《天气预报》之间插播广告,对于这种状况,我们现在已经习以为常了,但是在1993年年底之前,这是想都没有想过的事情,甚至可以说是离经叛道的事情。

在1993年年底,我们在《新闻联播》之后,《天气预报》之前,尝试性地增加了一个30秒的广告。有人评价说,如果说美国新闻上头条是对《新闻联播》改革的一次革命性创举,那么《新闻联播》后插播广告,则是在央视经济价值开发上的一个革命性创举。

其实,当初之所以这样做,我们也有不得已的苦衷,因为那个时候我们太缺钱了。这么一个大摊子,花钱的地方很多:买设备要花钱,做精品节目也要花钱,改善员工待遇也要花钱。仅靠当时的财政拨款和有限的广告收入是远远不够的,所以我们就需要想办法开辟财源,实现经济的独立。正好这个时候,《新闻联播》收视率达到45%左右后,一些厂家觉得《新闻联播》之后、《天气预报》之前如果能播广告,他们愿意出高价。于是,广告部主任谭希松找到我,提出要在《新闻联播》和《天气预报》之间加广告的想法。

这本来是我没有想过的事情,但是,听他一提,我觉得提议不错,值得一试;但同时也有担忧,根据惯例,在《新闻联播》前后都不能加广告,骤然打破这个惯例,成功的概率有多大?而且,长时间以来,观众已经习惯将《新闻联播》和《天气预报》看作一个节目，突然改变他们的习惯，他们能不能接受？而且，像《新闻联播》这样政治性极强的栏目，适不适合加经济性较强的广告？

当时，这些想法一下子都涌进了我的脑海，让我又一次面临着是冒险还是平稳的选择。如果我当时多一点动摇，这个方案也许就不能实施了。但是，那时我们太需要钱了，而且，就像当时有人所说的，"既然节目能够深入改革，广告为什么不能深入改革？"我们的广告也确实需要来一场改革（中央台的广告，自1979年开播以来，一直只有15秒和30秒两种形式，形式太过呆板，且远远不能满足当时电视业的飞速发展）。

在这种情况下，经过深入研究，我们决定尝试这个方案。当然，我们也做好了"万一不行"的准备。当时我们是这样决定的：如果反应不强烈，就继续操作；如果反应强烈，就马上把广告去掉。于是，为了保险起见，在与广告商签约时，在合同中就出现了这样一个条款，如果出现了"不可抗拒"的原因，即如果上级部门干涉此事，广告被取消，这是不违反合同的。我们也承诺会退还广告费用。

就这样，我们在《新闻联播》《焦点访谈》之前，增加了一个试探性的30秒广告，为什么只放30秒呢？因为时间短，观众还没反应过来已经过去了，所以，不至于有太大的反感。

但是，小插曲还是不可避免地出现了。要加广告的这个决定，当时我们并没有向上面汇报。但这么大的事情，领导不可能不知道。果不其然，广告播出之后，消息就传到了艾知生部长那里，而且还传错了。艾知生部长得到的消息是：杨伟光要在《新闻联播》里面加广告。

这还了得？他亲自打电话给我，用一种质问的语气问："我听说，你要在《新闻联播》里面加广告？"

我一听，心想，这不对，肯定是有误会啊，于是赶紧跟他解释："我怎么会在《新闻联播》里加广告呢？这不是笑话吗？这玩笑开得有点过火了。事实上是我们决定在《新闻联播》播完之后，尝试性地加一个30秒的广告时段。"

听完我的解释，艾部长没再说什么，这等于是默许了。就这样，广告播出之后，各方反应比较平静，没有任何人提意见，我们也就放下心来。

不过，现在回想起来，还是让人心生感叹。假如艾知生部长没有误会我们，一开始就知道我们是要在《新闻联播》之后加广告，又会是什么反应？也许就没那么宽容，我们也就难以成功了。幸好没有如果……

半年以后，在各方没有反对意见的基础上，我们又将广告延长到1分钟，从而真正开辟出一个广告的"黄金时段"。而为了争夺这个"黄金时段"，广告商纷纷大打出手，竞争非常激烈。

事实上，《新闻联播》后加广告会引起轰动效应和巨大收益，这是我们一早就预料到的。不仅因为这是一个黄金时段，也因为当时中央电视台发展得特别快、特别好，一批批精品节目的成功创办已然将原本弱势的中央电视台提升为真正有实力的国家电视台。节目的高收视率,再加上日渐提高的影响力,自然会得到广告商的青睐。

但是,会引起这么大的轰动效应,还是有点出乎我们的意料。到第二年,也就是1994年年底,在开始征订1995年黄金时段的广告时,居然有190多个企业要参加。当时我们只有13个广告标版。怎么办?给谁不给谁,这是个问题,而且解决不好会引起大的矛盾。

为了解决这个问题,同时将广告时间推向市场,我在广告部的报告上这样写道:"看来还是招标为好。"大家都想要,那就公开招标。这不是一个草率的决议,而是经过了充分讨论。

1994年11月8日,中央电视台广告部对《新闻联播》之后、《天气预报》之前的这1分钟标版广告时间的公开招标,具有重大意义:它标志着中央电视台不仅在节目质量上已无愧于国家大台的地位,也标志着中央电视台在广告传媒市场开始树立起不可动摇的领导者地位。

当然,它为中央电视台带来的收入也是源源不断的,让我们彻底告别了以前"穷巴巴"的苦日子,真正富裕了起来。

据统计,中央电视台1994年广告收入突破10个亿,1995年突破20个亿,我们自己也不知道怎么翻得那么快。我当时预测说,到世纪末广告要达到39~45个亿,大家觉得不可能。没想到1996年就到了35个亿,1997年45个亿,仅《新闻联播》后面的1分钟和《焦点访谈》前面的3分钟广告招标就是28亿，约占到央视全年广告收入的2/3。那一年，我们缴税4个亿，上交广电部等各个部门8个亿。

那时，连李鹏同志都说："杨伟光，你是大老板了。"我就说："总理啊，我的钱就是国家的钱。"上交完钱之后，剩下的就归我们自己安排了。买设备、做节目、买房子、发奖金，都有自主权了。比如在我还是台长期间，中央电视台频道由3个发展到9个，建设这6个频道的钱都来自广告的收入，没有花国家的钱。

李鹏视察中央台。

那几年应该说是创造了奇迹。当然，如今这个奇迹依旧在不断被刷新。中央电视台的广告收入早已突破百亿大关。但是谁能想到，在最初我们进行广告实验与改革之时，是背负着怎样一种忐忑的心情！

2. 惊心动魄的"标王"争夺战

1994年11月2日，全国89家企业和数十家广告公司，共500多人齐聚在中央电视台，中央电视台的第一届广告公开招标大会也由此拉开帷幕。

在正式进行招标前，广告部的同志们经过反复研讨，拿出了一个详细的计划。但是，或许是第一次做这个事情，我思考得比较多。在出访东欧途中，我还是觉得招标方案不够完善：13块标版都是同一个时间段，第一名的"标王"和最后一名出的钱可能差别很大，竞标者出钱的时候就会很小心，成为"标王"的心理也不平衡。

于是，我从保加利亚打电话回来，把方案改为：出价最低的中标者给出的价格，作为这个时间段的广告价格，比如出价最低的是1000万，1000万就是这个时间段的广告价格，出1亿的"标王"多出来的9000万，我们可以在别的时间段给他做广告。我们当时已经有七八个频道，分为白天、晚上、深夜，广告资源多得很。

这样，经过一番周详的准备，11月2日终于到来了。

这实在是一场竞争激烈的战役。从上午9点到下午4点，在一场场激烈的角逐中，首届竞标会的13个标版全部售出。尽管在事前我已经要求广告部的同志要低调做事，但这件事在当时还是一件足以引起轰动的大事，想不引来关注都难。不过值得高兴的是，对于这次的广告招标事件，各界普遍抱以赞扬的态度，认为"中央电视台为把中国电视广告推向市场,闯出了一条新路"。

当然,这一届招标会最引人注目的还是"标王"之争。从法庭,到标场,"两孔"之争由来已久。"两孔",即孔府家酒和孔府宴酒。"喝孔府宴酒,做天下文章""孔府家酒,让人想家"。第一届广告招标大会的"标王"之争成了"两孔"之争。

孔府家酒厂长孔超拿出当年税前利润的1/9——2300万来叫板;孔府宴酒厂长江廷华拿出当年税前利润的1/3——3009万来应战,并最终以3000万元的高价,夺得了这一年"标王"的桂冠。

孔府宴酒高价夺得"标王"桂冠的消息更是引起巨大轰动。不只国内媒体在争相报道,连国外媒体也争相关注。其中,一家西方大通讯社就评论道:"中国大陆企业广告意识大增。"

当然,在人们为天价广告费用惊叹的同时,还有一个问题随之而来:这样的花费值不值得?

对于这一问题,回答它的只能是实践和时间。很快我们就看到了答案:随着央视"喝孔府宴酒,做天下文章"这一广告的播出,孔府宴酒很快就成了主要经济指标跨入全国白酒行业三甲的国内知名品牌。仅夺标当年,其产值就从1.8亿增加到了10.5亿。

广告的轰动效应是巨大的,这也是第二年招标大会竞争更加激烈的主要原因。1995年的招标大会,除了《新闻联播》之后的1分钟广告时段外,我们又增加了《天气预报》

之后、《焦点访谈》之前的一个3分钟广告时段。

这注定会是一场更加激烈的竞争。"二孔"的争夺战继续上演,大有势要争个"你死我活"的架势。而在此之外,竟然还意外地冲出一匹"黑马",成功打败前两者,摘下桂冠。这就是秦池酒。其用6666万的高价拿走了1995年,即第二届的"标王"桂冠。当然,秦池销量也很好,产值从1.7亿涨到了12亿多,利润有3亿多。

所以,第三年,他们又来了,一定要再当"标王"。最后秦池以天价3.2亿的价格再次中标。但是,这次问题出现了。

诚然,采用竞标的方式进行广告售卖,这是一种相对公正的方式,能够在一定程度上杜绝不正之风和人情买卖;但是,竞争的白热化也可能使竞标者为了竞标成功或是追求轰动效应,做出不顾本企业实际情况而盲目加注筹码的事情。

所以,虽然那次广告招标会我不在现场,但听到"3.2亿"这个天价数字时,本能的反应是:糟糕,物极必反。

中央领导知道后,疑惑地问,一个酒厂做5秒钟广告用了3.2亿,怎么这么有钱?就让有关部门去查一下,它有没有贷款、有没有缴税。调查结果是:它没多少贷款,税也缴了,但广告费打入了成本,剩下的纯利润缴税。

看到这个结果后,领导觉得酒的利润太高了。于是上面下了规定:广告费不能打入成本,要广告可以,但是应该先缴税,然后用你的利润去做广告。因为酒是高税率产品,10个亿交完税后,利润就没有多少了。

不只这样，新闻界还报道称，秦池自己生产不了那么多酒，从四川买酒勾兑，路上的车辆来往不断，还专门在高速路上开了个口。

这个事情一出，不仅给秦池酒带来巨大的负面影响，也让我们承受了巨大的压力。甚至有人提出要取消招标，不过，这个提议后来被否决了。我们最后的决定是，招标是按经济规律办事的正确举措，应该继续，但在操作层面上要不断完善。

于是，为了解决怎样办好中国特色的社会主义广告的问题，1997年，我还专门写了一篇《坚持广告正确导向，办好中国特色的社会主义广告》的文章，分析中国电视广告存在的问题以及解决的措施。我认为，要想办好电视广告应该做到以下5点：

（1）坚持广告的正确导向是办好电视广告的前提。正确导向主要表现在：用语文明、图像健康、音乐动听、语言简练。

（2）《广告法》是广告宣传的重要准绳和依据。

（3）两个效益（社会效益和经济效益）相统一是社会主义广告的重要特征。

（4）提高质量是吸引客户的关键。

（5）如实介绍商品是提高电视广告权威性的重要条件。只有真实的广告，才有可信度。人们反对假冒伪劣广告，如同反对虚假产品一样。电视广告必须实事求是、内容真实。

同时，在实际操作中，为了让广告招标工作更加规范，我们还做了这样的努力：

完善招标程序。

根据广大企业和广告公司的建议，在1998年对19：00报时时、《新闻联播》后（标版广告）、《天气预报》片头片尾、《焦点访谈》片头等段位进行了公开的广告招标。招标分两个阶段进行：第一阶段，以明标方式先投"标王"；第二阶段，按产品分类进行分组招标。

严格遵照国家规定。

根据国家对酒类广告进行限制的规定。1998年，我们率先将酒类广告安排在了黄金时段以外的时间，且按照每个频道每天不能超过12条酒的广告的规定，对于中央一套、二套、三套、四套、七套、八套等节目的酒广告采取捆绑式销售，将12条酒广告有机分配在早、中、晚的各个时段。这样一来，在不违反政策的同时，还能实现双方的共赢。

建立防退标机制。

1998年招标进行前，为了防止企业无故退标，我们特意完善了防退标机制。其中一个重要表现，是将竞标抵押金由1997年的30万提升到80万。

尽量规避因冲动而导致竞出高价的情况。

为了规避这种情况，在竞标前，我们反复叮嘱1998年竞标会主槌的拍卖师，不要现场煽情，要在适当时候尽快落槌。

经过多方的努力，1998年的招标会明显规范很多，也取得了不错的成绩，金额达到了28亿。当然，之后随着经验的丰富，更是一届比一届成功。

直至现在，通过广告招标，获得广告收益依然还是电视台收入的主要来源。可以说，正是因为有了广告招标，中央电视台才真正富裕起来，真正经济独立起来，也才有了十足的底气去迎接未来更多的改革和挑战。

3. "鸡蛋不放在同一个篮子里"

广告带活了央视的经济，一段时间以来，央视的发展主要是依赖广告。这时候我就想，如果以后广告不行了怎么办？在广告之外，是否还有其他赢利途径？

经济学上有一句名言，叫作"不要把鸡蛋放在同一个篮子里"。我们做电视也是一样，赢利的手段应该多元化，以保证我们任何时候"都有鸡蛋吃，都有鸡蛋能孵出小鸡"。就是在这样一种思想的指导下，我们提出了"发展第三产业，建设第二经济支柱"的发展战略。

其实，倡导中国电视走产业化的发展道路，这在当时确实算得上是中国电视事业的一大进步。在过去的很多年，我们普遍认为广播电视是党、政府和人民的喉舌，所以，只讲广播电视的教育功能，不讲它的产业功能。这样的误区存在了很多年。

细说起来，中国电视产业的发展大体经历了三个阶段：1979年以前为第一阶段，我们只承认电视具有政治属性，没有产业属性；第二阶段是1979年至90年初，以上海电视台、中央电视台播出广告为标志，进入电视产业化的探索阶段，但这一阶段电视广告业发展十分缓慢;第三阶段,以党的十四大提出发展社会主义市场经济为标志,以广告业为主的电视产业开始得以迅速发展。

所以说,我们是直到20世纪90年代末期,历经了电视实践和对西方电视的理论研究,才意识到发展电视产业道路的重要性。这既是由电视产业的政治和经济双重属性决定的,也是由电视作为大众传媒的宣传属性决定的。为了顺应电视产业的发展规律,真正落实这一战略,我们在90年代做了诸多尝试:

(1) 广设影视基地。

我们在各地相继建起影视基地。它们有的发展好,有的发展差,但总体上说,还是成功的。其中比较具有代表性的应该算是中央电视台无锡影视基地,它既能用来做影视拍摄,也是观光旅游的好去处,还是国家首批5A级旅游景区之一。

该影视基地建于1987年,有近100万平方米的面积。当年为拍摄电视连续剧《唐明皇》《三国演义》和《水浒传》,我们相继于1991年、1994年和1996年,分别建成了唐城、三国城和水浒城三大景区。我们现在比较熟悉的电视剧,如《三国演义》《水浒传》《唐明皇》《杨贵妃》《大明宫词》《笑傲江湖》《狄仁杰》《六指琴魔》《射雕英雄传》《凤在江湖》《大唐情史》《天下粮仓》《神医》《天下第一》《天涯明月刀》《大宅门》(及续集)等,都是在这里拍摄出来的。

(2) 向"外"找突破,组建中国国际电视总公司。

20世纪90年代，是中央电视台发展的上升期，频道和栏目不断增加和丰富，影响力也在不断提升，而且随着与外界的合作越来越多，现有的运营渠道已经没法满足我们的发展需求，中央台应该顺势而为，成立一个专门公司来负责对外交流与宣传。

而且这也是资本运营的一个有效途径。要知道，在很长一段时间内，节目主要靠广告来支撑是中国电视传统的运营之路，但这其实是高风险且不科学的方式。真正科学的途径应该是像外国那样，走产业的道路，比如默多克的新闻集团。所以，当时我们也提出要发展第二产业支柱，即建设世界性的大的跨国电视集团。这样一来，不仅可以将我们的好节目在世界范围内进行传播，还能寻找到一条好的产业与资金链，由此我们不仅可以做一两百万的项目、一两百亿的项目，甚至上千亿都有可能。

更重要的是，当时中央台已经具备了做这件事情的条件。

首先，我们有充足的节目储备。当时我们大约有60万小时的节目都放在资料库，需要一个途径进行传播与再传播；其次，这是组织结构调整的必要选择，比如当时我们的一个副台长管理着60多个分公司，一个人管这么多公司，肯定很难管好，大部分都是亏损。

就这样，在1995年，中央台先注册了一个"中央电视节目代理公司"。其目的就是要在世界各地，特别是华人居住地逐步建立起"地上一张网"的销售网络。公司不仅代理中央电视台的节目，也为全国各地地方电视台做代理。在为各地方电视台做代理时,我们会收取20%的代理费。

到1997年,出于把企业做大做强的战略考虑,我们又提出把中央电视台100多个小公司进行资产重组和结构调整,组建成中国国际电视总公司的计划。而说到这个总公司的成立,还有一个小插曲。

当时我们把这个重组报告写出来之后,还要考虑可不可行、领导批不批准的问题。我们的同志就拿着报告去找当时主管我们的李铁映同志。他看了看,表示同意这个提议,但是没在上面写"同意"两个字。征得领导同意后,我们就拿着这份报告去工商总局注册公司,不料,工商总局的同志却说:"李铁映同志没表态,没写'同意'啊!"于是,我又不得不打电话给李铁映同志,向他反映了这个情况。之后,我们又重新打印了报告,拿去给他签了字。就这样,中国国际电视总公司在中央领导的支持下成立了。

整顿后,总公司集团内包括66个公司,其中十几个骨干公司,建立了总公司、二级公司、三级公司的组织体系。公司还加强管理,建立了一系列的规章制度,做到了年初有计划、年中有检查、年底有总结。在经历了资产重组和机构调整后,公司一直保持持续稳定的高速增长。以1998年为例,总公司1—8月(不包括梅地亚和中视股份公司),利润有7765.9万元,完成年度计划任务的97%,而如果再加上中视股份,就有将近2亿元的利润。对比以前每年几百万的利润,足以说明我们这一决定的明智。

目前,中国国际电视总公司是中央电视台节目版权的全球营销代理,是中国电视节目外销联合体唯一的对外版权代理商,是中国内地唯一经政府主管部门批准的从事境外卫星节目代理业务的公司。其拥有电视节目引进权,享有中国内地唯一经政府主管部门批准的境外卫星节目代理权,共代理美国、英国、日本、新加坡、中国香港等全球9个国家和地区的33个频道,在全国31个省市落地。2011年5月13日,公司还入选第三届"文化企业30强"。

(3) 涉足音像制作和销售业。

在20世纪90年代,音像制作业的潜力非常大,而且当时我们还占据着得天独厚的条件,所以没有理由不涉足。当然,取得的成绩也是出人意料的好。仅1997年、1998年两年,我们的录像带、VCD、DVD的海外销售额达到3000多万人民币,国内达到1000多万。纪录片《毛泽东》《邓小平》、电视剧《三国演义》《水浒传》《雍正王朝》《还珠格格》等都是其中销售非常好的代表作。

(4) 成立中央电视台网站和央视观众收视调查机构。

网易公司1997年6月成立,搜狐1998年2月成立,腾讯公司1998年11月成立,新浪1998年12月成立……中国互联网的快速发展是在新千年之后。所以,在20世纪90年代中期,我们提出要成立中央电视台网站,在网站上播放节目时,互联网还是一块未开垦的处女地。那个时候,我就凭直觉意识到,这将是一块财富地。中央电视台的网站,于1996年12月建立并试运行,算得上是我国最早发布中文信息的网站之一,后成长为广为人知的CCTV.com。

TNS是世界上排名第三的市场研究集团，拥有最优秀电视收视率分析软件，在欧洲拥有几十年的电视观众调查经验。在1997年12月4日，央视市场研究股份有限公司（CTR）与TNS合作成立了一家收视率调查公司——央视-索福瑞媒介研究有限公司（简称CSM）。直到今天，CSM依然是国内最具权威性的电视收视市场研究公司。

除此之外，中国卫星电视中心和中塔公司也是我们组建的合资公司，效益也都不错。

杨伟光会见美国新闻集团总裁默多克。

（5）收费电视。

中央电视台是在1995年开始开办加扰卫星电视，也就是收费电视，由此中国的有线电视事业得以迅速发展。据不完全统计，截止到1999年，全国已有7000万有线电视用户，按每户一年100元计算，一年即可有70多亿元的收入。这当真是一笔数量不小的财政收入,为中国电视的发展提供了强有力的财政支持。

综观中央台的这些年的发展,依靠广告,但不过分依赖广告,正是它的经营模式。不管是过去还是现在,我依然主张"不要把鸡蛋都放在一个篮子里",一定要有分散风险的机制。

在电视产业化过程中有个问题一定要警惕:警惕电视节目的媚俗倾向;频道和节目不是越多越好,有时候更要做到少而精;在任何时候都要处理好社会效益和经济效益的关系。

4. 填补文化企业的"上市"空白

1996年,有一次我去广东,有人就跟我建议说,中央电视台这么大,如果在金融市场上搞点融资,应该可以大有作为。

我一听,觉得很有道理,可以尝试。但是,拿出哪个部分来上市呢?

思考了一下,我觉得无锡影视基地很合适。这个基地不仅有唐城、三国城、水浒城等重要的电视剧拍摄基地,还是一个颇受欢迎的旅游景点,而且收益不错,年收益能达到1亿多元。

于是,在返回北京的飞机上,我就对中央电视台中国国际电视总公司总经理李培森说,"你到证监会了解一下,看看中央电视台的无锡影视基地能不能上市。"

李培森了解了无锡影视基地的情况后说,无锡影视基地有可能上市,并建议我亲自去见见证监会的领导。

后来,我就去那边,当面向那边的领导介绍了无锡影视基地这几年的业绩和影响,并向他们建议说:"我们现在的上市公司都是生产企业,还没有文化企业上市,如果把我们的无锡影视基地上市,你们就补了一个空白,开了文化企业上市的头。"

就这样,他们居然就同意了我的建议。半年后,无锡影视基地正式在上海挂牌上市,市场反应极好,第一天股价就从每股7.9元涨到了每股21元。通过无锡影视基地,我们融到资金3.9亿,《太平天国》《大宅门》等电视剧就是融资拍摄的。

现在文化企业上市已经不是新鲜的事情了,但在1997年,中央电视台无锡影视基地在上海A股上市时,可算是一

1997年,中央电视台无锡影视基地在上海挂牌上市。

件大事情。当时,国内的上市公司都是生产企业,还没有文化企业上市,无锡影视基地的上市成功,意味着文化企业零上市的历史被打破了,也意味着我们找到了另外一条经营之道——融资。

其实,世上的路千万条,只要你敢想敢做,就不会找不到出路。不管是发展第三产业,还是上市寻求融资的道路,我们都是走在了行业的前头,因为我们的思想走在了别人的前头。

5. "连横"地方台

在20世纪90年代,伴随着中央台的大跨步发展,成为名副其实的国家大台之后,各地方台产生了极大压力,并大有形成合力与中央台相抗衡之势。这时候,我们该怎么选择?是独立面对地方各台的"合纵",还是选择"连横"之策,资源共享,多方共赢?

答案显而易见。在一个资源可以也应该共享的年代,我们没有理由不顺势而为。而事实上,在之前我们吃过这方面的亏。自己做节目,自己栏目用,用完再放进节目库,节目就这样"寿终正寝"了。以前,中央电视台长期都是搞这样的"自给自足"经济,这就是小农经济思想的一种反映。所以我就说,我们做节目绝对不要以为我们的节目就是为本台所用。做节目要有市场意识,应该用来增值,用来销售,发挥最大的效益。

本着这样一种指导思想,在出任台长之后,我们就提出

"扬中央台之优势，汇全国之精华"的口号，中央台和地方台要联合起来，齐心协力把节目做好。不仅在国内广泛传播，还要到国外去，占领外国的电视荧幕。

为了使中央台更好地做好对地方台的支持工作，在1992年，我们提出有针对性的15个方面：

①定期给地方台通报宣传报道思想，改进每周三上午的电话会议。②及时处理地方台送来的节目，及时发稿费。③召开电视系统全国性的会议，通报情况，交流经验，共同提高，如总编室主任会议、新闻部主任会议、经济部主任会议。④为全国性评奖提供资金，如飞天奖、星光奖、新闻奖、对外节目奖、教育节目奖、经济节目奖、少儿节目奖等。⑤组织好节目展播。⑥召开全国性的业务研讨会，如经济报道研讨会、专题节目研讨会、主持人研讨会、现场报道研讨会等。⑦组织全国性的人才培训班，如编导培训班、主持人培训班等。⑧从人力、物力和技术上支持地方台搞好重大宣传活动。⑨配合地方电视台做好新闻报道工作，比如重大宣传战役，中央台可以派记者同地方台合作。另外，地方党委主要领导人如对新闻报道有特殊要求，希望某新闻要及时播出，可以打电话来，我们将给予配合。⑩在合作中，要尊重地方台的同志，平等合作，要体现热情。⑪卖节目和对外宣传送节目要分开，不

要混在一起，电视文艺节目送出要定几条，若外送要征得同意。⑫做好地方台台长等的来京工作。⑬有些涉外部门可以组织一部分获得一等奖的同志到港、澳，甚至国外访问考察，中央电视台出面组织，去外面看看，见世面，开眼界。⑭压缩中央电视台广告时间，适当提价，把部分广告推向地方台。⑮采取一些经济措施，鼓励各地抓好节目，出好节目，比如获飞天奖的节目，分别发鼓励性稿费；一等奖1集加1万元，最多不超过20万元；二等奖1集加5000元，最多不超过10万元；三等奖1集加3000元，最多不超过6万元。

其中的第9条，是各省台的台长最喜欢的。你想，他作为一个省的电视台台长，主要是负责一个省的宣传事宜，那么省委书记让他办的最"重要"的事情，莫过于到中央台宣传自己的省份。这下央视有了明确表态，只要省台有需要，并且要播出的新闻在原则上不违背当时的宣传精神，就可以给予播出，他们当然非常高兴了。

在实际的工作中，我们也在按照这一指导思想不断积极实践着，不仅我们中央台拿出拳头产品、优秀节目，也积极加强和各地方台的合作。地方台的优秀节目，也会被我们拿来用。

《雍正王朝》就是一个典型的例子。这部剧不是中央台制作的，而是长沙台制作的。我看过后，觉得不错，就决定购买下来在中央台播放。如果自己制作,像《雍正王朝》这样一部戏,一集至少要 70 万,但是买一集只需要 50 多万,要便宜很多。所以,资源共享不仅对中央和地方电视台来说是一种共赢,也有利于促进电视剧制作的良性循环,鼓励更多高质量作品的出现。

不只是电视剧方面,自从"加强与地方台合作"的方针提出来之后,地方台提供给中央台的新闻采用数量也大大提高了。拿 1992 年来说,各地方台共向中央电视台提供新闻 3 万余条,我们采用了 1.6 万条,采用率超过了 50%,这是相当大的一个数量。同时,与之前相比,中央电视台和地方台合作完成的报道或是节目制作的数量也有大幅提升,如联合制作了 50 集系列报道《神州万象新》、16 集系列报道《内陆行》、15 集系列报道《优秀共青团员》、56 集系列报道《祖国大家庭》、30 集体育系列报道《中华民族体育》等。

"中国质量万里行"活动是一个典型例子。"质量万里行"的含义是:中国的质量工作正面临着千里之行,万里之行;中国的新闻记者,为了宣传报道质量问题,将要做千里之行,万里之行。

活动于 1992 年 2 月正式启动。第一批关于产品质量的报道同时在报纸、电视、广播发出后,立即获得了强烈的社会反响。不少消费者纷纷写信给组委会,给各新闻单位,给各主管机关,甚至写信给当时主管经济工作的朱镕基副总理。来信的内容归结起来大致是三句话:"大快人心事,质量万里行。""这是党和政府为人民办的一件好事、实事。""希望万里行天天行。"

刚刚从国外访问归来的朱镕基同志,在看到"质量万里行"第一期工作汇报之后,就给组委会批示说:"'中国质量万里行'活动一炮打响,效果甚佳,可喜可贺。我已经向总书记和李鹏总理汇报。李鹏同志说,干得好,震动不小。希望再接再厉,搞好质量品种效益年。"随后,李鹏总理在全国质量工作会议上,再次肯定了这一活动,认为这是政府为人民办的一件好事,政府有责任办这样的事情。据有关人士透露,新中国成立以来,在中央政治局常委会议上讨论的社会活动,这是唯一的一个。

就是在这样的情况下,原本作为一次性活动的"中国质量万里行"变成了一个常年开展的持续性活动。组委会成了常设机构,国家经贸委和中宣部成了它的主管机关。为了使组委会成为一个合格的常设主体,还正式注册了一个国家级的社团——"中国质量万里行组委会"。

此外,双方的合作还体现在一个重要方面,那就是作为"第一媒体",我们中央台也应该有服务意识,办一些地方台难以完成的事情。

为此,中央电视台牵头开展的电视系统活动大大增加,促进了中央电视台与地方台、地方台与地方台之间的互相了解,交流了工作经验,推动了各台工作。如1992年我们召开了台长会议,专门研究《经济信息联播》开播;召开了总编室主任、台办室主任、新闻部主任、文艺部主任、专题部主任、对外部主任、节目外销座谈会和有线电视统一供片会等；再如1992年，中央电视台还牵头举办了一系列的活动，如"全国播音员培训班""全国影视声音技术研讨班""全国电视节目主持人研讨班"等，培训班由中央电视台出资，各台派人参加。我们还与各省级台合作，进行了全国第二次电视观众调查，全国观众调查网建成并正式运行。

我们的这些做法，不仅避免了各省台联合起来对抗中央台的局面，也大大促进了各个省台之间的交流。不过，一个意料不到的情况出现了。

我们在开台长会议时，会把央视今年的计划，以及将要在什么问题上和地方台合作等，都告诉各个省台的台长。最重要的是，丁关根同志会出席台长会议，并做重要讲话，传达中央的重要精神。这样一来，各个省台的台长就需要把中央的一些精神传达给各省的广播电视厅厅长。各省的广播电视厅厅长心里就觉得很不舒服了，因为台长是他的下级，本来是他要向台长传达精神的。而且，各省广播电视厅的厅长再到中央来开会，也听不到丁关根同志的讲话了。所以当时就有一些省的广播电视厅厅长发牢骚："你杨伟光有什么资格召开全国的台长会议？"

的确，中央台和各个省台之间确实没有隶属关系，但我们这个会议也是经过相关领导批准的，不然丁关根同志也不会来讲话。

可以说，正是在"扬中央台之优势，汇全国之精华"思想的指导下，中央电视台和各省、市电视台的合作关系有了很大发展。系统优势发挥得也比较好，这对提高节目质量、丰富电视屏幕和增进中央台和地方台的交流都是很有帮助的。足见，在经营中具备合作意识有多么重要。

6. 借力 CNN，互通有无

20世纪90年代的中国，以其更加开放、更加自信的魅力，在不断融入世界大家庭的同时，也吸引到很多外国朋友纷纷来华。他们或做投资，或来交流学习，有些外国友人甚至就此长期留居中国。

可他们都不懂中文，而当时中国的电视台还没有外语频道，也没有外语节目，就连中央台内部都不能接受外国的电视节目。可以说，外国电视节目在中国是一个收视"禁区"。

这样一来，那些长期留居中国的外国朋友，就无法从电视上了解到他们家乡和世界上其他地方的信息了。不，更确切地说，即使是电视上有他们关心的信息，也因为语言不通，而无法满足他们的需要。这就给他们的生活和工作造成了很大的不便。不仅如此，中国的电视台没有外语节目，也会让在中国的外国朋友产生这样的疑问：中国是不是太不开放了？由此也会让他们对于要不要跟中国合作打上一个问号。我觉得这不是一件小事情，于是暗下决心，一定要解决这个问题。

经过一番深思熟虑之后，我就找到艾知生部长，向他提出了我的想法：为了适应改革开放的需要，我们能不能考虑先在中央台内部接收覆盖全世界的美国 CNN 英语节目，然后再考虑允许国内三星级以上的涉外宾馆、外国中国使领馆、外国商社所在的写字楼也接收这些节目?

说到这里,有必要解释一下为什么当时我提到"三星级以上的宾馆才能接收 CNN 节目",因为在当时那个年代,在中国能住到三星级宾馆的都是外国人。也正因为是这样,即使允许三星级以上的宾馆接受 CNN 信号,对咱们国内也不会存有太大的风险。

或许是我正好想到了领导的心坎上,没想到,我的建议提交上去后,一路顺通无阻,不仅得到了丁关根同志和艾知生同志的支持,也得到了上面相关领导的批准。根据他们的指示:CNN 落地三星级以上涉外宾馆可以,但是他们新闻节目片头常年出现的对中国不友好的镜头必须删去。

接下来就是跟 CNN 的谈判了。这注定是一场艰苦卓绝的谈判。从一开始,我就做好了心理准备。

谈判的开始比较顺利,因为不仅我们有"借力 CNN",与之互通有无的愿望,他们也有在中国落地的巨大渴望。这从他们派出的以总裁为首的代表团就可以窥见一二。这就为我们双方谈判的成功打下了一个稳定的基础。不过,这并不意味着整个谈判过程将是顺利的,毕竟双方是代表着不同利益群体的两个新闻机构,一旦触及关键点,双方的气氛就骤然紧张起来。这是可以想见的,但也是必须从容应对的。

终于谈到了关键点。但是,当时我并没有让这场谈判继续下去,而是向对方提出暂停谈判,同时提出和对方总裁进行一对一交流的建议。或许,我的这个做法令人很疑惑。事后有人问我:"当时对于拿下这个谈判有信心吗?"我的回答是肯定的。的确,这是一场有难度的谈判,但是我确信一定能谈下来,因为我知道,在中国落地是CNN代表团此行的战略性任务,他们不会轻易放弃。

所以,有人更疑惑了,既然有把握,为什么还要让其他人都回避,来一场一对一的谈判呢?

事实上,我有我的考量。虽然对于拿下这场谈判充满信心,但我也不想中间横插变故。让其改变对中国不友好的态度,实现对中国的客观报道,这是双方谈判的一个僵持点。如果在场的人多,一定会把事情搞得更加复杂,那就不如只找关键人物。

就这样,偌大的谈判厅只剩下我和CNN总裁,外加一个我方翻译。在这个时候,我才提出"把片头中对中国不友好的镜头去掉"的要求。

我说:"CNN要想落地中国,就一定要对中国友好,要尊重中国人民和中华民族,尊重中国人民的感情,不能诋毁中国。"

对方立刻表态说:"我们对中国很友好,也很尊重中国的成就。"

我就说:"你们对中国还是不太友好。你们CNN是新闻台,但你们主要新闻片头里面还每天播放"六四"这样的旧闻,这算什么意思,是吧?这算是对中国的友好吗?"

对方立刻说:"这是不可能的事。"

我就又接口说:"你说不可能,那今天晚上你看看。"

我们的立场很鲜明,合作可以,但一定要拿下这些不友好的镜头。看到我们坚持，他没辙了。权衡利弊之后，他们答应说三个月内一定拿下这些新闻。但他也提出一个要求，就是不要把这条写进协议里面。

就这样，双方达成了协议：CNN的节目可以进入中国，但是须由中央电视台所属的中国国际电视总公司代理。而对于相关宾馆，他们要想接收相应的节目，必须提出申请，得到批准后才可以接收。收到的节目费用双方按比例分成。同时，CNN代表团也承诺，会客观地报道中国事务，多采用中央电视台的新闻，转播中国的重大新闻事件，如中共党代会开幕式、全国人大代表大会开幕式等。

大约两个月后，两个不友好镜头被拿掉了：一个是与"六四"相关的"蓝坦克"镜头，另一个是叶利钦炮轰克里姆林宫议会厅的镜头。两方的协议正式生效。中央电视台为了兑现自己的承诺，在CNN的主控室里，安装了一个中央电视台第四套的电视信号，这样他们就可以在需要时随时把新闻切换出去。

由此，中央电视台实现了在收视影响最大的世界新闻窗口传达自己声音的目标，这是中国声音的一大步飞跃。由此，我们让全世界有了一个更好地了解中国的窗口。这是中国对外宣传的一个突破。另一个突破表现在：这不仅是一次免费的外宣活动，也为我们赚取了为数不小的一笔收入，现在中央电视台电视总公司每年单代理费收入就能达到数千万元。这应该算是中央电视台对外宣传活动史上的一次比较大的突破，此后，澳大利亚等国在中国实现落地也是沿用这一思路。

所以，不论是对内，还是对外，合作意识都很重要。如果没有与各地方台的精诚合作，就不会有我们的共同进步与发展；如果没有与CNN及其他电视机构的双赢合作，我们的电视事业也很难走向世界。合作才是共赢，这应该成为全球化大背景下，我们普遍应该具有的经营意识。只有这样，中国的电视业才能真正做大做强。

7. 逆势"封杀"不如"满足需求"

20世纪90年代末，我们向艾知生部长提出了要"开办卫星加扰电视，涵盖体育、电影、娱乐、军事和科技频道"的建议。同时，为了解决开办费和节目制作费，我们也建议少量收费。可是，在一个人们习惯了免费看电视的年代，开办收费的加扰频道会被观众接受吗？

事情还要从90年代初说起。

苏联解体后，西方把分化瓦解的重点放在中国。所以，江泽民总书记1994年在中央宣传工作会议上讲话时强调："我们要有忧患意识，西方对我们进行'分化'和'西化'的企图从未停止过。"

西方对我们进行"分化"和"西化"的渠道有很多，但最主要的是广播电视。据有关部门统计，当时在我们上空有333个电视频道，其中中文台20多个。"美国之音"开始有普通话播出的电视节目，美国NBC在香港新建两个台，美国CNN开始在香港建立自己的中文台。当时，台湾的一家杂志曾发表题为《卫星电视爆炸的年代》的文章,提出世界卫星电视将进入亚洲,20世纪90年代在中国上空的卫星电视将当时为防止西方卫视长驱直入,国务院出台了《卫星电视广播地面接收设施管理规定》,对境外卫视落地中国作出严格规定,加强了管理。

但是,不管怎样,电视观众的需求只增不减。随着人们物质生活水平的提高,电视观众也开始对电视文化提出新的需求。他们不仅对新闻有多方面的需求,还希望了解经济方面的信息,对文艺节目的需求更是多样化。电视发展就是要最大限度地满足广大人民群众的需求,从这一点看,我们作为国家电视台,更应该重视发展加扰卫星电视频道。

而且,进入20世纪90年代后,随着电视节目越来越丰富,越来越吸引人,大量的电影观众宁可在家中看电视,也不愿意去电影院看电影了,这导致我国的电影事业遇到了严重挑战。所以,如何利用现代化的传输手段,将电影送到观众家中,就成为电影界各级领导和技术工作者急于解决的重要问题。于是,在1993年年初,电影局领导抽调在京电影系统的科技人员组成筹备小组,开始筹备通过卫星播出电影节目的"电影频道"。

为满足观众对电视节目多样化的要求,在地面发射网受到客观限制难以扩展,同时又为了避免国家在经济上增加太多负担的情况下,将部分电视节目或电视频道采用加扰方式送上卫星,再经有线电视台解扰后传送给终端用户,并且收取一定的收视费用,就成了一个切实可行而且也是一个势在必行的办法。

于是，经过研究，我们向艾知生部长提出要"开办卫星加扰电视，涵盖体育、电影、娱乐、军事和科技频道"的建议。这是一项大工程，但当时我们并没有足够的经费，所以，为了解决开办费和节目制作费，我们建议实行"低收费"的政策。当时的收费标准是分三个层次，发达地区，如上海、广东等，每户收2元；中等发达地区，如湖北、辽宁等，每户收1.5元；欠发达地区，每户收1元；少数特别困难地区不收钱，如西藏等。

这个提议得到了上级的肯定与支持。同时，为了配合我们的工作，根据广电部党组的决定，1994年10月24日，由中央电视台和电影局共同派人组建了"中央卫星电视传播中心"筹备处，开始了紧张的技术准备工作。

首先解决的是技术问题。科技司同志们经过考察发现，美国的技术是成熟的，于是就决定采用美国的技术。

另外，因为当时都没有相关经验，所以，为了保证各个有线电视台能够顺利接收中央电视台的卫星加扰电视节目，从1995年8月起，中央卫星电视传播中心就陆续召集全国一些有影响的有线电视台举办了多期卫星数字加扰电视技术培训班。

没有教材，没有经验，学员对于数字压缩技术基本就是一无所知。可想而知，举办这样的技术培训班是多么困难的事情。不过，功夫不负有心人，中央卫星电视传播中心经过三期培训班后，还是为国内培训了一批约150人的技术骨干。

正是他们，在以后的数字电视接收技术普及推广中起到了积极的示范作用，为全国各地有线电视台顺利接收中央电视台的卫星数字加扰电视节目做出了重要贡献。

1995年11月30日，中央电视台卫星数字加扰电视节目通过中星5号卫星的C波段转发器开始向全国试播并取得成功。试播的成功，标志着我国从此有了卫星数字电视。

一个月后，也就是在12月30日，中央卫星电视传播中心开始对上星的数字电视节目实行加扰，同时进行授权管理。

1996年1月1日，全国所有与传播中心签订了具有法律效力的收视协议书的有线电视台被授权收视中央电视台的加扰电视节目。这是中国电视第一次由无偿收看到有偿收看的过渡，也为电视发展积累资金创造了条件。所以，加扰电视节目的开播也算是中国电视史上的一件大事情。

但是，在人们已经习惯了不花钱看电视的年代，开办收费的加扰频道能不能被观众接受呢？

好在有各方的大力支持，在开播前进行了大力的宣传，才能使中央电视台的加扰收费电视节目很快就受到全国广大电视观众的热烈欢迎。据统计，在开播前夕全国已有近400家比较大的有线电视台与传播中心签订了收视协议。而到2000年年底，中央电视台加扰卫星电视开播5年的时候，它的电影、体育、文艺、戏曲、音乐等节目实际接收用户已有5000万户，收看人数达2亿多人。

近些年，随着我国有线电视的迅猛发展和中央电视台加扰卫星电视频道的开通,我国电视已经逐步形成了免费收看和收费收看相结合的崭新的收视模式。

8. 开源,也要节流

1995年的一天,财务部报给我一个账目,不看不知道,一看吓一跳。一年的租车费1800万,再加上台里的汽车费用,一共3000万。

于是我就说:"费用怎么这么多?"

财务部的人就告诉我说:"台里的记者出去采访都要带着三四万美元一台的摄像机,没有车不行。每个剧组成立后,也要租车。"

我觉得这样怎么能行?这也太浪费了,应该在台里形成开源节流的氛围,让每个部门都有节约用钱的紧迫感。于是,我就找台里的领导商量解决的方案。

最后,我们决定成立一个出租公司,这就是中央电视台荧屏汽车公司。公司开张时,我们先用租车的钱买了150辆新车,并且规定,以后台里各部门用车必须用台里汽车出租公司的,以此形成内部循环。这样做给我们带来三点好处:方便工作、节约资金、建立起了自己的服务人员队伍。果然,这150辆车后来成了中央电视台内部用车的"主力军"。

之后,同样是出于节约和发展产业的考虑,我们还建立了主要用于本台剧组使用的"影视之家"。对这个"影视之家",台里做了详细的规定:这里的房租不能比外面的贵;台里成立的剧组,要首先租用"影视之家"的房子,如果房子不够用需要出去租房子，要先得到"影视之家"的确认和同意。

荧屏汽车公司和"影视之家"的建立确实为台里节省了不少资金，更重要的是，这促使全台的员工形成了一种节约意识。实际上，这种节约意识也是一种经营意识，我不认为一个不懂得节约的企业能够真正留住财富。

现在流行这样一种说法：钱是挣出来的，不是攒出来的。诚然，这个说法有其合理的一面，但是，我觉得更正确的做法应该是，钱该花的时候不能吝啬，比如购买设备，为了做好节目，花再多的钱也值得。但是不该花钱的时候也要节约，尤其要避免铺张浪费。

在中国古代，有一种理财思想叫作"开源节流"。"开源"是指促进生产、增加社会财富；"节流"是指轻赋薄敛、撙节支出。这种理财思想即主张理财之道在于积极发展生产，培植财源，同时注意减轻百姓负担和节省政府开支，达到民富国也富的目的。

"开源节流"这一理财思想提出之后，即被广泛采纳，对中国的整个封建社会都产生了深远的影响。后来，这一理念更是被广泛传播，直到今天，依然是被很多人奉为经典的理财策略。只是，与封建社会不同，如今它已经被应用到各个领域。在我的经营理念中，它同样是重要的一条。

关于开源，我们已经做了很多：广告创收、发展第三产业、上市融资、创办收费的加扰频道，这些举措确实为我们带来了巨大的财富，在中央电视台摆脱贫困的过程中立下了汗马功劳。

但是，有钱了并不意味着就可以随意挥霍；相反，越是有钱，越应该有节约的意识。

中央电视台的中国国际电视总公司是包括总公司、二级公司、三级公司共66个公司的经营体系。这些二级公司、三级公司的组建，有些就与开源节流的思想有直接关系。荧屏汽车公司就是其中一个。

9. 开扶贫广告先河

1997年5月1日，谭希松等人去山东省金乡县考察我们的投标大户——金贵酒厂。那天一进金乡县地界，赫然映入他们眼帘的是"中国大蒜之乡"这样一个巨幅标牌。这让他们眼前一亮，但同时也有些疑惑。

"中国大蒜之乡"？

按照标牌来看，这里的大蒜应该是极有名气的，但是，他们却从来没有听说过。

经过一番打听才知道，金乡县果真是名副其实的"大蒜之乡"：金乡县每年种植大蒜数量在30万亩以上，总产能达到35万吨，全县80%以上的农户都种植了大蒜，且每年全县经济的50%来自于大蒜的销售。

但是，他们也有他们的烦恼。由于之前大蒜的价格比较高，村民们都觉得这是一条财路，所以纷纷大规模地种植大蒜，但是物极必反，这必然会在一定程度上造成供大于求。结果导致了销售不畅，成堆的优质大蒜堆积在家，甚至一麻袋大蒜还换不了一个烧饼,所以,蒜农不得不含着眼泪把成车的大蒜倒进沟里。

农产品就是农民的命根子,如果产品卖不出去,他们怎么生活?

了解到这个情况后,谭希松的第一个反应是:"你们为什么不做广告呢?"

县长就说:"做广告需要那么多钱,我们哪儿做得起?"

由此,谭希松冒出了"为金乡播发促销大蒜的广告"的想法。正好当时金贵酒厂的李厂长也在场,于是,谭希松就提议说:"能不能把你们酒厂的广告时段拿出来一部分给大蒜呢?"李厂长当即就表示:"没有问题!"但他提出了"我拿出多少时间,你们白送多少时间"的建议。

回来之后,谭希松就跟台里汇报了这个事情,希望能够免费为金乡大蒜制作广告,并免费在中央台播放。台领导当然不会反对,这个事情就这么定下来了。

后来的事情就简单了。山东省太阳广告公司免费为金乡大蒜做了广告,1997年6月2日,这则免费的扶贫广告正式在中央台"登台亮相"了。

这是中央电视台也是中国电视台第一次做这样的免费扶贫广告。除此之外,这则广告还有更重要的一层意义:它代表着中国电视人脱离了广告与商业的经济来往,以人道主义精神展示出了中央电视台电视人的一种胸襟和抱负。这是作为一个电视人最应该有的一种职业态度。

不出所料,广告一出,金乡大蒜立即名声大噪,不仅来自天南海北的客户纷纷来此订货,就连外国人也要吃金乡的白皮大蒜。结果,那年金乡大蒜的销售十分顺利,据说在销售旺季,每天有1000多部大卡车满载金乡大蒜驶向全国各地。那一年,仅靠大蒜这一项,全县50多万农民的人均收入就达到1000多元,同时也让很多经营大蒜的农民成了万元户、10万元户,甚至百万元户。

通过扶贫广告能够为农民朋友们带来实实在在的实惠,这让我们感到很欣慰,也更坚定了将电视扶贫广告做下去的决心。后来,当广告部的同志将"要为农民免费做广告"的报告交上来时,我毫不犹豫地批下了"同意"两字。

为了落实这一扶贫计划,1997年8月,中央电视台广告信息中心召集直属的东方红叶、华视等10家广告公司开会,向他们传达了"让他们免费为农副产品做广告,中央台再为他们免费播放"的决议。这也得到了他们的一致支持。

9月1日,山东冠县鸭梨登上大荧屏。紧接着,陕西的苹果、山西的大枣、梅州的金柚、赣南的脐橙、宁夏的土豆、东北的人参、安徽的贡菊、山东的佛手瓜、内蒙古的牛羊肉、河南金顶酥梨等16个品种的农副产品也纷纷亮相荧幕。截止到1997年,从大蒜的扶贫广告算起,中央电视台的扶贫广告已经扩展到了14个省、几百个县市。

这些广告取得的反响都非常好。比如冠县鸭梨,1997年年底,全县鸭梨售出95%,给果农带来直接经济效益2500万元。而且,随着登上电视荧屏,其销售范围大大扩展,由往年的10多个省市猛增到25个省市及8个国家和地区。而且，由于广告效应，即便是在全国果品市场普遍比较低落的情况下，其价格不仅没有降，反而还有所上升。

为此，冠县鸭梨重点村的支部书记冯贵印是这样对我们的记者说的："以往我揣着七八千做盘缠，跑上海、下广州，寻找鸭梨市场，又尴尬又狼狈，到最后，鸭梨还是剩下一大堆。现在中央电视台给俺梨农做扶贫广告，全国各地果品经销商云集而来，俺的鸭梨由滞销变畅销，经济效益大提高，广告为俺果农撑了腰。"

扶贫广告给广大的农民朋友带来了巨大的经济效益，也有利地促进了当地经济的发展，我们看在眼里，也高兴在心里。能用我们手中掌握的媒体资源，真真正正地为老百姓创造一些实惠，让他们能够生活得更康乐，这是媒体人的责任和义务。

其实，针对农副产品的"义务扶贫"计划，不是偶然为之的一次或两次行为，而是一种应该为之的必然之举。这项活动能够轰轰烈烈地开展起来，有着深刻的必然性。

首先和大环境有关。1994年3月，为进一步解决农村的贫困问题，缩小东西部地区差距，实现共同富裕的目标，国务院制定和发布了关于全国扶贫开发工作的纲领——《国家八七攻坚计划》（简称为"八七计划"）。所谓"八七计划"就是指从1994年到2000年，力争用7年左右的时间，集中人力、物力、财力，动员社会各界力量，基本解决目前全国农村8000万贫困人口的温饱问题。以该计划的公布实施为标志，我国的扶贫开发进入攻坚阶段。所以，作为国家电视台,带头投入这场扶贫攻坚战是我们义不容辞的责任。

同时,中央台也具备了扶贫的资本。自从开始广告招标之后,中央台的广告做火了,钱也多了,影响力也上去了,所以就具备了实施扶贫计划的基础。

此外,我个人也有扶贫意愿。我出身农村,对于农村、对于农民有一种情结。也因为出身农村,我更了解农民的辛苦与艰难,所以打心底里希望自己能为他们做些什么。另一方面,作为一个国家电视台的台长,我觉得服务农民和农村,也是一种良知和责任。

除了做扶贫广告为农民朋友谋福利,我们还一直在做公益广告。与商业广告相比,公益广告更注重社会效益。它的作用是规范人们的行为,培养人们的高尚情操,改善社会风气,创造良好的社会环境。

公益广告还可以给人以精神引导,在无声中传递整个社会所倡导的精神和美德,在潜移默化中让人们受到影响和教育。所以,做公益广告,做精神文明建设的宣传者和引导者,既是我们的义务,也是时代赋予我们的重要责任。

1987年10月26日,中央电视台率先开播了公益广告栏目《广而告之》,广告目的是"倡导文明之风",每天播出1~2次,每次30秒或1分钟。这是中国公益广告史上第一个电视公益广告栏目。从此,公益广告走进了国人的视线,并日益成为我国广告行业与公共事业中不可或缺的一部分,为弘扬社会正气,提倡真、善、美,规范人们的行为规范贡献出了不小的力量。

20世纪90年代，国有企业进行改革，大批国有企业员工下岗。为了鼓舞斗志、感动人心，围绕"下岗职工再就业"这一题材，中央台于1998年先后制作了《从头再来》《支持就是力量》《脚步》等一系列感人至深的公益广告片。广告片全部以真人真事为基础制作而成，一经播出，即在社会上引起巨大反响，影响力远远超过众多商业广告。

直至现在，"心若在，梦就在，天地之间还有真爱；看成败，人生豪迈，只不过是从头再来！"刘欢在公益广告片《从头再来》中的这首同名歌曲依然激励着无数困境中的人不断前行，让他们重拾生活信心，从头再来，创造新的人生。

1999年世纪交替之际，为了引导人们树立正确的人生观和价值观，中央电视台广告部联合著名爱国人士李嘉诚先生共同推出了"知识改变命运"系列公益广告。

公益是种力量，在不断传承中更加隽永。作为国家媒体，关注公益，宣扬公益，应该成为一种常态。我卸任后，中央台每年也都在继续推出有影响的公益广告，如：

2001年，《共同的力量》《同升一面旗，共爱一个家》《爱我中华，再创辉煌》《将爱心传递下去》（洗脚篇）等公益广告。

2002年，"希望工程助学行动"电视公益广告。2003年，"非典"来袭，中央台公益广告开辟了抗击"非典"的第二战场。

2004年，央视《新闻联播》开始播放公益广告。

2005年7月盛夏,"节约创造价值"系列公益广告。

2008年5月12日,汶川大地震系列公益广告。

2008年,北京奥运会期间,"迎奥运、讲文明、树新风"的公益广告。

做公益广告应该是一个大台的担当和责任。从最初的"倡导文明之风",到"下岗职工再就业""知识改变命运""希望工程助学行动""抗击'非典'"等,公益广告涉及的范围越来越广;从最初公益广告所有的费用都是由电视台出资,到越来越多的企业参与之中,越来越多的人在关注它、认同它、加入它,公益的力量在越变越大,越来越为大众所认同。我认为,这就是大爱的力量,它能让我们的社会变得更加美好和谐。

所以,无论什么时候,我们的公益活动不仅要继续下去,而且要越做越好。承担公益活动,也应该成为所有企业义不容辞的责任,成为其经营活动中不可或缺的一部分。

第七章 盛会有我：超越，永无止境

1986年，在汉城亚运会召开之前，我对台里的同志提出"电视时效一定要超过广播，在时效上要争冠军"的要求。可是，很多人的第一反应是："这怎么可能？"纷纷反驳说我的想法是天方夜谭。

难度确实存在，根据以往重要的国际体育比赛的报道经验，电视报道一般都要比广播，甚至是报纸晚一两天。拿第九届亚运会报道来说，中国观众看到电视报道的时候，比赛已经过去两三天了。

尽管如此，我还是下定决心要打破广播的时效神话。不仅如此，我还要实现更多超越。

1. 打破广播的"时效神话"

我一直说，我们中央台这个"第一媒体"的称号是争来的。在20世纪80年代，面对着强势的对手，尤其是广播，我们曾一度处于弱势的地位。但因为我们有着不服输的精神，有着与之一较高下的决心和不断超越的勇气，所以最后我们后来者居上。

1986年10月，第10届汉城亚运会是中国体育丰收的一年。在这一届亚运会上，中国共派出了385人的代表团参加20个项目的角逐，获得94金，高居金牌榜之首。正是这样无可挑剔的成绩，奠定了中国亚洲霸主的地位。同样，这一届亚运会也是我们在体育报道领域成果丰硕的一年。成功打破了广播的"时效神话"，为我们成功超越广播媒体迈出了坚实的一步。

不过，这一步迈得并不容易，甚至可以用"艰辛"来形容。一种媒体超越另外一种媒体，要靠天时地利，也要靠人和。

中国媒体的发展经历了一个漫长的、不断更迭的过程。在20世纪50年代，报纸的话语权比较大，当时很多为人们所熟知的名记者都是《人民日报》的。而那时，中国的电视还没有诞生。

到了70年代和80年代前半期，广播是中国实际上的"第一媒体"。那时候城市家庭里几乎都有收音机，农村也有大喇叭，大喇叭一响全村都能听到。像齐越、夏青、林田、费寄平、葛兰、方明、铁成等，都是中央人民广播电台的播音员，也都是当时最知名的媒体人。

不仅是地位上的差别，就算在时效性上，在80年代前半期，电视也是要逊色于广播的。在战争年代，把延安的声音传到白色恐怖的国统区的是广播；在新中国诞生的节日里，将毛主席"中国人民从此站起来了"的声音传遍全世界的是广播；到了20世纪50年代末期，"九评""文化大革命"中"两报一刊""四人帮"粉碎的春雷、改革开放的号角……这些中国历史上最重要的时刻，最先发出声音的都是广播。

所以，在1986年，汉城亚运会召开之前，我对台里的同志提出"电视时效一定要超过广播，在时效上要争冠军"的要求时，很多人觉得这是天方夜谭。怎么可能？这是很多人的本能反应。要知道，那个时候没有卫星传送，世界上重大事件的报道都是靠电话。再加上，与广播相比，电视转播更加复杂，除了声音，还要拍摄图像、剪辑配音等。正因如此，长期以来，电视在时效性方面都远逊于广播。除了现场直播外，根据以往重要的国际体育比赛的报道经验，电视报道一般都要比广播，甚至是报纸晚一两天。拿第九届亚运会报道来说，中国观众看到电视报道的时候，比赛已经过去两三天了。新闻是最重时效性的，没有时效性，新闻的价值就会大打折扣。

可是，即便如此，我还是下定决心要打破广播时效性不可超越的神话。我对台里的年轻人说："亚运会第一块金牌的报道和金牌总数的报道一定要在电视台先播出，其他的新闻也要尽可能的快。"

可能很多人会觉得,你们这是不是一种冲动的行为?当然不是,我们是经过了研究的。我们在研究中发现,广播电台打长途电话要通过好几个总机,首先转到北京电信,再到中央人民广播电台的总机,然后才是编辑部。这个不断转接的过程肯定是要耽误时间的,所以,只要能想办法减少这些环节就有可能超越广播。

为了减少这些中间环节,争取到时效性,我们专门租了一个卫星专线。这样一来,拿起电话就能打到北京机房。除此之外,我们还做了一些其他的部署:

比如9月21日,第一块金牌诞生项目——自行车100千米接力赛,因为比赛是在韩国举行,会讲韩语肯定会占很大优势。正巧我们报道团里有个朝鲜族同事,他叫金德显。于是我就安排他去采访,并叮嘱他:"奥运会第一块金牌将产生于自行车比赛,赛场终点那儿有一部电话,你先去电话旁边守着,和现场的工作人员搞好关系,必要的时候就用他们的电话把新闻传回来,这是第一块金牌,我们一定要争第一。"

事实证明,我们的设想没有错。金德显到了现场后,韩国的工作人员见到他,知道他是朝鲜族人,还能说流利的韩语,立刻就对他亲切起来,还立即表示:"有什么需要我们帮助的尽管说,我们会帮你解决。"

一个多小时后,结果出来了,是我国运动员第一个到达终点。他打电话传来这个捷报时,有些参赛车队尚未到达终点,其他媒体也都还没有动静。于是,我们就率先在电视上打出滚动的字幕新闻,发布了这个消息。到这个时候,我们打电话向新华社那边核实消息时,那边的回答还是"不知道谁是第一"。直到半小时以后,新华社、中央人民广播电台才发稿。由此,广播时效不可超越的神话成为历史。

在那届亚运会上,不仅第一块金牌诞生的报道是我们最先传出的,最后一天金牌总数第一的消息,也是我们最先报道的。

10月5日,是汉城亚运会的倒数第二天,在这一天有6枚金牌即将诞生。更重要的是,在前一天比赛中,韩国拿下了19块金牌,这意味着韩国和中国一样,都是92枚金牌,所以,究竟谁能登上金牌榜首,就成为最后一天的最大看点。

当时还有一个很重要的情况。根据正常情况推算,在足球项目上,韩国队是最有夺金希望的,而马拉松项目上,日本是夺金热门人选,所以,中国想要击败韩国,摘得金牌桂冠,唯有寄希望于4项田径项目。

但是,竞技场上瞬息万变,悬念迭出,不到最后一刻,谁都不敢妄下定论。记得当时我给中国体育代表团团长袁伟民打电话,询问他对最后结果的看法时,他也说"很难预料"。可想而知,面对着东道主的挑战,我们中国队队员要承受着多大的压力,而我们的报道压力也可想而知。但是,不论如何,这个第一,我们是势在必得。

惊心动魄,直到现在回想起当时的情况,我还是忍不住这样感叹。时刻都有惊喜,这或许就是体育竞技的魅力所在吧。

10月5日,北京时间13:00,田径比赛正式开始。13:20,中国代表团成功将女子4×100米接力赛金牌收入囊中;13:35,中国代表团又成功将男子4×100米接力赛金牌收入囊中。

比赛进行到现在,在中国队两枚金牌进账的时候,韩国队在这一天还没有金牌进账。此时,距离亚运会结束,仅有两个项目还没有决出结果,所以,即使最后两枚金牌都被韩国队收入囊中,其金牌数也只能是和中国并列第一。中国队夺冠的希望还是很大的。

第二天,10月6日,韩国队如愿摘得足球比赛的金牌。中、韩金牌比分达到94:93,中国险胜一金。10分钟后,我们又收到男子4×400米接力赛的冠军被印度队夺走的消息,至此,中国队蝉联金牌榜总数第一终成定局。我们立刻组织人将之前已经写好的《中国队获金牌第一已成定局》的新闻稿稍加改写,交给播音员韩乔生录好,于北京时间14:15传回。14:35,中国观众率先从中央电视台获知了中国金牌总数第一的消息。这算得上是本届亚运会上最重要的一则消息。新华社和中央人民广播电台的报道比我们晚了半个小时。不仅如此,为了让电视画面更加生动有趣,我们还充分发挥电视图文并茂的优势,在前一天晚上就提前将"中国获金牌运动员的精彩镜头集锦"的画面剪辑制作好,传回了北京。这样一来,有声有图,图文并茂,在体育报道上,我们不仅打破了广播的"时效神话",还为广大观众奉献了一场真正的视听盛宴。

所以,一定不能迷信所谓的"权威""神话",就像奥运精神所追求的"更高、更快、更强"一样,在电视报道领域,我们同样需要秉持不断超越的精神。

由此我们也发现,观念上的超越是最难的,但也是最重要的。只有首先相信自己可以去超越,才会有信心和勇气去付诸行动,并最终刷新旧成绩,创造新辉煌。当然,汉城亚运会打破广播"时效神话"还只是一个开始,我们要做的还有很多。

2. 没有条件,创造条件也要去超越

我们都知道,奥运会是四年一届的体育盛会,是全世界人民的体育大餐。因此,体育报道也必将成为媒体报道追逐的焦点和媒体之间一较高下的擂台。继1986年汉城亚运会,时隔两年后,同样是在汉城,也就是现在的首尔,第24届奥运会隆重拉开序幕,共有159个国家和地区的8465名运动员(其中女运动员2476人),参加了23个大项237个单项的比赛。

这注定会是一场刻骨铭心的体育盛会,荣耀与丑闻并存。在这届奥运会100米赛中,加拿大短跑名将约翰逊以9秒79的成绩击败对手——美国名将刘易斯,刷新了纪录,震惊了田坛。但几天后,约翰逊被查出服用兴奋剂,最终被取消纪录,追回金牌,由此成了本届奥运会上最为轰动的

丑闻。

对于我们中央电视台来说，这届奥运会也同样铭心刻骨，不仅实现了"一定要超过第十届亚运会报道的规模，让广大的观众欣赏到世界最高水平比赛"的目标，也大露锋芒，风采完全盖过了我们的老大哥——广播电台。

当然，在这一过程中，我们面临着重重困难。首先就是经济上的困难。中央台是到90年代有了广告招标之后才富裕起来的，80年代的时候，我们是真的穷，穷到一个奥运盛会，我们只能派出一个只有18个同志参加的报道团。当然，也因为穷，我们不能单独租卫星路线，只能跟亚洲广播联盟和香港无线台合用一条卫星线路。如此一来，我们每天都面临着彼此协调的问题，这必然对转播的顺利进行造成一些不必要的影响。所以，在这种情况下，开动脑子，多想法子，就成为报道成功的必要条件。约翰逊和刘易斯的"百米较量"就是一个典型的例子。

对于这场比赛，所有人都充满期待。打个比方说，当时人们对这两个人的关注，就像2008年刘翔、罗伯斯谁能拿到北京奥运会男子110米栏冠军一样，就像2012年刘翔、罗伯斯、梅里特这三个飞人谁能取得伦敦奥运会男子110米栏冠军一样。

约翰逊和刘易斯这两个人的较量由来已久。1980年的8月28日，那是两个人的第一次较量，约翰逊最终以近半秒的差距失利。之后，刘易斯连续7次把约翰逊甩在后面。但是，这只是开始。5年之后，情势开始逆转。1985年，约翰逊以

10秒18的成绩第一次战胜了刘易斯。1987年的罗马大战，约翰逊更是以9秒83的成绩，让世人为之震惊，更有人将这个成绩称为将维持50～100年的"世纪纪录"。

正如2012年伦敦奥运会，中国的羽毛球运动员林丹以微弱优势险胜新加坡名将李宗伟后，人们所说的那样，"伟大的对手成就伟大的林丹"。正因为对手的强大，才成就了自身的不断强大，才有了"伟大的对决"。约翰逊和刘易斯同样也是如此。

面对着强大的对手，自从罗马失利之后，即使是自恃才气超人的刘易斯也不敢再大意。他不再忙于灌制唱片、录制磁带，也不再频频露面于电视和醉心于中国古玩，而是收回心思，重新苦练，他决心要成为更加强大的选手，战胜约翰逊。功夫不负有心人，在第24届奥运会开幕前的一个月时，刘易斯以9秒93的成绩，一改五连败的记录，取得了近两年来第一场胜利。

不仅如此，在这场备受瞩目的奥运决赛之前，在预赛、复赛和半决赛中，刘易斯都处于领先地位，且连续跑出了9秒99和9秒97的好成绩。所以，在最终的"世纪决战"之时，到底谁能取胜，这真的成了一个大大的悬念。

作为一个报道者，面对这样一场比赛，怎么能不直播呢？而且当时我们也接到不少观众打来的电话，他们希望能看到这两个人同场比赛的实况。所以，这场比赛是肯定要直播的。但是怎么直播，一度困扰着我们。

因为当时报道团只有一条卫星传送路线，且根据整个奥运会报道要"以我为主"的原则,当天 10∶00—13∶00 的体操男子单项比赛也是必然要直播的,而且,中国运动员在这个项目上有极大可能夺金。

到底怎样才能两全呢?后来我们终于想到了办法,就是现在我们已经习以为常的"切播"——报道团在体操男子比赛单项比赛比到 11∶25 的时候,将约翰逊与刘易斯的比赛镜头成功切过来。于是,电视机前的所有观众都如愿看到了这样激动人心的一幕:

1988 年 9 月 24 日下午 1 点半,一阵黑色的旋风在山摇地动般的呐喊声中,卷过汉城奥林匹克中心运动场的红色跑道。最终,约翰逊以决胜的姿态,高举着右手,充满喜悦地率先冲过了终点。

这场被人们称之为"世纪之战"的约翰逊与刘易斯的较量,在亿万人期待已久之后,以刷新世界纪录的方式落下帷幕。约翰逊成绩为 9 秒 79,刘易斯成绩为 9 秒 92,两人只差 0.13 秒。

开动脑筋,谋胜在智。体育盛会报道,不仅是个体力活,是个技术活,也是一场智慧的较量,谁动的脑子多,谁的想法好,谁才能在报道中脱颖而出。这是我们在这场"百米较量"报道中的最大收获。当然,这只是一个开始。

在所有人都在为约翰逊欢呼、呐喊的时候,谁也没有想到,三天后,该届奥运会上最轰动的丑闻会出现。

9 月 27 日,北京时间 7∶45,报道团的同志们刚到机房就听到了"约翰逊因服用兴奋剂被取消参赛资格,美国运动员刘易斯晋升为第一名"的爆炸性新闻。

原来,经过两次药物检查结果表明:约翰逊服用了大剂量的类固醇。这是国际奥委会规定禁止服用的5种药物之一。口服或注射这类药,虽然可以使运动员在训练中大幅度增长肌肉和耐力,增加成绩,但同时也会产生诸如脱发、脾气暴烈、性机能紊乱等明显的副作用,这是严重损害体育道德和违反奥林匹克精神的行为。所以经过讨论,奥委会决定取消其金牌,追回其创下的纪录。随后,国际业余田联官员也表示,约翰逊的情况极为严重,国际田联将照章办事。加拿大体育部长同样宣布终身禁止约翰逊参加加拿大队,并不得接受政府出资参加比赛。

"将军百战声名裂",随着"约翰逊丑闻"被曝出,之前辉煌的"世纪之战"立刻化为特大丑闻,约翰逊也成为本届奥运会第7个尿检不合格者和第3个因此而失去金牌的人。一时间,约翰逊和他的丑闻成为各方追逐的舆论热点,使当天的5项金牌角逐战也黯然失色。

这样一条大新闻,怎么能不报道呢?在跟新华社新闻中心打电话确定了这条消息的真实性以后,我们决定一定要尽快把这条新闻发出去。

为此,我们采取了三方面的措施:一、让记者快速去即将开始的新闻发布会现场拍相关照片;二、写文字稿,尽快传回台里,准备发字幕新闻;三、尽快口播出去。

比较棘手的是第三点。但当时的情况是,我们唯一的一条卫星线路正在转播日本和秘鲁的女排比赛,宋世雄正在现场进行解说。也就是说,要想发口播新闻,我们必须把新闻传到他那边,让他播报,然后用声音传回北京。

比这更棘手的是,宋世雄人在比赛的现场,而我们根据美国 NBC 直播的新闻发布会实况剪辑的录像是在机房。所以,机房播出的新闻,宋世雄根本不知道。这样一来,一个急需解决的问题就是:我们在播出实况剪辑录像的时候,应该由宋世雄对其进行解说。但是,因为处在两地,这很难把握。

思考过后,为了解决这个问题,我决定冒个险。我就说,我们就通过电话把解说词传送给宋世雄,这边插播的时候就告诉宋世雄念这个解说词。

就这样,宋世雄也不知道我们这边放的是什么,就把解说词念了出去。虽然效果不会像他本人在机房里做节目那样天衣无缝,甚至会给人声音和画面配合不太好的感觉,但这条重大消息终究是顺利地发出去了,我们的目的就算达到了。

后来,为了对这个事件进行持续的后续报道,我们又打起了美国 NBC 的主意。事情是这样的:

风波曝出之后,约翰逊和他的母亲及妹妹闻讯均大惊失色,十分尴尬,虽然交回了金牌,但否认服药。半小时后,也就是 9 月 27 日 10 时 50 分,约翰逊在众多保镖护送下,决定乘机赴纽约转道回国。但由于保密工作做得不好,被美国 NBC 的记者知道了这件事,于是他们跟踪到飞机场拍摄了约翰逊离开汉城的镜头,并于 11 点 20 分在他们的节目中播出了这一内容。随后，我们发现了他们用卫星传送的这条新闻，便录了下来，并于 11 点 35 分播出了这个录像。

拼力拼智，虽然报道团只有 18 个人，我们还是力争做到了最好。可以说，汉城奥运会的报道是中央电视台截止到当时，报道国际重大体育比赛当中播出次数最多的一次，也是时效性、水平最高的一次。据统计，16 天的播出总时长达 181 个小时，一天播出时间最长达 12 小时 35 分钟，最短的是 9 小时 5 分钟，平均每天播出 11 小时 31 分钟，播出量比上届奥运会增加了 1.5 倍。同时，为了让观众尽可能多了解到奥运会的全局情况和精彩比赛，我们还采取在中午和晚上播出重要新闻和专题的形式，将要闻和体育比赛汇总到一起，以此来满足更多观众的收视要求。

当然，在取得成绩的同时，我们的报道中也存有诸多遗憾。比如卫星路线少，不能根据当时的情况来改变计划，导致报道的灵活性不够；人员少，报道量又大，忙现场报道就自顾不暇了，导致现场采访和评论力度不够。但是，没有关系，我们还有下次，我们一定能在下次做得更好，因为我们有不断超越的力量和决心。

3. 是东道主，就拿出水平来

继 1988 年汉城奥运会之后，于 1990 年我们迎来了第 11 届北京亚运会。与前两次体育赛事不同，这一次，我们的身份是东道主。

在当代国际大型体育比赛中，东道主国家的电视台不仅要向本国观众报道比赛情况,更重要的是要向外来的广播电视记者提供全部比赛的国际信号和有关电视报道方面的服务。同时,由于电视形、声、色、情并茂,现场感强,具有特殊的感染力,所以任何一个主办大型运动会的东道主,都把提供电视信号的数量和质量作为衡量运动会举办得是否成功的一个重要因素。所以可想而知,我们这一次的报道任务是多么艰巨而重要。

有一点需要说明,1986年第10届亚运会的举办国韩国,除了是亚运会的举办者,还是两年后奥运会的东道主,所以他们在举行亚运会时,一切准备工作都是按照奥运会的标准进行的。因此,它的总规模比第9届新德里亚运会大很多,也让亚运会的报道水平达到了国际水平。但同时,这也给第11届亚运会树立了一个很高的标杆。那么,在讨论北京亚运会电视转播规模的时候,就不可避免地出现3种抉择:一是相当于汉城水平,二是高于汉城水平,三是低于汉城水平。

因为经济原因,组委会提出采用第三个方案,决定只在8个场馆转播实况。这个方案在亚广联会议上公布以后,与会者议论纷纷,认为中国只在8个场馆转播实况(汉城有17个现场直播场馆),就不应申请主办亚运会。对此,我们深感压力,于是向领导做了汇报,经过一番研究,最后提出了"总规模不低于汉城亚运会"的目标。

不过,提出口号容易,要想达成这一目标,还是有一定的难度的。但我们相信,有压力才有动力。在20世纪八九十年代,我们哪一次的跨越式发展不是与压力相伴?我们的团队真的是一个韧性十足的团队,每一次总是能顶得住天大的压力,所以,也总是能够赢得最后的成功。

1990年的第11届亚运会的报道也不例外,不论在报道规模,还是节目质量上,我们都达到了国际水平。正像韩国KBS体育部主任所说:"这届亚运会的电视报道规模是空前的。"由此,这一次亚运会报道也被称为中国电视发展史上的里程碑。其主要体现在这么7个方面:

报道规模的主要指标创造了亚运电视报道史上的新纪录

卫星信道,从原计划4路增加到14路;评论员席位,从原定的38个,增加到81个,后增加到122个;实况转播场馆,从原定8个,后增加到19个;国际公用信号,从原定8个,后增加到23个;外来记者接纳人数,从原计划600多人,增加到1100多人。

中央电视台为各国广播者提供的实况和节目达950小时,同时还向14个国家传送了每天50分钟的《亚运专辑》,共计13小时。一些西方通讯社还传送了电视新闻。

不只如此,亚运会的举办和报道成功,也为在国际上树立起社会主义中国的形象起了重要作用。根据统计,在亚运会期间,外国广播电视机构对中国做了时间最长、内容最生动的正面宣传和客观报道。

国际公共信号达到国际水平

(1)报道设备达到国际水准。

亚运会是国际大型综合运动会,所以对于电视转播水平的要求也非常高。除报道规模以外,还要看电视图像质量、声音质量、片头制作、节目字幕、图形、慢动作和计时计分系统。而之前，像片头、字幕、图形、慢动作和计时计分系统等，中央电视台都没有自己的设备，很多同志从未用过，甚至未见过，但这些正是反映国际水平的重要指标。所以，要达到国际水平，首先要购置有关设备。

为此，中央电视台拿出全部外汇储备共700多万美元，加上组委会提供的390万美元额度，购买了转播系统40套、摄像机73台、录像机277台、微波40套、监视器1000多台、NEG60部。另外，我们向地方电视台借用了5辆转播车。这就为高水平的转播提供了坚实的物质基础。

（2）电视节目片头制作精美。

按照惯例，大型体育运动会开幕式、闭幕式和每一个项目比赛开始，都要播放制作精美的动画片头。这一届，我们共制作了30个片头，其中总片头1个，30秒钟，项目片头29个，每个20秒钟。这一届的片头制作是由中央电视台同中国科学院软件研究所和机电部南方CAD研究中心合作，使用三维动画设备制作。其中总片头色彩鲜艳，动作逼真，立体感强，受到各国广播者的欢迎。而且，与上届亚运会和奥运会的片头制作相比，我们是既省时又省钱的。前者片头是请美国制作的，据说制作奥运片头花了一年多时间，耗资50万美元。而我们只用了100天的时间，花了25000元人民币。

（3）字幕、图形和计时计分系统更完善。

大家观看体育转播时，肯定都十分关心比分，所以与比分相关的各种信息的播报就十分重要。比如游泳比赛时，运动员起跳以后，大家想在屏幕上看到运动员的用时；比如足球比赛时，在运动员踢进球后，希望能马上知道运动员的名字、号码；比如某项目决出金牌后，希望能马上出现优胜者的名字、国籍、国旗、奖牌的图形；再如为了给电视评论员提供材料，还要列出这个项目的奥运会纪录、世界纪录、亚洲纪录、亚运会纪录等。在这次亚运会上，我们基本做到了根据比赛情况随时调出有关数据或图像，显示在电视屏幕上，且反应很快，最快的2秒钟，一般8~10秒钟，速度同汉城奥运会不相上下。

（4）遥控摄像机和微型摄像机的使用，丰富了电视画面。

在这一届亚运会上，我们的电视画面比以前更加丰富了，而这都得益于遥控摄像机和微型摄像机的使用。比如在游泳比赛中，大家看到的运动员游泳的水下镜头，这是用遥控摄像机拍的，机器安装在游泳池底部，摄像员采取遥控方式进行操作。再如，在体操比赛中，大家看到单杠、双杠和鞍马的空拍镜头，用的是吊在空中的微型摄像机。通过这些设备的使用，可以让许多现场观众看到运动员的更多动作，这大大提高了可视性。所有这些，都达到了国际水平。

之后，为了表达对东道主电视转播的高度评价，由中外专家组成顾问委员会发起倡议，评选国际共用信号的最佳节目。经过认真评议，游泳、举重和田径中径赛的电视转播被评为东道主最佳转播项目，公路自行车、赛艇、男子50千米竞走被评为东道主ENG拍摄的最佳节目。此外，顾问委员会提出，给开幕式和体操的转播以特别奖励。大型运动会的转播中最难的是开幕式、游泳、体操和田径，这几项同时被评为最佳节目或特别奖，这对东道主来说是极高的荣誉。

时效性更快

在新闻报道中，对于时效性的追求是永恒的，北京亚运会同样也不例外。在这一届亚运会上，有中外记者5000多人，各显神通，都要争一个"快"字。境外广播电视机构，比如日本的NHK，韩国的KBS、MBC，香港的TVB、ATV，新加坡电视台，台湾的3家电视台都租用了卫星天线，全天候传送节目。所以，为了争取更强的时效性，我们更需要下更大功夫。

为此，我们利用场馆有国际信号和固定采访组的有利条件，采取同步播出新闻（重要项目的决赛都搞现场转播）、主持人插播刚刚发生的消息、用字幕方式报告快讯等3种方式播出新闻。在亚运会期间，田径、游泳、体操、举重等主要项目的金牌都是同步播出的，未搞实况直播的金牌获得情况也是在决出几分钟后播出的。我们的速度之快是前所未有的，令外国广播电视机构望尘莫及。

信息量大

信息量大小，是衡量新闻报道成功与否的一个重要因素。为了让观众了解到更多赛场情况，在《亚运赛场》中，我们采取主持人直播报道方式，把主持人直播和现场实况交叉播出，就是以转播一场精彩比赛为主，不时切出其他项目比赛的精彩片段，同时口播没有进行实况转播的项目的比赛结果。观众可以从一个屏幕上了解到很多赛场的信息,欣赏到好几个赛场的精彩场面。

国内亚运会报道创国际大型运动会报道纪录

同过去国际大型运动会相比,这一届有很大不同。前者是在国外召开,后者是在北京举行。所以与之前相比,这次亚运会的宣传时间更长,报道规模更大,当然,取得的社会效果也是空前的。这一次,我们对亚运会的宣传分为3个阶段:

一是准备阶段的宣传。准备工作在开幕前500天就开始了,同时,随着距离亚运会开幕的时间越近,宣传报道也跟着由浅入深地加强。现场直播的火炬点火仪式和终交仪式,更是报道宣传的高潮,当然这也是全国人民的爱国主义精神的大动员。

二是在亚运会期间的宣传。为了最大限度地满足亿万观众的需要,力求使各类不同观众可以各取所需,中央电视台在亚运会期间打乱了正常节目的安排,3套节目都延长了播出时间。

三是亚运会闭幕后的宣传。主要是回顾了从申请举办亚运会到亚运会圆满成功的风风雨雨,以激发人民的爱国主义激情。

对外宣传打了一个翻身仗

亚运会期间,除了对内报道,我们还向海外12个国家的电视机构寄送了节目,包括美国、加拿大的6个中文台,还有美国旧金山第38台和欧洲同一世界频道等,同时,还向

160个我国驻外使领馆分别寄发了亚运会开幕式、闭幕式、《中国纪实》《专题报道》和实况录像等100个节目，寄送了亚运会节目录像带2200盘，计2600小时。

上述节目都是连夜赶制，并于次日凌晨由国际航班运送给海外各地电视机构播出。由于寄发及时，节目内容精彩，海外许多电视机构都在黄金时间播放。洛杉矶华美电视台过去播台湾节目，亚运会开始以后要求播亚运会节目，我们提出必须去掉"中华民国新闻"的名称，他们同意改为"华美新闻"。休斯顿美南联合华语电视台是当地唯一的中文台，过去不播我们的节目，这次开始播15分钟新闻，后来播1小时亚运会节目。

另外，中央电视台还给欧洲同一世界频道提供了节目。这个频道，西欧和东欧各国均可以收看，开始是每天播出半小时，两天后改为50分钟。这个频道的负责人说，节目的收视率极高。

由于这些节目的播出，亚运会成为这些地区的热门话题。而这种争相播放中国内地节目的情况，过去是没有的。所以朱穆之同志就说，对外宣传打了一个翻身仗。

重视感情"投资"，服务热情周到

在当代国际大型综合性运动会上，电视机构都需要购买报道权，所以东道主都需要建立国际广播中心，为外来电视记者制作和传送节目提供条件。为此，我们贷款1400万美元同日本NHK合资兴建了梅地亚中心。这个中心包括节目制作区、宾馆、公寓、餐馆、邮电通信、购物中心，是功能最全的国际广播中心。在这个中心，各广播者可以接收19个场馆和主新闻中心的23路电视信号，还可以在演播室加评论。

亚运会期间，广播电视委员会接待了33个国家和地区的83个广播电视电影机构的记者，人数达1102人，占外来记者总数的近一半，相当于上届汉城亚运会外来广播电视记者的两倍。为满足他们的要求，我们采取了许多措施：如热情安排他们要求进行的采访活动；定期吹风，提供信息；开幕前和闭幕后分别举行酒会招待外来广播电视记者，还邀各国记者游览、联欢；在IBC成立顾问委员会和新闻部，及时沟通情况，保证了评论席位、卫星线路以及现场采访的拍摄等转播事宜的及时落实解决。

通过这些措施，我们交了很多朋友。后来在巴塞罗那奥运会上，亚洲其他国家的广播记者见到我国记者都觉得非常亲切，同时，他们也觉得在北京亚运会期间的日日夜夜都很值得怀念。我觉得，这是对我们最大的肯定。

4. "小米加步枪"的奋斗

1992年的第25届巴塞罗那奥运会，是我上任为央视台长之后的第1届奥运会。上任不到一年，我便率央视采访团随中国体育代表团出战巴塞罗那奥运会去了。

有人戏称这次奥运会是"小米加步枪"的奋斗，事实上的确是这个样子，我们看这样一个比较就知道了：

参加此次奥运会报道的广播电视机构共有300家。其中，电视转播权更是被美国全国广播公司（NBC）以4.01亿美元购得。NBC 广播公司派出了 1300 人参加奥运会。他们在每个场馆都安装了自己的转播设备，并设有专用车队、专用餐厅，宽敞明亮的机房外还有专门警卫站岗。甚至，体育部主任还带来了自己的夫人。其他，如日本 NHK 广播公司派出 370 人，加上 TBS 等民间电视台共 800 人，报道权费为 5600 万美元。韩国 KBS 派出 97 人，报道权费为 750 万美元。

但是我们呢？我们只有 28 人，报道权费为 30 万美元，没有直播间，没有专用车队，出去采访只能挤公共汽车，更不可能有什么专用餐厅、机房。我们只有一个 10 平方米的办公室，租金是每平方米 1000 美元。就是这样一个小地方，还得用隔板隔出一片地方供播音员用来做配音间。

不只是这样，为了节省开支，机房也是与香港无线电视台共用的。设备、演播室是租借香港无线电视台的。而为防止杂音，每次播音时，我们全都要到走廊去接电话、吃饭。所以，那个时候，我们真是深受刺激。当时我就跟大家说，下次再搞大型的国际转播，中央电视台必须有自己的机房。后来，我们的愿望真的实现了，到广岛亚运会时，我们就有了自己的机房。

但是，设备简单并不意味着我们会"缴械投降"，越是这样，我们越是铆足了劲，势要与其他报道团队一较高下。我们深知，荣誉与成功不会自己主动找上门来，而是来自不懈的拼搏。

后来，我们用事实证明了"小米加步枪"也能扛得过"洋枪大炮"。这次我们在巴塞罗那奥运会期间的表现，不仅得到了各国同行的赞誉，也得到了很多中央领导同志的肯定。比如，李铁映同志这样称赞我们的报道：具有大国风范和大台风度。关于这次报道，我觉得有这么3个方面的突破：

报道时间上的突破。

在这次奥运会上，央视报道团的播出时间是250个小时，超过了美国（200小时）、日本（200小时）、韩国（180小时），仅次于东道主西班牙电视台。

时效和采访素材上的突破。

过去在国际体育比赛中，我们常常采用香港无线电视台的采访素材，甚至现场直播也用他们的录像带。这样做的一个很重要的原因就是我们的很多记者不懂英语。在这次巴塞罗那奥运会上，我决心要打破这种惯例。于是，我就提出要求：对拿金牌的中国选手要做到第一个采访！为此我还说，不懂英语的不要去。于是，为了这次的巴塞罗那之行，我们专门挑选了一批懂英语、年富力强的记者。

他们也不负众望。比如在一次游泳比赛中，中国的杨文意获得金牌，香港无线电视台记者火速奔赴现场准备采访，本以为能在报道速度上拿个第一，没想到这名记者赶到游泳池的时候，央视的记者已把杨文意"截获"，从而带来了"中央电视台不再用外台的采访素材，而是香港无线电视台用CCTV素材"的新变化。

不只如此，在这届奥运会的报道上，我们不仅转播了中国队的优势项目，而且以最快的速度采访了所有得到金牌的中国运动员，这让我们的同行们不得不刮目相看。对此，我们的香港同行感慨道:"央视今非昔比了。"

实现在奥运会开幕式进行直播的突破。

在本届奥运会之前,对于开幕式的报道,我们一直是采取实况转播的方式。终于,在经过几次经验积累之后,在1992年巴塞罗那奥运会上,我们厚积薄发,对开幕式实现了直播。

开幕式于7月25日当地时间晚8点整在蒙锥克体育场举行。西班牙国王卡洛斯、国际奥委会主席萨马兰奇和来自24个国家的首脑和政府要员都出席了大会。全国的观众终于在同一时刻,看到了一场精彩纷呈的开幕式表演。

在火炬接力过程中,观众惊喜地看到了国外人士(相对于东道主的国外)的参加,其中包括中国内地6名、中国台北2名,这在奥运史上是第一次。同时,在火炬手的队伍中,大家还看到了国际奥委会主席萨马兰奇的身影。72岁高龄的他手持火炬,在巴塞罗那附近的一个小城中,兴致勃勃地跑了1000米,这也让他成为奥运史上第一位直接参加火炬传递的国际奥委会主席。

在火炬传到主会场准备射箭点火这个环节,观众看到了一位残疾人,他从轮椅上站起来,用火种点燃箭头,然后准确地射向70米远、21米高的圣火台,圣火随之而起。他是37岁的巴塞罗那选手雷波洛(Antonio Rebollo),是1984年和1988年两届残疾人奥运会射箭银、铜牌获得者。据说,为了表演这项绝技,他练了不下2000次。

在开幕式上,观众还看到了一面巨幅的奥林匹克五环旗，这旗巨大到能覆盖会场中的所有代表团。这是大会为此次奥运会特制的，象征着奥林匹克大家庭的团结、和谐与完美。

5. 成绩比面子重要

在 1992 年的巴塞罗那奥运会上，我提议对当时的国际奥委会主席萨马兰奇进行采访，但不少人提出了反对意见，他们认为，萨马兰奇素来极少接受采访，他那么忙碌，每个国家的媒体都想采访他，但又有谁能得到机会呢？而且，当时中央台在国际上的地位远非现在可比，全世界有那么多电视台，他拒绝的可能性很大。如果我们的采访意愿被拒绝，岂不是很丢面子吗？

虽然这的确是一个问题，但是，考虑再三，我还是觉得成绩比面子重要。

而且，中国电视观众多，报道量大，这也是一个优势，我觉得还是要尝试一下。为了使事情更加顺利，我还找到与萨马兰奇有着深厚友谊的中国奥委会主席何振梁，希望他帮助"疏通"一下。

出乎大家意料的是，萨马兰奇竟然很痛快地答应了，他说："可以不接受别的国家记者采访，但是中国电视台记者的采访我接受！"

采访安排在他的办公室进行，我亲自上阵，带了一个翻译。另外，新华社的同志得知我们要采访萨马兰奇，也参与了进来。其实，我本身并不是很擅言辞的人，但在那一次的整个采访过程中,我没有拘束感,感觉很自然。我想,这或许就是一种缘分吧。

采访很顺利,萨马兰奇表现得非常友好、随和,他首先对中国运动员所取得的优异成绩表示祝贺,并且评价说:"中国选手表现得很好,比意料中的还要好。"随后,在我们向他介绍了央视对这次奥运会的报道情况后,他对我们的报道效率给予了赞赏。

而当我们向他讲到中国观众踊跃观看奥运会比赛的盛况时,他立即问:"我给邓亚萍发奖,你们播了没有?"当听到我说"不仅新闻播了,而且还有现场直播,拍了专题报道……"他非常高兴,还给我们讲了一个鲜为人知的小故事:

原来1990年,他在北京第一次见到邓亚萍时,听过邓亚萍唱的一首歌——《我的未来不是梦》,当即,他便对邓亚萍说:"如果你能在巴塞罗那得到金牌,我会亲自给你颁奖。"结果,邓亚萍真的拿到了金牌,而他也说到做到,兑现了当初的承诺。

那一次,中央电视台是为数不多的采访到萨马兰奇的几家电视台之一,我想这其中一个很重要的原因,就是萨马兰奇对中国的喜爱吧!他是当之无愧的中国人民的老朋友。可以说,从担任国际奥委会副主席之时,他就一直关心和支持着中国的体育事业。

1979年,中国成功重返国际奥林匹克大家庭,他在中间做了不少的工作。

中国运动员在世界体育比赛中取得优异成绩,他都来电祝贺。1984年洛杉矶奥运会上,中国运动员许海峰成为中国第一位奥运冠军,是他亲手为他颁发的金牌。从这个意义上说,他也算是中国历史上第一枚奥运金牌的见证者。

而他与中国乒乓球运动员邓亚萍之间的忘年交更是国际体坛的一段佳话。热爱乒乓球运动的萨马兰奇很是赞赏邓亚萍精湛的球艺,更佩服她敢于向强手挑战又不服输的劲头。他曾说:"邓亚萍那种不服输的劲头,代表了运动员的风貌。"1991年5月在日本千叶县举办的世界锦标赛女单决赛中,萨马兰奇亲自为她颁发了盖斯特杯,并邀请她去国际奥委会总部做客。10月,邓亚萍践约去访,萨马兰奇亲自为她安排活动日程,并在总部请她吃饭。

当然,在中国申奥成功的功劳簿中,一定也不能少了他。2001年7月13日,萨马兰奇在莫斯科举行的国际奥委会第112次全会上,宣布北京市获得2008年奥运会主办权的那一幕,也必将永远定格在中国人民的心中。

对于这样一位中国人民的老朋友,我们产生对其进行采访的念头,就是顺其自然的事情了。还有非常重要的一点,素有"地中海明珠"之称的巴塞罗那还是萨马兰奇的故乡,曾申办过1924年、1936年和1940年的3届奥运会,但均未成功。所以,这次的夙愿以偿必然也让萨马兰奇感到非常欣慰。

现在每每回想起那个时候,我都还是感慨颇深,那些荣誉真是一点点拼出来的。在1992年巴塞罗那奥运会报道中,虽然我们还算不上强者，但是真正的勇者。正所谓"狭路相逢勇者胜"，因为我们勇于超越，不惧挑战，所以才收获了一次又一次的旗开得胜。

6. "杨台长，你有什么秘诀吗？"

为什么我们能够在体育报道领域不断取得突破？即使是在经济、人才等各方面条件都受到限制的情况下。

经常有人问我："杨台长，你有什么秘诀吗？"

如果说有，那就只有一个，就是我们相信超越永无止境。正是在这样一种坚定信念的支撑下，我们不惧任何困难与条件，勇往直前，才实现了一个又一个的突破。

每一次的进步和突破，都是在超越自我和对手的基础上完成的。夏季奥运会报道团人数不断增加和报道规模不断扩大就是其中的一个典型代表。

1984年洛杉矶奥运会，中央电视台只派出了5个人到洛杉矶，成功地转播了开幕式、闭幕式、体操、游泳、跳水、举重、击剑、手球、篮球、排球、足球、柔道等比赛。那是"中国电视观众第一次通过国际通信卫星看到的奥运会实况"，虽然与当时的最高水准相比，我国的奥运会报道才刚刚起步，但还是引起了强烈的反响。《许海峰勇夺奥运会第一枚金牌，实现我国奥运会第一枚金牌零的突破》的新闻，还在1984年"全国好新闻"评选中荣获了一等奖。

1988年汉城奥运会，中央电视台去了18人，人数较上届多翻了两番，且无论是播出总量、报道方式都大大超过洛杉矶奥运会的电视报道。此次报道总时量为180小时，转播96场，其中60场直播，报道方式有新闻、字幕新闻、奥运特辑、现场直播、录像剪辑、交叉转播、英语新闻等。

1992年巴塞罗那奥运会，中央电视台虽然只去了25人，但奥运报道开始从"相对原始"转向"较为先进"，开始大量增加自己的采访和制作，首创了后方演播室工作模式，且将电视播出时间由早上8点半改为6点25分。

1995年，中央电视台开设专门的体育频道，有了这个平台，我们的奥运会节目在播出数量上有了实质性的增加。

1996年亚特兰大奥运会，中央电视台在比赛现场的人数增加到60多人，并拥有了将近300平方米的包括演播室、播送中心和办公区等在内的独立的报道中心。在这届奥运会上，我们制作出了近600小时的奥运节目。其中现场直播502小时，实况录像96小时，报道量仅次于东道主美国。而且，体育频道在奥运会期间实现了24小时昼夜连续报道以及租用两条国际通信卫星线路进行越洋双向传送直播《奥运亲人热线》节目。中央电视台在奥运会上的表现开始被西方同行评价为"有模有样"。

此后的2000年悉尼奥运会、2004年雅典奥运会、2008年北京奥运会和2012年的伦敦奥运会，每一次盛会报道都是一次新的超越与再超越。而这些成功的取得，永远也离不开"超越，永无止境"的精神支撑。所以我始终都认为，具有不断追求与超越的精神，才是一个团队不断成长与进步的关键要素。

第八章 世界舞台:『走出去』更精彩

1992年,我们正式提出"建成同中国大国地位相称的世界大电视台"的口号,到1993年,又明确提出"建设世界一流大台"这一概念。但是,这引来了不同的意见。

"杨伟光,你胆子真大,不想要乌纱帽了?"

"你这是搞大跃进!"

"你是不是搞得太快了?"

不仅亲人、朋友为我捏着一把汗,台里很多人也持反对意见……

1. 在争议中前行

在 1991 年以前，中央电视台开展对外宣传的方式，主要是向我国驻外使馆和少数海外华语电视台寄送节目。邮寄时间一般需要一周左右，所以，当中央电视台国际频道在有线电视启播仪式。我们用这种方式将很多重要新闻寄到那边时，已经是明日黄花了。因为这个事情，当时采用我们提供的录像带的华人电视台的负责人到北京时，纷纷向一些上级领导表达对我们的不满。这让我们很尴尬，也很没有面子。

其实不只是邮寄时间过长的问题，我们当时提供的录像带技术含量也很低，内容编排更是很不合理，并且每年寄送节目数量只有 100 小时左右。如此一来，我们录制的节目在海外播出所产生的影响力自然不大，与我国的国际地位很不相称。所以，那时候台里的领导经常挨批评。

那个时候，经过几年的大跨越发展，中央电视台在国内已经是当之无愧的"老大"了，甚至在亚洲也有了一定的声名和威望。但是在国际舞台上，我们还没有自己的地位，在对外宣传中也没有自己的话语权。

追齐美国 ABC、英国 BBC、日本 NHK，把中央电视台建成世界闻名的旗舰大台，这一直是我的梦想。中国，一个泱泱大国，也应该有一个世界级的电视台与之相配。而央视作为国家电视台，理应担起这一重任。就这样，我们开始把目光瞄向国际大舞台。

中央电视台国际频道在有线电视启播仪式。

但是,这个世界级的大电视台应该是什么样子的呢?只有先定义清楚了目标,才能更有效地行动。为了说明这个问题,在1992年,我专门写了一篇文章,叫《解放思想,真抓实干,为把中央电视台建成世界大电视台而努力》。我认为,一个世界大电视台需要具备这样一些条件:

(1)各级领导能够牢牢把握宣传的正确导向,在宣传中能全面贯彻党的"一个中心,两个基本点"的基本路线,坚持为社会主义、为人民服务的方向。

(2)在国内具有权威地位,是公认的最有实力、能代表国家最高水平的电视台。

(3)发布新闻、传达政令,是发布国内、国际要闻的权威部门,办成"要闻总汇"。

（4）要有制作高质量节目的能力，能汇集全世界、全国电视系统和全社会的优秀节目，丰富自己的屏幕。

（5）要紧紧盯住世界先进水平，拥有世界一流水平的技术设备、技术质量和技术标准，达到国际先进水平。

（6）管理水平较高，能胜任大型运动会和国际会议等重大活动的报道和卫星传送业务。

（7）有自己的对外电视宣传网络，有能力把中国的电视节目推向世界录像市场。

（8）在国际广播电视组织中有一定的地位，同世界各国和地区的电视机构有广泛的联系。

（9）有组织和承办大中型国际电视组织会议的能力。

（10）有一批高水平的编导、记者、翻译、主持人、高级技术专家、高级管理专家和经营专家，而且在国内和国际有相当的地位和影响。

我们还进一步提出了更加明确的努力方向，主要包括这么几点：解放思想，更新观念，重点应该理清诸如"我们是靠国家拨款发展，还是靠自己的力量发展中国电视事业？""台里有了钱，是存在银行吃利息好呢，还是把它投入到建设和事业中去？"等问题；正确掌握宣传舆论的导向，宣传深化改革、扩大开放的情况和经验；利用当前大好时机，大胆地发展事业建设；深化台内改革，开源节流，为台的事业发展积累资金；加强台内团结；加强公关工作；注意工作方法，团结一切可以团结的力量，调动一切积极因素，同心同德，开拓我台工作的新局面；加强党的领导和队伍建设。

好事多磨，这个计划一度面临过被搁置的危险。在1992年，我们正式提出"建成同中国大国地位相称的世界大电视台"的口号之后，立马引来了不同的意见。

"杨伟光，你胆子真大，不想要乌纱帽了？"

"你这是搞大跃进！"

"你是不是搞得太快了？"

不仅亲人、朋友为我捏着一把汗，台里很多人也持反对意见。他们说现在还不是提建设大台的时候，因为中央电视台当时还很落后，而且很缺钱。还有人说，我们在国内跟省台比还是高的。但是我觉得，怎么能这么比呢？中央电视台跟省台比就没意思了，我们要跟世界大台比。

不过好在虽然存在过争议，我们还是坚持了下来。这其中跟中央领导和同志们的支持是分不开的。所以，我想我是幸运的，在每个关键时刻，总是能得到中央及领导的重视，也得到全系统、全社会、全台干部、职工的支持。如果没有这些支持，很多改革都无法进行下去。

1993年，就在大家为了"建设大台"的提议议论纷纷时，丁关根同志说话了："我看了你们台出版的《电视研究》，杨伟光，你写了一篇文章，你很有气魄！我看了那些内容，不是空话，你提出的措施，都是可以操作的，是很实在的!"

丁关根同志这么一讲,大家不说话了。建立世界一流大台的目标正式确认,从那以后,全台上下开始为着这一共同的目标而一起努力。

不管是做事业还是做人,都需要有梦想。我认为,在很大程度上,梦想等同于信仰。它代表着一种坚韧,一种奋进,也代表着一种披荆斩棘、不轻易放弃的勇气。在开疆拓土的过程中,尤其需要这样一种精神。没有这种精神,我们就成不了勇者,更成不了强者。

2. 迈稳"走出去"第一步

1991年,广电部党组决定开办中央电视台国际频道(第四套节目),首先向亚太地区播出。这后来被称为"中国电视走向世界的第一场战役"。但开办中央电视台国际频道,需要一大笔资金,可当时财政部每年360万的对外宣传费是用于给驻外使馆寄送录像专用带的。没有钱,国际频道的开播就显得遥遥无期。

但是,我深知发展卫星电视是世界潮流,一旦丧失先机,要付出的代价会更大。同时,我认为中国虽然是发展中国家,但已是一个电视大国,如果墨守成规,不思进取,那将是对国家与民族的不负责任。所以,在升任台长之后,我下定决心,一定要开办第四套国际频道,就算财政部不给钱也要办。

说干就干,再难也要干。为落实广电部党组的决策,台里先是成立了筹备组,由我分工主持筹建工作,并从台内抽调了十几个人,由张长明牵头组成第四套节目部筹备组。

筹备组将第一个对象瞄向了台湾地区。这么做是基于这样的考量:虽然海峡两岸长期阻隔,民众的收视习惯显然也有很大的差异,但是很多台湾的民众还是很喜欢看中央电视台的节目,也有通过中央电视台了解大陆近况的愿望。在这样的情况下,与时俱进地调整节目设置,以便更好地满足台湾同胞的收视需求,就成了我们的必然选择。

《天涯共此时》就是在这种指导思想下诞生的电视节目。这是一个针对台湾地区观众的栏目,以关注两岸民生民计的社会话题为内容,每期一个主题,采用两岸连线互动的方式,以达到两岸共同关注的热点问题深入化,使观众在风趣幽默中得到有用的信息、知识,以促进两岸人民的相互了解。

初战告捷。《天涯共此时》一经播出,立刻引起好评,大大增强了我们的信心。于是,借着这个东风,在福建厦门开各省台外宣会议时,我们宣布了中央电视台国际卫星电视要上马的消息,并借着这个机会向财政部申请资金。

这次事情没有那么顺利了,财政部没有这笔预算。无奈之下,我们只能将国际频道的开播计划推迟实施。但这并不意味着我放弃了。1991年12月,我出任中央电视台台长,明确提出"中央给钱我们要办第四套节目,中央不给钱我们也要办"。而为了落实这一点,也是1991年12月,我们在河北白洋淀召开了干部会议,研讨电视对外宣传的发展战略。

马瑞流、徐雄雄、高长龄、赵宇辉和其他海外中心的同志们都出席了会议。

根据大家讨论的意见，最后我总结提出"建立两个电视外宣网络"的决议，即天上一张网，通过卫星传送覆盖全球；地上一张网，建立全球销售中国电视节目的网络。与此同时，为了解决内宣与外宣一条腿粗、一条腿细的问题，我们还提出应大力发展与我国国际地位相适应的电视外宣。

这次会议上形成的电视外宣发展思路得到了时任中宣部部长丁关根和时任广电部部长艾知生的赞许和支持。由此，开办国际频道也成为板上钉钉的事情。

经过几个月的准备，到1992年10月1日，中央电视台国际频道终于正式开播了，通过卫星覆盖亚太地区近百个国家和地区。

关于节目的定位，我们将其定位于重点为海外5000万华人华侨服务。概括地说，这是一个以中文节目为主体，以海外华人华侨为主要收视对象，以新闻信息类节目为主，同时包含专题服务类节目、文艺类节目的综合电视频道。

而关于钱的问题，我们经过商量决定，节目的钱我们自己出。我们中央台有多套节目，把精华输送给国际频道就可以支撑一段时间。等节目上马之后，再让国际频道逐渐产生造血功能。

国际频道的开播，不仅对中央电视台来说意义重大，对于中国的外宣活动，也具有同等重要的意义。它结束了中国以航空邮寄节目开展外宣的历史，开启了通过卫星传播电视节目的新阶段，同时，这也是中央电视台唯一一个面向全球播出的中文频道。原中央外宣办主任赵启正曾在一次会议上这么说："中央电视台依靠自己的人力、物力和财力开展外宣，值得赞扬。"

有了国际频道之后，远在海外的华人华侨终于能够在外边看到祖国大陆的发展态势，听到祖国大陆的消息、声音了。据了解，一些海外华人华侨把收看中央电视台国际频道节目当成每日必办的一件大事，通过看电视了解祖国的发展，教育子孙后代。而能够为我们的海外同胞们做一些我力所能及的事情，我感到既满足又骄傲。

此后，根据中央的要求，我们又先后几次做出重大决策，进一步扩大了中国电视"走出去"的规模。

1993年1月1日，中宣部、广电部批准了中央电视台租用国际卫星向美国传送电视节目的报告，允许中央台每天向美国传送一小时中、英文新闻和新闻性节目。

1993年8月8日，"美洲东方卫星电视"在美国开播。据统计，我国是第九个在美国本土开办电视台的国家。每天从12：00至24：00播出中、英文节目12小时，其中有8个小时是中央电视台提供的，新闻是主要内容。那边的观众也能看到《东方时空》《东西南北中》《综艺大观》等在国内很受欢迎的节目，且播出反映很好。

也是在1993年这一年，我们支持徐展堂先生在欧洲创办了"欧洲东方中文卫视"，播出我们的新闻节目。

1995年1月1日，国际频道对外实行全天24小时播出。

有人说，从中央电视台国际频道开播到全天 24 小时对外传送节目，是中国电视奏响的走向世界的第一个华彩乐章。可是，对于我们来说，这只不过是第一步，之后的路更长更远，我们想要实现的目标更大更强。

3. 让世界"看到真正的中国"

萨摩亚一位高级领导人说："我国很多人都对'中国电视周'感兴趣，这些电视片很好，较全面地介绍了中国及中国发生的变化，同时也照顾到了各种人的兴趣。"

乍得共和国一位高级领导的夫人说，她特别喜欢《中国》《中国儿童》《中国杂技》等节目，并推荐给其他人看。

1994 年国庆期间，世界上 127 个国家和地区的 1650 家电视台成功举办了"中国电视周"。这是我国第一次以国家电视台的名义在如此大范围内举办"中国电视周"，这也是 1992 年 10 月 1 日中国中央电视台国际频道开播之后，中央电视台成功主办的又一场外宣活动。

事实上，早在研究国庆 45 周年的宣传方案时，我就想，为什么不利用国庆 45 周年的契机，制作一批介绍中国的电视节目，来向世界展示新中国的风貌呢？

就这样，计划被提上了日程。和以往的节目不同，在筹办之初，我们就把"中国电视周"的焦点对准海外各国的主流社会，并打算将节目在不同国家和地区的电视台用当地语言播出。

因为这是我国第一次用最有效的传媒大规模地向世界各

国人民直接介绍中国，所以台里的领导都十分重视。提前一年多，我们就开始准备了。为办好这次电视周，我们付出了很多努力：

首先，我们特别制作了22小时50分钟的各类电视节目，其中包括专题节目12集、动画片11集、电视剧8部16集。这些节目除了制作中文版，还制作成了英、法、俄、德、西班牙、阿拉伯等9个语种的外文版。

其次，专题节目，如《中国》《中国老人》《中国儿童》《今日西藏》《中国科技》《中国杂技》《中国饮食》《中国功夫》《外国人在中国》等，介绍了中国的政治、经济、历史、文化、民族、人口、地理等情况以及中国改革开放所取得的巨大成就，既有古老文明，又有现代辉煌。

同时，我们还向一些第三世界国家免费赠送了一批优秀的中国电视剧，均取得很好的反响。比较典型的是缅甸电视台播放的《西游记》，其收视之火爆超出所有人预料。据说，每到电视剧播放时，缅甸万人空巷，连犯罪活动都很少发生。功夫不负有心人，让我们倍感欣慰的是，展播活动开始后，效果很不错。1993年10月1日，展播活动首先在越南国家电视台开始，随即引起了巨大的轰动。我国驻越南大使馆来函称："每当电视剧《宋庆龄和她的姊妹们》播出时，人们纷纷赶回家去收看，街上行人、摩托车和交通事故明显减少，电影院几乎没有人。"

之后，从1994年10月1日起，在世界范围内举办"中国电视周"的计划亦是成效不俗。与中央电视台签署了举办

"中国电视周"的协议，收到中央电视台节目的各国、各地区电视台都相继举办了"中国电视周"，且许多台安排在黄金时间播出。经统计，举办国家和地区数量呈逐渐增多的趋势，最后达到127个国家和地区，占当时与我国建交国家的80%。

节目播出后，他们普遍反映中国电视节目内容丰富多彩，老少皆宜，是他们看到的最好的电视节目，是了解中国的一个重要窗口。澳门的报纸以大量篇幅发表文章，赞扬"中国电视周"节目"多姿多彩，琳琅满目，资料翔实，镜头珍贵，趣味盎然"。

安哥拉人民电视台、格鲁吉亚电视机构、第比利斯电视公司、萨摩亚最大的华人公司、乌拉圭国家电视台举办"中国电视周"后，工作人员纷纷赞扬中国改革开放后出现的新面貌。他们表示将以中国改革开放的成就及发展经验作为自己国家经济改革的借鉴。

一些国家因受到西方国家宣传影响，对中国抱有偏见的观众，看过中国的节目后认识有了改变，他们说"看到了真正的中国"。鉴于这次活动的重大影响和空前成功，经过商量，台里决定将成功举办"中国电视周"列入1994年中央电视台的10件大事之一。为表彰"中国电视周"圆满成功，中央外宣办还向中央电视台颁发了"国庆45周年对外宣传成绩卓著"奖牌。时任外宣办主任的曾建徽说："举办'中国电视周'的国家之多，覆盖面之广，是前所未有的。中央电视台作为全国对外宣传的主力军，通过举办电视周，集中兵力打胜了电视外宣的一个重大战役。"

4. 稳扎稳打"三大战役"

"中国电视周"的成功举办，为世界了解中国开辟了一个新的窗口，使世界广大观众进一步加深了对历史上的中国和今天的中国的了解，增强了对中国改革开放的社会主义现代化建设前景的信任感，大大提升了中国的国际影响力，并为之后中国与其他国家的交流与合作奠定了更加坚实的基础。

但是，这远远还不是停下来的时候，我们距离自己的最终目标还有很大距离。1995年5月25日，为了更好地实施目标，明确奋斗方向，在海外中心干部会议上，我们明确地提出："电视外宣分三步走。第一步，先办好一个中文频道覆盖全球，为全世界近5000万华人华侨和懂中文的外国朋友服务，这一步已经完成；第二步，创办一个英语频道，要把国际频道的节目送上卫星传遍全球，进入外国主流社会，这一步争取在一两年内完成；第三步，建设多语种的外语新闻频道，如西班牙语、法语频道，争取到2000年把在联合国使用的5种语言频道都办起来。到了那个时候，我们就成了真正的世界大台了。"

为了一步步靠近目标，继1992年国际频道（CCTV-4）开播后，我们在1996年又向前跨越了一步，实现了中央电视台节目信号的全球覆盖。

中央电视台同美国泛美卫星公司签订租用卫星转发器仪式。从此，中央电视台国际频道可以传送到世界96%的地区。

1996年4月3日，中央电视台与美国泛美卫星公司在北京人民大会堂签署双方合作协议。根据协议，中央电视台将租用泛美2、3、4号卫星上的4个转发器，传送国际频道（CCTV－4）的节目，这意味着中央电视台节目的信号从此将会传遍世界。从此，在世界的任何地方，无论居住在陆地还是航行在海洋，都能接收到来自中华人民共和国的声音，看到中国改革开放的图像。

因为有了卫星全球覆盖，让国际频道在全球的落地有了可能，这样，我们离目标就更近了一步。于是，在1996年以后，抓第四套节目在全球的落地工作就成了我们的一项重点工作：1996年6月12日，张长明副台长与来访的台湾年代公司总裁会谈，达成合作意向，授权年代公司独家代理

CCTV-4进入台湾地区的112家有线电视台，一举打破了台湾当局的空中壁垒，大陆电视大面积落地入岛。1996年10月，在出访澳大利亚时，中央电视台与澳大利亚第九电视台签订协议，国际频道成功落地。1997年7月21日，中央电视台同日本富士电视台签订协议，中央电视台在日本卫视频道播出。1997年5月30日，李丹副台长出访南非，与米拉德公司（MIH）会谈签约。国际频道通过该公司租用的热岛3号卫星向欧洲和非洲地区传送，并进入该公司下属的多选电视平台，在非洲全境落地。

诸如此等，在此后几年间，经过不断推进，我们先后将中央电视台国际频道落地美国、英国、法国、日本、泰国、韩国、新加坡、巴西、秘鲁、墨西哥、南非和我国的台湾、香港、澳门地区。

从国际频道开播，到"中国电视周"成功举办，再到中央电视台节目信号覆盖全球，正是靠着一步步的稳扎稳打、有序推进，才实现了与目标的不断靠近，最终大获成功。于是，有人将这三个事件并称为中国电视"走出去"的"三大战役"。

5. 与派克传媒的神速签约

1996年10月，在我访问澳大利亚期间，与一位驻澳大利亚的中国外交官闲谈时，他问我："是否有兴趣见一下澳大利亚首富凯瑞·派克？"

凯瑞·派克可是个大人物。他不仅是澳大利亚首富，更重要的是，在澳大利亚的电视领域，他是和传媒大亨默多克齐名的人物。澳大利亚有两大电视台——7台是属于默多克；9台，即澳大利亚收视率最高的电视网则是属于这位澳大利亚巨富的。

1996年4月3日，中央电视台与美国泛美公司在人民大会堂签署了租用协议。但是根据协议，卫星租用的费用是我方自筹，传送的节目是我方自制，节目落地也是我们自办。所以，为了实现将节目传遍世界的目标，我们不得不采用各种办法，比如出国访问，和海外同行们谈国际频道的落地问题。

所以，一听到这个名字，我脑海中浮出的第一个念头是，正好可以和这个媒体大亨谈谈国际频道落地的事情。我毫不犹豫地答应了约见凯瑞·派克的提议。

因为这项安排是临时的，不在接待计划之内，所以需要先向中国驻悉尼领事馆报告，待那边同意后，才能和对方见面。但这个事情并不顺利，与那边接洽后，对方给我们的答复是：中央台的员工可以去，但是台长不能去。

于是我就让台里其他人去了。但因为对方听说我这个台长没去，整个接待规格就降下来了。我们的人回来后就跟我说，没有见到对方的高层，只是随意参观了一下。为了解决这个问题，我就找了驻悉尼的领事，提出要和对方高层见面。

这次对方答应了。而且，让我没有想到的是，对方会以如此高规格的标准来接待我们：派克传媒集团派出了全部的高层，这是几乎从未有过的高规格。后来我得知，原来派克得过心脏病，是中国医生操刀救了他，所以，对于中国，他有着一种特殊的感情。

在与派克的会谈中，我就提出希望我们的国际频道能够进入派克电视台下面的有线电视台，"悉尼是华人集中居住地，他们大多不懂英语，需要看华语电视。"这位传媒大亨也很干脆，当场拍板同意这一提议，这多少有些出乎我的意料。

我们双方还达成协议，中方出节目，并负责传送；澳方出频道，负责经营。至于赢利方面，若没有赢利则互相都不付款，有了利润之后就双方平分。

虽然双方都很干脆，但这也只是口头的协议，并没有诉诸正式的书面协议。而根据当时的情况，如果我们没有继续行动，事情就该暂告一段落了。因为按照计划（那天是周五），第二天（周六）我们就要离开悉尼，赶赴堪培拉、墨尔本等地方去访问，到下周一再返回悉尼，而后周二离开澳大利亚。

幸好我们懂得见缝插针。事情是这样的：回去的路上，在和外事处处长赵宇辉拟订合作协议之后，我脑子里忽然冒出一个大胆的想法：为什么不趁热打铁，在离开澳大利亚之前，将这个协议签下来呢？最好还能在协议签订后安排一个记者招待会。虽然时间很仓促，但我还是觉得完全有这个可能。

我是一个有想法就要去行动的人。这个想法冒出来后，我立刻组织人行动起来。一部分人投入到协议内容的制订与修改中，一部分人投入到记者招待会的准备工作中，所以都忙得不亦乐乎。现在回想起来，用"像打仗一样紧张"形容那天的情况一点也不为过。

就这样，协议很快就拟好了，我就请那位陪同的外交官直接递给派克，没想到，对方的反应也非常神速。于是，在我们离开悉尼的前一天晚上，签约仪式成功举行。

短短两天时间，就将这样重要的一个协议签署了下来，这的确是一个令人惊奇的新闻。悉尼各大媒体的高层领导纷纷来到了现场，凯瑞·派克本人，这位极少在公众场合露面的澳大利亚首富、传媒大亨，也亲自出席了这次的签约仪式，各大媒体的记者无不感到惊讶。

两天之内完成签约，这不能不说是一个奇迹。要知道，一个频道的落地并不是那么容易的事情。一般来说，需要双方的几次协商，多次换文，这个过程至少需要几个月。但如果能够适时抓住机会，打破常规，用另外一种思维去思考问题，很多事情都会有不一样的结果。奇迹，就是在不可能之中寻找可能。

6. 找准目标，提前3年实现目标

针对"建设一流大台"这一目标，我们曾明确提出一个"2000年目标"：我们要坚持"对内对外并举，无线有线结合"的发展方针，对内要精心办好一套以新闻为主的综合性节目，同时开办多套专业频道，以满足社会各界对电视节目

的需求。对外要办两套节目:一套以华人、华侨和懂中文的外国人为对象,即现在的第四套节目;另一套是外语台,用英语、日语、俄语、法语、西班牙语、阿拉伯语播出。争取到 2000 年,中文台和英文台将覆盖全球。

有了明确的目标,也就有了奋斗的方向。经过几年努力之后,我们的电视节目质量有了很大的提升,电视荧屏内容越来越丰富,参与竞争的能力越来越强。同时,随着国际频道的开播,我们实现了中国电视节目传送到全世界的梦想,这对提高中国国际地位,在全世界树立社会主义中国的良好形象起着不可估量的作用,具体来说:

对内,1992 年,开办了《经济信息联播》《天涯共此时》《投资指南》等受观众欢迎的栏目,同时改进了新闻节目,在快、新、短、深上下功夫。1993 年,实现了新闻滚动播出,扩大了国内外要闻的覆盖率,同时开办了一批新栏目,改革了一些老栏目,前者如《东方时空》《夕阳红》《文艺广角》,后者如《东西南北中》《环球 45 分钟》《和爸爸妈妈一起看》等,都受到了观众的普遍欢迎。1994 年,创办和改版了《焦点访谈》《世界报道》《第二起跑线》《人与自然》《与你同行》等栏目。同时还对一些老节目,如《综艺大观》《正大综艺》《曲苑杂坛》等,在内容和形式上做了一些改革,使其更具可视性。与此同时,一批有轰动效应的节目相继出现:历届《春节联欢晚会》《今宵属于你》《全国音乐电视(MTV)大赛》《青年歌手大奖赛》;专题片《望长城》《毛泽东》《中华之门》;重点报道《质量万里行》

《走马上任新部长》《省长访谈录》；电视剧《唐明皇》《一村之长》《女人不是月亮》《情满珠江》《大潮汐》等。

对外，电视宣传事业也取得了突破性进展：1992年10月1日，中央电视台中文国际频道（CCTV－4）正式开播。1993年1月1日，成功实现"每天通过卫星传递一小时新闻，在美国播出"的计划。1993年8月，同美国3C集团合作创办"美洲东方卫视"，覆盖美国、加拿大、墨西哥、加勒比海沿岸国家，这是对外电视宣传发展的一个里程碑。1994年国庆，中央电视台在全球举办"中国电视周"，超过150个国家、地区的电视台赴会。1996年，中央电视台通过日本富士电视台，成功实现在日本的落户。

不只如此，到1996年，我们还实现了几个关键的转变：

（1）从只办综合频道到既办综合频道又办专业频道的转变。从1992年到1995年，中央电视台的频道数量由3套增加到5套，且既有综合频道，也有专业频道。中央电视台第一套节目是以新闻为主的综合性频道，同时，这套节目还是精品频道，播出各类节目的精品，是同海外卫星电视最有竞争力的频道。第二套节目为经济频道，以经济报道为主，传播国内外经济信息，宣传中国企业和中国产品。第三套节目为文艺体育频道，已经于1993年8月8日上卫星覆盖全国，全国各地可通过有线电视网收看。第五套节目是体育频道，是国内创办最早、规模最大、拥有世界众多顶级赛事国内独家报道权的专业体育频道，每天平均播出16小时以上。从只办对内频道到既办对内频道又办国际频道的转变，实现了既办公共电视频道又办收费电视频道的转变。比如1992年10月1日开办的第四套节目，就是海外频道。

（2）海外宣传方面实现了中国新闻从航空寄送转变为卫星传送播出的转变。

（3）节目播出方式，实现了从租台播出到在国外、境外建台播出的转变。

可以说，截止到1996年，我们的节目和对外广播等方面都实现了大的跨越，这为我们向世界第一流大台目标的迈进奠定了一个坚实的基础。在这一基础上，我们又提出了建立英语频道的设想，而这一设想，于翌年成为现实。1997年7月1日，中央电视台第九套英语频道开始试播。至此，我们以提前3年的进度，完成了2000年目标。

与此同时，我们还于1996年提出，"九五"期间基本实现建设世界一流大台的目标。到2000年，中央台要办成5个相结合的大的电视集团：公共电视和收费电视相结合、无线电视和有线电视相结合、C波段与Ku波段相结合、对内电视和对外电视相结合、电视事业和经营企业相结合的大的电视集团。而这一指标的实现，也提前两年于1998年实现。

进入21世纪以后，中国电视对外宣传继续沿着"三步走"的规划发展，2000年英语国际频道（CCTV－9）正式开播。2003年在北美、西欧和亚澳等20多个国家及地区落地播出。2004年，在党和政府"走出去"工程的推动下，中央电视台西班牙语和法语频道开播。与此同时，有中央电视台和十几个地方电视台的中文频道集中在一个华语平台上，落地北美。

没有那几年的努力，中央电视台走向世界一流的目标不会那么快实现。如果分析取得这些成绩的原因，我觉得有两点最重要：

（1）一定要"以人为本"。人民是电视的主人。这是中央电视台一系列改革的出发点和落脚点，也是这些改革能够取得成功的根本原因。虽然电视对党的基本路线以及党的方针、政策的宣传必须旗帜鲜明，这是中国电视工作党性原则的核心内容，但是我们更不能忘记，全心全意为人民服务才是党的唯一宗旨。只有将传播党的声音和传播人民的声音高度统一，才是党性的生动体现。

在这个问题上，我们走过不少弯路。过去就是对这一点认识不够，才导致片面性，只把党和政府的政策条文，枯燥地反复讲。这样一来，观众自然不爱看。而自从意识到这个问题，就完全不一样了。我们开始把人民高兴不高兴、赞成不赞成、答应不答应、拥护不拥护作为自己安身立命的根本所在。可以说，中央电视台现在的一系列关注国计民生、倾注人文关怀的节目，已经成为传播主流。这些传播扣人心弦、动人心魄、引人思考，其秘诀就在于：贴近生活，贴近实际，贴近群众。"讲述老百姓自己的故事"，这也是中国电视现代化的根本标志之一。

（2）一定要按照新闻规律运行电视新闻节目。什么是新闻规律？简单说，新闻规律就是新闻之所以成为新闻的内在要求。具体到当下，在目前我们党领导全国人民全面建设小康社会,逐步建设民主、法治社会的新世纪大背景之下,电视传播遵循新闻规律就是致力于传播政府的法律、社会公德,尊重人民的知情权,满足人民不断增长的信息和文化需求。

只有这样,我们的电视节目才能受到观众的欢迎,才能为我们的党凝聚全国十几亿人民的力量,为建设大国、强国的理想共同奋斗;反之,我们的电视节目就会被观众、被人民所抛弃,既难以担负宣传社会主义物质文明和精神文明的重任,也不可能在国际上树立起应有的形象。

7. "站得高"的姿态

当初我们提出"建设国际一流大台"的目标时,不论是节目质量还是节目影响力,我们都已经是国内"第一"了,这是毫无争议的事实。可是,下一步该怎么走?

我说:"我们不能在国内争了第一就满足了,应该不断进取,走出国门,走出亚洲,走向世界!"

但有不少人提出了不同意见,他们认为,我们只要保持住自己目前的地位就可以了。

我无法想象,如果当时我们真的选择了故步自封,现在的中央台会是什么样子。如果说20世纪80年代是对内电视发展的黄金时期,那么90年代就是对外电视发展的黄金时代,是对外的电视宣传大发展的时期。如果我们不能抓住这一机遇,就肯定要落后了。

虽然有争议,最终还是确定了再难也要办国际频道的决议。这对于我们来说,是"走出去"步伐中至关重要的一步,当然这也是最难的一步。之后,我们又提出"三步走"的发展规划。而这也正是中国电视"走出去"工程的三个里程碑。

我一直主张要站在高处,一定要有高瞻远瞩的战略意识,只有这样,才能既把握住现在,也能掌握未来。

另外,"站得高"不能仅仅是一种姿态,也应该是一种心态。不能仅仅抓住眼前的一点点利益,而忽视了未来更多更大的机遇,不能只看到一棵大树,而忽略了它后面的一大片森林。

中央电视台国际频道在日本落地就是一个例子。1996年,在日本富士电视台社长日枝久来访问中央电视台时,我向他提出,日本有许多中国人,日本朋友中也有许多人懂中文,我们希望双方合作把国际频道落地日本。中央电视台出节目,富士电视台负责经营,有利润后对半分成。

1997年,杨伟光会见日本富士电视台社长日枝久。

日枝久社长当即表示同意，双方很快就确定了合作意向，并派人来谈判。于是，我也把事情交给相关部门去办，但没想到，有一天，参加谈判的同志跑到我办公室，跟我说："杨台长，富士台代表不同意签约。"

　　我就说："我已经同日枝久社长谈好，为何不签？"

　　然后他说："我方代表首先要求日方承诺购买节目的费用，但对方不给钱，想免费用我们的节目，所以不愿签协议。"

　　我一听，就说："谁说要收钱？日方帮我们把节目落地，我们怎么还要人家的钱？我们的节目在美国落地，一年台里要花300多万美元。现在日方出钱给我们的节目落地，没有利润互不给钱，有利润对半分成。"

　　于是，按这个原则，双方很快就签约了。日本注册了CCTV大富电视台，经过几年的工作，开始有了盈利。

　　正是因为始终让自己的思想站在高处，从20世纪90年代开始，中央电视台开始进入了迅速的发展和上升期。可以说，那一路，我们一直都是在以一种"奔跑"的姿态前进。1999年，我从台长位子上退下来之时，中央电视台各方面都登上了一个新台阶，为建设"世界一流大台"这个最终的目标打下了坚实的基础：

　　（1）频道数量不断增加，由3个增加到了9个。除了以新闻为主的综合频道之外，还有经济频道、戏曲音乐频道、国际频道、体育频道、电影频道、文艺频道和英语传送频道，中国中央电视台步入世界一流之列。

（2）节目播出时间不断增加，每天从30多个小时增加到160多个小时。1992年，我们节目的播出总量为13461小时，平均每天播出37小时。1997年，全台8套节目总播出量为52441小时，国际频道为全天24小时播出。另外，英语传送频道播出3256小时，平均每天播出160多个小时。

（3）栏目数量、质量和报道水平不断提升，涌现出一批为观众喜欢的电视节目。到新千年来临之前，我们已经拥有固定节目305个，其中不少节目都在社会上和群众中间引起强烈的反响，如《新闻联播》《中国新闻》《东方时空》《焦点访谈》《实话实说》《新闻调查》《曲苑杂坛》《综艺大观》《东西南北中》《今日说法》《经济半小时》等。同时，在节目的发展中，我们更加注重贴近性，将贴近百姓生活作为我们矢志追求的目标之一。

（4）电视设备从相对落后到先进。针对之前技术装备落后的状况，从1993年开始，我们进行了大力的改善，先后引进了先进的采、录、编、播技术设备，大量采用数字电视技术，播出系统由模拟系统播出改革为数字系统播出，播出方式也由半自动转变为全自动。

（5）覆盖面从全国发展到全球。由1992年覆盖亚洲、大洋洲、东欧和非洲的部分地区，到之后通过卫星覆盖全球96%的地区，逐步实现节目直接入户，我们将中央电视台的节目信号传遍了全球，让世界上更多的国家和地区通过我们的节目了解中国成为可能。

（6）办台资金从主要依靠国家拨款到自给有余。1991年中央台收益2.7亿，1992年5.6亿，1993年7.6亿，1994年突破10亿，1995年突破20亿，1996年达到35亿，1997年突破45亿大关。我们从一个主要依靠国家拨款的穷单位成长为不仅自给有余，还能每年向国家缴税10多亿的富足单位。当然更重要的是，经济的独立也为其他方面的发展奠定了坚实的物质基础。

（7）国际交流活动日益频繁。这是中央电视台开始在世界传媒界找到自己地位的重要标志。

（8）人才辈出。经过多年发展和各方面的招揽人才，中央电视台的人才队伍不断壮大，涌现出了一大批优秀的节目主持人、编导、记者、制片人和管理人员。

1999年2月，我从中央电视台台长位置上退下来，已经过去了10余年。在这些年中，中央电视台依然在改革中不断前行，到目前已初步形成以电视传播为主业，电影、互联网、报刊、音像出版等相互支撑的多媒体宣传、广告经营和产业拓展的多元化经营格局。在对外宣传中，中央电视台也取得更加长足的发展与进步。如中文国际频道、英语新闻频道通过卫星传送覆盖全球；西班牙语国际频道、法语国际频道、阿拉伯语国际频道也已覆盖欧洲、南美、中东、北非等众多国家和地区；海外戏曲频道和海外娱乐频道两个数字电视频道现也已成功登陆北美地区。我们离建设"世界一流大台"的目标又近了一步。

但是，这依然不是终点。随着时代的不断发展，"世界一流大台"也应该是一个动态概念，应该被不断赋予新的内涵。在如今全球化发展的大趋势下,为应对全球电视业的激烈竞争,中国的电视人更应该胸怀力争上游的壮志,同时保有"一篙松劲退千寻"的危机意识,为把我国的电视台建设成"世界一流大台"奉献更多的智慧与汗水。

第九章 剪不断的电视情缘

在央视任台长期间,我开始兼任中国电视艺术家协会(以下简称"视协")主席的工作;从央视退下来之后,更是把全部精力都投入到了视协的工作之中。

毫不夸张地说,视协是我的电视人生和事业中不可或缺的一部分,虽不可与央视岁月相提并论,但也具有独特的价值,特别是在探索电视未来发展的方面。

1. "视协要搞好，非得杨伟光来不可"

从1996年起，在担任中央电视台台长职务的同时，我开始兼任视协主席和分党组书记。1996年，正好赶上视协主席改选，一些老同志就说："视协要搞好，非得杨伟光来不可。"于是，这些老同志联名上书，给丁关根同志写了信，要求我来当这个视协主席。收到信之后，丁关根同志就来找我，说："视协老同志要你当新一届主席的呼声很高，你有什么意见？"我就说："感谢老同志们对我的信任，我服从组织决定。"

担任视协主席，这算是我人生和事业的又一次重大转折。在这期间，我主要做了三个方面的工作。

第一件事，把原来的金鹰奖颁奖仪式发展为金鹰艺术节并逐步加以完善。在此，我们不妨先回忆下金鹰节的发展，它主要经过了三大步：

第一步是大众电视金鹰奖。1983年，当时中国的电视艺术刚刚起步，浙江台办了一个《大众电视》，影响比较大。他们的负责人提议设立了这个金鹰奖，那时叫"大众电视金鹰奖"，一共办了14届。首届电视金鹰奖评选活动于1983年在云南省昆明市举行。

第二步是中国电视金鹰奖。从1997年第15届开始，由于全国性的文艺新闻出版奖项太多太滥，于是我们进行了一次规范，其中有一条就是：金鹰奖由中国文联、中国视协共同主办，"大众电视金鹰奖"更名为"中国电视金鹰奖"。这让金鹰奖成了中国电视界唯一经中宣部批准的由观众投票评选的全国性电视艺术大奖。第 15～17 届就是这么举办的。

第三步就是举办金鹰节。自 2000 年第 18 届开始,"中国电视金鹰奖"改为"中国金鹰电视艺术节"。那时我刚到视协主持工作不久,我认为,金鹰奖应该担负起推动中国电视艺术发展的重任,必须要有更深层次的东西,必须要具有更高的学术性。于是,我就建议把"金鹰"办成一个节、一个品牌,要有开幕式、闭幕式,要有论坛,加强学术气氛。

于是,从 2000 年开始的金鹰艺术节上,我们就举办了电视剧、电视纪录片、电视文艺节目等专题研讨会和"金鹰论坛",邀请各个专业委员会的专家、学者和金鹰奖得主,结合自己的工作实际,就电视艺术的规律以及当前电视界的种种现象和问题进行了广泛而深入的讨论,并对电视艺术创作和产业经营进行了有益的探讨。一些专题讲座还请来国外资深专家进行演讲,为中国电视工作者提供了大量一手资料和新的思路。这些学术活动,既注重理论研究,又与当前的电视实践紧密结合,得到了金鹰奖获奖者和电视专家学者的积极响应,取得了很好的社会效果。

此外,从 2000 年开始,改变的不只是金鹰节的名称,主办单位也有所变动,从中国文联、中国视协共同主办,改为由中国文学艺术界联合会、湖南省人民政府、中国电视艺术家协会、湖南省广播电视局联合主办,湖南广电传媒股份有限公司承办。同时,还有了固定举办地点,那就是湖南省长沙市。从 2000 年到 2004 年,是每年举办一次,2004 年后改为每两年一次。

为什么选在长沙办金鹰节？相信很多人会有这样的疑问。说来也巧，那是1999年，第17届金鹰奖正在深圳颁发，当时我正在考虑把金鹰奖提升为金鹰节的事情。就在这个关键时刻，湖南方面找到我们，说有意承办下一年的金鹰奖。因为湖南有个电广传媒，电广传媒希望用"金鹰"这个品牌提高股市市值。于是，经过协商之后，我们就决定把金鹰节固定在长沙举办。他们承诺三年内给中国视协一定的资金，所有颁奖费用由他们承担。

2000年，中国金鹰电视艺术节授证仪式在人民大会堂举行。

从某种意义上说，这为中国电视艺术的发展探索了一条商业化运作的道路。而且，自从湖南广电承办金鹰节之后，金鹰艺术节的影响力也在逐年强势增长。

第二件事情，我狠抓了重大革命历史题材的影视创作工作。

在1996年，我任重大革命历史题材影视创作领导小组组长之后，我们主要狠抓了题材规划和剧本把关工作。重大革命历史题材电影和电视剧，通过借助现代影视艺术、技术，把波澜壮阔的历史画卷和叱咤风云的革命英雄人物形象带进千家万户，让亿万观众在审美愉悦中了解历史，增强民族的凝聚力和自信心。因此，重大革命历史题材影视创作不只对文艺创作有重大意义，对社会主义精神文明建设也有着举足轻重的作用。所以，对此类题材的创作进行把关就显得十分重要。

而近年来，虽然重大革命历史题材的电影、电视剧发展很快，每年都有几部，甚至几十部电视剧投入制作，但存在的问题也很明显。比如题材不平衡、题材撞车和重复投资、涉及的历史人物和事件面过宽过广或过窄过碎等。更有甚者，有些作者不够严肃，不掌握材料就动手编剧，剧本未定审就开拍，审查通不过还找人说情等。

这个情况引起我们的高度重视。为了解决这个问题，我们的领导小组每年都要召开题材规划会，对重大革命历史题材的选题专题研究，以便做好平衡协调工作。同时，我们还反复强调要"以质取胜""少而精"，要提高作品质量，减少浪费。

此外，我们还制订了严格的送审报批程序：剧本先经本厂、本局（台）初步通过，然后经所在省、自治区、直辖市党委宣传部门初步通过，并提出具体意见，由负责人签名后，报送重大革命历史题材影视创作领导小组，待领导小组集体审查同意后方可投入拍摄。

从这之后，重大革命历史题材影视创作工作逐渐走上正规化、规范化，后来很快出现了重大革命历史题材影视创作的高潮，甚至还出现了一系列在全国以至世界上叫得响的电影、电视剧鸿篇巨制。经过这些年经验积累之后，我觉得要做好重大革命历史题材影视创作工作，一定要把握住这么四点：

第一，坚持马克思主义唯物史观，辩证地认识重大革命历史事件、重要历史人物，让这些电影、电视剧及其里面的历史人物、历史事件经得起时间的考验，经得起历史的考验。对革命领袖人物既不神化，也不庸俗化、一般化，而是要把握领袖人物的思想情操和人格魅力，展现其独特个性，如《中国出了个毛泽东》中毛泽东的形象，《周恩来》中周恩来的形象；对历史上曾有过功绩，后来落伍、堕落乃至沦为革命对立面的重要历史人物，要以唯物史观艺术地给予恰当的表现，如《日出东方》中陈独秀的形象，《喋血四平》中林彪的形象；对历史上的反面人物，既不丑化、脸谱化，也不简单化，而是形象地、深刻地刻画其精神实质，如《喋血四平》中杜聿明的形象等。

第二，创作人员一定要获得史实和对革命领袖人物真挚深厚的感情积累，让作品有血有肉。如《秋白之死》，这里面塑造的瞿秋白就是一个"真人"，而不是一个"完人"的光辉形象。虽是电视短剧，但是为了真正进入历史人物的历史环境、氛围和精神世界，创作人员却是历时三载，六易其稿，可谓是下足了功夫。

第三，遵循艺术创作的特殊规律，将镜头"焦点"对准人物的精神世界，做到"历史人物化，人物心灵化"。《宋庆龄和她的姊妹们》《韶山情》《罪与罚》等电视剧的成功就得益于此。

第四，加强领导，改善管理，努力实现题材资源的最佳配置和生产力诸因素的优化组合。拿八一电影制片厂来说，近些年，他们拍摄的这类题材影片数量比较多，为了节约资金，实现最佳配置和优化组合，他们充分发挥了部队电影厂的优势：剧本由军委领导直接抓，资金由军委拨，组织一流的创作队伍———包括编、导、演、摄、制片等，配备先进的摄影、特技等设备，进行创作生产，圆满完成了《大决战》《解放大西北》《席卷大西南》等一大批大片的制作。

第三件比较重要的事情，是在 2006 年成立了天地人传媒有限公司，主要做电视剧。这是中央领导同志特别批准的，他们希望我多做一些优秀电视节目。公司成立以来，拍摄了情景喜剧《家有儿女》4 部（导演：林丛）、《家住小区》（导演：丁霄汉）、《家有儿女新传》（导演：綦小卉）、《都市六人行》（导演：尚敬）、《家有外星人》（导演：尚敬）；电视剧《穷爸爸富爸爸》（导演：宏胤、蓝志伟）、《男花匠与女经理》（导演：朱翊）、《特别的爱》（导演：卫兆红、赵小鸥）、《给婚姻放个假》（导演：熊早）、《太阳作证》（导演：庞好）；动漫作品，《家有儿女》动画版。

其中最具代表性的是《家有儿女》。这部剧的整个过程我都参与了,过去在台里,这是不可能做到的,因为事务太多。当时,我想到请宋丹丹来演《家有儿女》里的"妈妈",我给她打电话时,她正在美国。出乎我的意料,她马上就拒绝了,因为她之前出演的3部电视剧都没打响。但我没有放弃,坚持对她说:"这个情景喜剧很适合你演。"结果,《家有儿女》一播出,宋丹丹的知名度更高了,又焕发了青春,广告量大大增加。找她拍电影、电视剧的人多了很多。

杨伟光在情景喜剧《家有儿女》新闻发布会上。

此外,在2012年12月31日,由路奇导演、我监制的反映妈祖生平事迹的38集神话励志剧《妈祖》正式登陆了中央电视台第八套。这是我最近参与的作品,而让我感到高兴的是,电视剧一播出,即受到很多好评,收视率也一再攀升,甚至破4。

2010年,国家广电总局组织有关专家到莆田考察、学习,我随行前往。在那里,我参观了妈祖庙,体验了妈祖文化的风采,在深入了解后,我更觉得这个人物应该被拍成电视剧,让更多的人了解她,让她的精神影响和感染更多人。而且,我在与当地有关人员交谈时获悉,其实他们早有拍摄妈祖的电视剧的想法,之前也有四五个剧组曾跃跃欲试,不过都无疾而终。这更加坚定了我想要拍摄这部电视剧的决心,一定要让妈祖"走上"荧屏!让妈祖精神发扬光大!之后在福建省省委宣传部、莆田市市委市政府的支持下,我积极组建了剧组,以总策划的身份投入了前期的筹划。

但是,拍摄过程比我想象中还要艰难了一些,最主要的就是剧本的写作。妈祖的故事多源于民间传说,且大多是口头传播。通过多方面收集,我们汇聚成七八十个故事,但彼此之间没有多少关联,这个讲的是张三跟妈祖的故事,那个就换成了李四,张三和李四没有什么关系。也就是说,这些故事都是断裂的,而不是贯通的,而电视剧需要有一个完整的故事脉络。所以,如何将这些支离破碎的故事加以串联,且不能让电视剧里的妈祖"走样",剧情合情合理,符合妈祖信仰的规范,不可和民间传说相抵牾,就成了我们面对的首要困难。

为了保证剧情的合情合理,在剧本创作过程中,我请了不少专家来为剧本把关。比如2011年7月17日,剧本初稿刚出炉,我们邀请了中国文联原副主席、著名文艺评论家李准,总后勤部影视中心主任、知名编剧马继红,《当代电视》杂志副主编唐志萍,台湾南亚科技学院副院长蔡泰山教授和台湾洁兮艺术团团长樊洁兮等奔赴莆田,与莆田市有关领导、研究妈祖的专家、学者、群众一起"问诊"《妈祖》剧本。在经过多方多次推敲与研究后,编剧最终选择了将观音送子、怀胎年余、观井得符、圣泉救疫、使节脱险、伏妖救父、绣鞋化舟、帆髻示志、收服高里鬼、祈雨济民、焚屋引航等30多个故事编进电视剧。

经过3个多月的紧张拍摄和半年多的精益求精的后期制作,由刘涛、严宽、刘佳、刘德凯、林心如、黄嘉乐等参与演出的电视剧《妈祖》杀青。在杀青前,为了确保人物形象合情合理,我们又到莆田请了市里有关领导、研究妈祖的专家和群众"先睹为快",提出意见,再进行修改。

这部电视剧,我们着意抛弃了现下流行的感情剧的套路,以妈祖从凡人到"海神"的成长轨迹为主线,重点展现了妈祖慈悲为怀、广施大爱、惩恶扬善、护国庇民的光辉风范,试图让大爱妈祖的人物形象在荧屏上"立"起来。可以说,这一回我们踏踏实实地为广大观众唱了一首正气歌。同时,在制作时,我们着力突显神话剧的特色,比如通过特技营造的惊心动魄的"海上斗法"场景就极富观赏性,从这个角度说《妈祖》是一部海洋版的《西游记》也是妥切的。不论做电视节目,还是做电视剧,通过节目内容能够传递普适的价值观,能够传递正能量,我认为这才是最重要的,也应该成为所有电视人信奉的准则。

2. 互联网电视——中国电视的未来

媒介的发展自有其时代性与规律性。随着科学技术的发展,主流媒体也在不断地发展演变。就我们国家而言,20世纪50年代以前,主流媒体是报刊;60—80年代,主流媒体是广播;90年代到现在,主流媒体是电视。

那么未来呢?中国电视的未来应该走向何处?有不止一个人问过我这个问题,对此,我也做过很多相关思考。

我认为,网络电视(IPTV),或称为"交互式网络电视",它基于IP技术,以"电脑或机顶盒+电视"为客户终端,利用宽带有线电视网,集互联网、影视多媒体、通信等多种技术于一体,向家庭用户提供包括数字电视在内的多种交互式服务的崭新技术,将成为未来电视发展的主流。这是中国电视发展的大势所趋,没有人能逆转时代的大势。这个大势就是三网融合,或者说媒介融合。这并不是我一个人在说,很多人都在说。中央的态度也很明确,一定要搞三网融合,并把其作为重大的国家发展战略。

所谓"三网融合",主要就是指电信网、广电网、互联网的融合。我们看到,这三者原来都是独立存在的媒介,现在它们为什么要融合呢?因为在发展的过程中,我们发现它们的技术功能、企业意志、业务范围越来越趋于相同,这是它们能够融合的基础。三网实现融合,可以有效地实现资源配置的最优化。过去三网不能兼容时,我们家里需要有三根线,电视要有一条线,电话要有一条线,互联网要有一条线,而这三条线和三个单位打交道。但实现融合后,则只需一根光缆,用户既可以在家里打电话,也可以看电视、上网。

三网互联、互通、资源共享后，也能给广大受众的娱乐甚至生活带来诸多便利，如能够为用户提供除了看电视、上网以外，打电话、发短信、点播视频、书籍传输、遥控家电等多种服务。有了这个，你在外面的时候，还可以通过你的手机了解你家里的情况，如你家里安全不安全、孩子在哪儿。所以，三网融合的实现，将赋予网络时代全新的定义，从主要了解信息的时代到为家庭服务的时代，最终受益的将会是广大的受众。

那么，网络电视发展的现实情况又是怎样呢？

我们可以看这么几组数据：一组是中国互联网的普及情况。我们知道，网络电视的发展离不开互联网，而目前我们国家的互联网已经非常发达，普及率也呈现不断增长的趋势。根据有关方面的统计，我国网民数量 2005 年是 1.1 亿，2006 年是 1.32 亿，2007 年是 1.82 亿，2008 年是 2.98 亿，2009 年是 3.8 亿，2010 年 6 月达到 4.2 亿，2012 年，达到 5.64 亿，普及率为 42.1%，且现在仍然保持快速发展的势头。这样的数量在世界范围内究竟占据一个怎样的位置？根据国外一个媒体的报道，到 2008 年 12 月，全球上网人数突破 10 个亿，其中 43% 来自亚太地区，而中国的网民数量是最多的，占的比例是 17.8%，美国排名第二，占的比例是 16.2%。2009 年 7 月 22 日国外媒体的有关消息显示，2013 年全球网民数量将达到 22 亿，其中 17% 来自中国。

不仅网民基数大，网络点击量也很大。2008 年北京奥运会期间，新媒体首次作为奥运会的独立传播机构，与传统媒体一起被列入奥运会的传播体系，可见其社会价值和商业价值。根据统计，百度平均日点击量是9.9亿，腾讯平均日点击量是3.9亿。据2009年9月21—27日的统计，我国互联网平均日点击量为：百度3.74亿，腾讯1.64亿，网易6000万，搜狐4200万，人民网1500万，央视网422万，新浪网192万。《人民日报》发行200万份左右，假设每份报纸有5位读者，且估算为1000万人，而通过网络的点击数要比报纸读者多50%。百度、腾讯的点击数以亿计量，这实在是一个惊人的数量，可见其影响之大。

再看电视机的发展趋势。现在越来越多的家庭中摆放的都是智能电视，几乎已经看不到黑白电视机，彩色及液晶电视虽然依然占据着很大的比率，但其市场份额被智能电视瓜分也已成为不争的事实。

中国智能电视的雏形可以从2008年部分厂商推出互联网电视算起，一些代表企业，如创维，将天气预报和股票放在了电视上。2010年，三星提出电视应用App Store，允许第三方开发应用，标志着智能电视的真正出现。

经过几年发展，根据零点公司2012年发布的中国智能电视市场调查报告显示，中国市场智能电视渗透率已超过30%。而商家都是逐利的，面对如此大的市场潜力，三星、海信、长虹、TCL等传统彩电厂商不甘寂寞，纷纷推进产品升级，"能说话的智能电视""手势控制的智能电视""首款安装电视版聊天工具的智能电视""硬件配置最高的智能电视"等，各式各样的智能电视以各种卖点呈现在消费者面前，着实让广大消费者应接不暇。

不只如此，目前国内六大电视厂商已经围绕云终端以及Android操作系统打造出了各自的智能体系，创维、TCL等都建立了自己的云服务平台，智能电视的发展也在日趋成熟。

从1930年到现在，经过七八十年的变迁，从黑白、彩色、液晶电视到互联网和智能电视，伴随着时代的变迁，整个电视产业一直都没有停下其前进的脚步。而到今天，随着电视的互联网化、智能化、社交化，以及触控技术、体感游戏、微博等应用的出现，电视的属性更是已经从家庭多媒体中心进入了个人电视时代。我们有理由相信，它在未来的发展更将与时代同行。

所以，不管支持还是抵触，有意还是无意，电视与网络的融合已经在不知不觉地渗透到我们的日常生活中，电视的网络化大潮已然开始，而这正是IPTV发展的基础。

从2006年起，发达国家网络运营商就已经开始大力推进，而后一直保持较快的发展。即便是全球饱受全球金融危机影响的2008年，全球IPTV用户仍保持了大幅增长态势。据有关报告显示，经济寒流重灾区——北美地区2008年的IPTV市场规模翻番，年增长率达到113%，第四季度的IPTV业务也增长了19%；西欧、非洲和中东地区的IPTV业务同时显示出强劲的增长，其增长率超过了45%。其中，法国是西欧地区最大的IPTV市场，拥有超过这一地区一半的用户数。截至这一年年底，全球IPTV用户总数达到了2170万，比2007年年底增长了63%。这样的发展情况无疑是振奋人心的，让大规模运营 IPTV 业务成为可能。IPTV 的升温使三线入户（有线电视、电话、网络）更加方便，同时可以间接提高节目的质量。

从我国来说，IPTV 起步较晚。2007 年第一季度，IPTV 用户有 61.2 万户，其中，河南、上海、黑龙江发展较快。

2008 年，北京奥运会为 IPTV 深入用户开展体验式营销提供了发展机遇，截止到 2008 年第二季度，我国 IPTV 累计用户数达到 170.8 万户，同比增长 30.2%。2009 年，中国 IPTV 用户数量为 430 万户；2010 年达到 600 万户；2011 年达到 1350 万户；到 2012 年一季度，用户数量达到了 2100 万户。

另外，从功能上说，IPTV 的直播、回看、点播等功能最受用户认可，且最受 IPTV 用户喜爱的功能业务也具有地域化特征：上海和哈尔滨的用户偏爱"回看"功能，杭州、南京和沈阳的用户则喜欢"点播"，在台州、广州和苏州，"直播"功能占到了较大的比例。

而政府方面，一直也都在支持 IPTV 的发展。为推广 IPTV 的发展，我国政府采取了一系列措施。如 2009 年 4 月，在国务院公布的《电子信息产业调整和振兴规划》中，明确支持 IPTV（网络电视）、手机电视等新兴服务业发展，建立内容、终端、传输、运营企业相互促进、共赢发展的新体系。

又如 2009 年 5 月 19 日，国务院批准了由发改委提交的《关于 2009 年深化经济体制改革工作意见》，首次对广电和电信的双向进入问题做了明确指示，要求"落实国家相关规定，实现广电和电信企业的双向进入，推动'三网融合'取得实质性进展"。

而我个人其实也一直在进行这方面的尝试，"魅力中国"IPTV就是这个尝试的结晶。

"魅力中国"IPTV于2008年5月正式开始运营，是面向全球华人播出优秀的中文影视节目的新媒体。华人华侨和懂中文、学中文的外国人是"魅力中国"IPTV最主要的服务对象。其自主研发的最先进的IPTV技术，让博大精深的中华文化可以通过精品节目传递和专业化频道细分的形式，通过覆盖全球的分发网络，快速分发到世界上任何有网络的地方。在世界范围内，只要有网络的地方，有华人的地方，都可以点播我们的节目。而且其使用方法简单，只需将"魅力中国"的机顶盒连接到电视机，即可轻松实现电视节目的直播、点播、回放，享受清晰流畅的电视节目，获得贴心优质的电视服务。可以说，它是融收视、娱乐、商务于一体的一站式家庭服务平台，具有强大的传播优势和广阔的发展空间，其传播模式展现了未来主流媒体的发展方向，其运营模式也正体现了当前大众传播的最前沿理念——整合与互动。

"魅力中国"IPTV基本频道由超大容量50多个中文频道组成：其中包括CCTV–4、CCTV–9、凤凰资讯、凤凰美洲、浙江卫视、江苏国际、北京卫视、湖南卫视、电视剧频道、娱乐频道、东南卫视、黑龙江卫视、辽宁卫视、江西卫视、贵州卫视、云南卫视、武术频道、梨园频道、客家频道、厦门－闽南频道、温州频道等多个精彩中文频道节目。就节目容量而言，我们有20000个小时的视频节目，海量的节目总能让受众在其中找到自己需要的。另外，还有一点，IPTV的价格比传统的卫星电视要经济实惠。

经过短短几年发展，"魅力中国"IPTV已取得长足发展。目前，其已经在北美、南美、欧洲、大洋洲、亚洲和非洲多个国家和地区开始运营，成为海外最有影响的中文媒体之一，受到广大华人华侨的热烈欢迎。而日本COMMUTURE公司和《香港商报》因为看好了"魅力中国"网络电视台的实力，也与之达成了合作协议，三家捆绑在一起，共同开拓和经营日本市场。我们可以预见，"魅力中国"将对增强海外华人华侨同胞的凝聚力和扩大中华文化的国际影响力发挥独特的作用。

"魅力中国"IPTV电视存在的最大的价值是什么呢？

我认为，其最大价值是改变了人们通常收看电视的方式。有了IPTV后，广大受众不用再被动地跟着电视台的时间表来收看，也不必因错过某些节目而懊恼；取而代之的是，人们不仅可以收看实时的电视节目，还可以选择收看过去几个小时，甚至两天前的节目。

很多人都看好以IPTV等为代表的新媒体的发展前景，其自身也存在着这样那样的独特优势，如互动性，不仅传者和受众之间，受众之间也可以自由互动；自主性，与传统媒体需定时播放、定时观看相比，新媒体可以存储、回放、点播收看且观者还可以自己安排时间，把必看的节目组合成为自己的"电视台";多功能,除传播新闻、娱乐、知识性节目外,还可以为用户提供打电话、购物、游戏及各种资讯服务,成为家庭的有力助手;IPTV的稳定性和简便性,更是不在话下。然而,即便拥有如此之多的优势,IPTV在现阶段依然不能成为主流媒体,这其中的原因到底是什么呢?在我看来,其主要原因在于内容定位问题,目前是为家庭娱乐服务,娱乐内容海量,政治、经济、文化、科技、社会信息和国际新闻虽然也有,但权威性不高。就像当初的电视一样,开始被定位为娱乐工具,新闻很少。直到20世纪90年代,中央电视台提出新闻立台,把《新闻联播》办成国内外要闻总汇,第一套节目新闻从3次增加到12次,并创办了《东方时空》《焦点访谈》《实话实说》《新闻调查》等名牌栏目,才使中央电视台上升为主流媒体。所以,IPTV要想从新媒体发展成为主流媒体,必须大大增加新闻性内容,并在以下几个方面着力:

增强社会责任,严防虚假报道,制造假新闻。

坚持新闻的真实性,提高新闻的可信度和权威性。

提高新闻的时效性,发布正在发生或者刚刚发生的新闻。

加强评论。对国内、国际大事要有独到见解的、有真知灼见的、有说服力的评论,扩大影响力,提高权威性。

解放思想、更新观念、开拓创新，要做到：贴近实际、贴近生活、贴近群众，创新观念、创新内容、创新形式、创新方法、创新手段，增强亲和力、吸引力、感染力，在弘扬社会正气、通达社情民意、引导社会热点、疏导公众情绪、搞好舆论监督和保障人民知情权、参与权、表达权、监督权等方面发挥重要作用。

总结经验，提高质量。内容为王，是相对于传送手段来谈的。

建立传媒王国，要靠质量，"优秀节目为王"。要制作不仅中国人喜欢看、看得懂，而且外国人也喜欢看、看得懂的节目。

尊重知识产权，不要盗播版权单位的节目。

立足当下，展望未来，新媒体的发展势不可挡。我们没有理由回避或是阻挡，当然在大势面前，任何狭隘的阻挡之势也是在做无用之功。为今之计，我们应该做的是顺应历史潮流，利用自己的节目、资金、人才和设备的优势，尽快介入新媒体的开发工作，掌握新媒体发展的主动权。提高中国的话语权，推动中华文化走向世界，也都离不开新媒体。我们相信，经过3年、5年、10年甚至更久的努力，中国必将出现影响世界的传媒巨人，中国电视必将创造新的奇迹。

附录

我所知道的杨伟光

夏　骏

1986年，我开始在央视工作的部门是国际部，与当时主管新闻的副台长杨伟光不在一个系统，基本没有接触。1989年冬天，时年27岁的我因编导电视片《河殇》处于可想而知的困境之中，央视内部许多人曾经给予关心和同情，但也有个别台领导生怕与我来往给自己添麻烦，甚至希望我尽快离开央视，一了百了。在这样的氛围中，一天，在央视西门南北向的路上，我推着自行车由北向南走着，后面有个声音在喊："小夏！"我回头一瞥，是副台长杨伟光。因为当时我的处境特殊，尽量回避与人交流，免得连累别人，就装着没听见，继续推车快走。没想到，后面又在喊"小夏！"我站住，等老杨走近，那时央视的员工一般不叫台长，而是直呼老杨。他问我："小夏，最近身体还好吧？"我回答"还好"，"身体好就好！"老杨在我肩上重重拍了一下，走了。这是我与杨伟光第一次单独交往，短短几分钟，但印象很深。在有的"领导"躲之唯恐不及的时候，他却主动来接近一个有"问题"的人，来关心你。后来，他成为央视一把手，我在用五年时间采访农村（拍摄纪录片《中国农民》《东方》等）之后，杨伟光领导下的央视已轰轰烈烈地开播了《东方时空》《焦点访谈》，我感觉，似乎再次回到央视业务最前沿的时机到了，但作为一个"著名问题作品"的编导，会被此时的央视所接受吗？当我的这个疑问传到杨伟光台长那里的时候，他居然立即回答："夏骏早该回来。"随后，我参加创办《新闻调查》，后任制片人，再后来参加执导《改革开放20年》等等，都是在杨伟光任台长的时期。但在这个五年左右的时期，我与台长杨伟光并没有多少单独交流。作为那个阶段的参与者，感到当时的央视从里到外都处于一种"激情燃烧的岁月"状态，央视的影响力，也似乎越来越登顶到中国媒体的最高位。

2000年，我离开央视下海自谋生路，恰巧，杨伟光也退休了。此后的10多年时间，我从一开始找他聊天，建议并参与筹备他写央视回忆录，到后来一起参与业务活动，接触比较多。记得有一次一起出差，老人家70多岁的年纪，在飞机上给我讲央视故事竟然一口气讲了两个多小时，在机舱里讲话比平常的环境费力多了，他却一点也不显得疲劳。那么，杨伟光以怎样独到的品格与能力领导出央视曾经的辉煌岁月？

做事与做官的侧重取向，是一个前提性选项。做事，做大事，是杨伟光的侧重追求。1991年前后，社会政治氛围并不轻松，杨伟光刚刚上任央视台长，就创办《东方时空》，其中一个栏目《焦点时刻》以舆论监督定位，在《东方时空》站稳脚跟之后，马上推出舆论监督力度更大的《焦点访谈》，随后两年陆续推出《实话实说》《新闻调查》，组成以四个栏目为主阵容的新闻评论方阵，在90年代前半期的中国新闻界，尤其在电视新闻界，无论是舆论监督的示范性，还是新闻语态的专业化，都有鲜明的革新价值。开创早间时段新闻性栏目、创办午间新闻、晚间新闻，新闻的总量大幅增加，形态也明显多样化。在当时的中国，网络还没有成为信息主角，是央视新闻的影响面最广泛、关注度最高的时期，如此密集的新闻改革拓展，是一件给台长增风险、添难题的事情。实际上，因为新闻节目的问题受到上级批评的事件并不罕见，《新闻调查》的第二期节目播出的同时，杨伟光就接到上级领导对正在播出节目的批评电话。面对批评，杨伟光没有因此就停掉栏目，而是暂时将周播改为双周播，加强栏目制作力量，不长的一段时间后，又恢复了周播。类似的情况，在官场得失上看，是可能给自己添麻烦、政治减分的事情。而且，几个舆论监督栏目的出台，让央视与各地方党政系统的关系复杂化。过去已习惯于正面报道莺歌燕舞，上下皆大欢喜，现在你搞舆论监督，就难免得罪人，时间一长，甚至难免大量得罪人，招来各种明枪暗箭。你惹出的麻烦那么多，暴露的问题那么多，上面对你这个台长的看法会不会受到影响？按常理，如果你把升官看得很重，就没必要招惹这些麻烦，因为搞点娱乐，收视率也不低，广告收入也不差，何苦在政治和社会问题的圈子里碰撞为难？这里，就显出杨伟光的难得和杰出。后来的历史也证明了，没有主要领导的持续坚持，舆论监督是很难持续有力的。我在与杨伟光最后十多年的交往中，极少听到他谈"官经"，倒是听他讲了不少利用权力冲破阻挠做事的故事，比如排除某些人的观念障碍，推动电影频道的开播等等。他首先是一个事业家，而不是一个政客。当然，他是一个懂政治的、对媒体与政治的关系有深入思考而且善于主动驾驭媒体与政治关系的台长。他行为处事不是首先考虑保"乌纱帽"，而是利用台长这个平台，把事业的效力最大化。他在与我谈到让他兼任国家广播电视部副部长这件事的时候，最兴奋的是："这下方便了，以前央视每做一件大事都要单独请示汇报一次，让我兼了副部长，我成为党组成员以后，我就可以在年底把明年要做的大事集中在广电部的党组会议上报告一次。然后，下一年中就可以放手来做，效力提高多了。"退休以后，他曾经给我描绘了一个他希望做成的事业蓝图，就是组织社会资金和人才力量，把中国名著中的精品和中国历史中的伟大人物和伟大事件系统拍成电视剧，构成一个中华历史和中国文学艺术的完整电视长廊，传之后世，推向世界。遗憾的是，这个伟大的计划只有留待后人努力了。

20世纪90年代初，央视规模不大，体制比较陈旧。要取得比较大的发展，就必须创新。比如用人制度，杨伟光刚当台长不久，就开办《东方时空》《焦点访谈》等一系列栏目，频道数量也陆续增加。而央视原来的正式职工编制模式无论在人才的质量和来源上都与新的战略目标不配套，杨伟光及时出台了全新的人才聘用制，一时间，作为改革试点的新闻评论部云集了来自全国各地和首都多家媒体的新闻人才，只要有能力，到中央电视台最红火的栏目《焦点访谈》当记者是一件几天之内就可以梦想成真的事情。最具活力的人才涌入和各种媒体人才汇合以后的大混血，加上财务管理上的权力下放，多劳多得、按劳取酬，这些全新的机制，几乎必然地促成了一个激情飞扬的传媒亮点。

　　作为广东人的杨伟光在传媒的产业能力方面似乎有着天然的敏锐。他担任台长期间，央视广告数十倍的增长以及他成功取得的改中央财政拨款为央视经营与发展经费自我包干的政策，为央视大发展提供了重要资金保证。在项目经营上，他一直以来的观点就是"优质优价"，认真投入做精品，只有精品才可能获得更好的商业回报，形成良性循环。我曾经多次听他讲过的一个例子，早在上世纪80年代末，央视筹备拍摄《三国演义》，制片人说这部剧要每集投资80万元人民币，在当时几万元一集剧的时代，80万肯定是天价了。杨伟光听过报告后，决定增加至每集投入100万，要求必须做成一流精品。一部剧投资8000多万，在当时的中国电视界闻所未闻。后来，这部剧仅仅在央视首轮播出的特约播映广告收入就达到1.6亿，一次性收获了百分之百的利润，以后多次播出、发行和海外市场的收入就更多了。在我作为总导演之一制作纪录片《改革开放20年》的时候，他专门叮嘱我们,外面请来参与的专家、撰稿人待遇要好一些,不要伤害了外援人才的积极性。这些,都是以市场的原则来整合资源的战略性思路,也是不以央视"老大"自居的平等意识,在央视的鼎盛时期,有这样的警觉意识,尤为难得。

杨伟光的央视改革实践之所以成效显著又比较稳健,还有一个重要的经验是把握改革发展的节奏。我曾经多次听杨伟光谈到"度"的把握是关键,他认为,其实,很多事情不是不可以做,而是必须注重推进节奏得当。比如,当时创办《东方时空》《焦点访谈》《新闻调查》《实话实说》,四个栏目,依次在四年中创办,一年一个,就比较稳妥。如果同时搞两、三个,人才、管理跟不上,就容易出问题。再比如,大题材的、能够引起全国关注的电视剧,一年投一两部,但每年必须有。央视各部门系统,每年都要有一两项有分量的成果推进,几年下来,就很成规模了。

在涉及利益问题的时候,我听到杨伟光说得较多的一句话是"违法违纪的事情不做"。在央视这个著名的名利场中,作为掌门时间最长的领导人之一,最终能够给自己划上一个比较完美的句号,并不是一件很简单的事情,而杨伟光做到了。

杨伟光出身于广东梅州的普通农家,父亲下南洋打工病逝海外时,杨伟光还是一个幼童。此后,在母亲艰难拉扯下长大。如此贫困处境中成长起来的杨伟光,高考时居然高分考取了北京大学。他曾经告诉我,从广东来北京上学时,因为广东人不穿棉衣,一切都要从头置办,靠叔叔资助的30块钱来北京，在买了棉衣棉裤和被子之后，就没钱买褥子了，无奈之中，他跑到北大附近的村庄里找农民要了一些秸秆之类的柴草铺床，四年大学根本没有钱买车票回家。艰难困苦中奋发成长的经历，造就了他的刻苦耐劳和坚韧不拔，这也是他的一个重要的性格特征。

在杨伟光生命的最后十多年时间中，他是一个退休的不再掌权的老人，而我也已经是一个体制外的自由人，所以彼此的交流了无障碍。现在回想起来，我与杨台在一起听他谈业务、谈历史、谈经验方法的机会不下数十次，有时飞机误点，在候机厅一聊就是两小时，与他老人家交流的过程中，他从未表现出一种长辈的、上级的、权威的架势，而是始终处在一种极其平等、和蔼、开放的气场状态。每次我提出一些想法，他都倾听、回应得很认真、很诚恳。而在我的心中，这是一位真正值得尊重和信赖的长辈、领导和老师。更难得的是，这些年在与他合作业务的过程中，看他分析、决策时的思路方法，直接的启示和教益太多，也当然地永难忘怀。

本文作者夏骏，系著名纪录片编导，《改革开放20年》《河殇》《汉江》《长江》总编导，曾任中央电视台《新闻调查》制片人，2010年上海世博会顾问。

怀念杨伟光台长

谭希松

在杨伟光台长离开我们三周年，迎来了他口述的《我在央视当台长》一书的出版发行，这对央视人是一个极大的慰藉，让缅怀他的人再一次了解这位天才台长的领导风范，追思他主管央视所取得的丰功伟绩。对于杨台长，我除了敬重、爱戴、钦佩还有崇拜。他是电视界一颗闪亮的星辰，他让央视在短短的几年，发生了巨变。正如许多人所说，普京说，再给他20年他还一个强大的俄罗斯，再给杨伟光台长10年，他将央视打造成一个一流的世界级大台。

曾记得：是他大刀阔斧地进行节目改革，一时间，推出了一系列名牌栏目和优秀的电视剧，使收视率节节攀升，为广告带来了诸多高端客户；是他亲自指导创办的《东方时空》，采取节目带广告方式运作，开创了央视白天广告的先河；是他批准了央视的广告经营改革，以公开招标的形式，把广告经营推向市场，使央视、企业实现双赢，实现了社会效益、经济效益双丰收；是他批准了电视剧播出时出两次片头，两次中间插广告，使有限的广告时间，产生无限的效益；是他同意5秒、10秒广告出现在央视的频道上，增加了广告产品的花色品种；是他开创了央视的扶贫广告，让上百个农产品在央视播出，让这些农产品走出了深山、老区，使亿万农民受益，促进经济的发展同时，也为广告培养了潜在的客户；是他关注公益广告的播出，提出公益事业社会办的原则，让企业参与，大大提高公益广告的制作水平。多年来，央视的公益广告一直处于领先地位；是他教育我们，广告也是新闻，也有导向，应树立社会主义的广告观。央视广告人牢记他的教导，直到今日没有播出一条不合格的广告；是他教育央视人，改革创新，爱岗敬业，廉洁自律，心系百姓，当好党的喉舌和舆论工具；是他成功运作了影视基地上市，实现了文化产业的资本运作；是他配合我国市场经济的发展，1997年将二频道改为经济频道（就是今天的财经频道），将原先只有一个小时的经济节目，一下推出了十三个栏目如"生活""对话""经济半小时""商务电视""金土地"等等，受到各界的好评。

他为人正派，一身正气，不谋私利。在央视黄金段位广告资源稀缺时，批条子、打电话、托人情纷纷而来，身为台长他从未批过一个条子，打过一个电话，更没为亲朋好友开后门，做到两袖清风，廉洁奉公。在他的带领下，台领导没有一个干预广告经营。

他的事迹远不至这些，只是我分管的有限，更多的我不了解。但我认为：他是央视最优秀的台长，也是我最佩服的台长，央视在他执棒时发展最快，团结奋进、开放进取的气氛最浓，推出的名牌栏目最多，也出现了更多的名嘴、名主持、名记者、名编导、名制片人。如今杨台长走了，但他留下的财富，千车也载不尽，万船也装不完。央视人要把他的精神财富保留传承下去，为早日建成世界一流大台而努力，杨台长在天国也会开心的。

本文作者谭希松，系中央电视台广告经济中心原主任

悼杨伟光

作者　刘世英

杨台享年八十岁，
传媒泰斗立丰碑。
央视改革建奇功，
奠基开拓破常规。

新闻节目要出色，
殚精竭虑求变革。
东方时空横空出，
唯才是举人人催。

生活空间百姓美，
焦点访谈民意嘴。
传媒肝胆亿民赞，
巍巍高层也说对。

创新创收又创业，
国家大台梦成遂。
桃李不言下成蹊，
不朽伟绩青史垂。

深切缅怀

——推荐语汇总

伟光同志一生善思善断、求变求真，是新时期中国电视重要的改革者和开拓者。《我在央视当台长》讲述了值得每一位电视人铭记的那段岁月，捧卷品读，让我们深情追忆起杨老的求索与追寻、气度与情怀，也让我们一览我国广播电视事业的改革发展脉络，收获在新的媒体时代把握规律、创新进取的智慧和信心。

——王庚年（中国国际广播电台台长）

杨伟光台长率先提出了电视媒体的产业化的概念，他不仅是电视媒体产业化的先驱，更是思考者和实践者。他提出中视股份的上市，为整个电视事业的开拓发展作出了里程碑式的引导。在他的领导下，央视产业化发展达到了一个新的台阶。

——李培森（中央电视台原分党组成员、中国电视剧制作中心主任）

"把央视做大做强，做成世界一流强台"，这是杨台长任内提出的口号。杨台长在一个合适的时间，提出的一个符合实际的构想，形成切实可行的蓝图，唤起团队的热情，使央视上下同心同德，不断进取。

——赵忠祥（中央电视台著名节目主持人）

我对杨台长的印象是，他确确实实是个"空前"，所谓"空前"是指杨台长在岗位上做的这些事情都是空前的。杨台长是一个对中国电视有成就和贡献的台长。

——倪萍（中央电视台原著名节目主持人）

杨台说话很和蔼，但是在和蔼中，他的"透过现象看本质"的能力特别强，而且他这人非常大气，战略思考非常独到。回过头来看，杨台是特别重视抓节目的。

——王利芬（中央电视台著名节目主持人，制片人）

一位领导者自身的能力固然重要，更重要的是他引领的文化和塑造的环境。杨伟光台长塑造了中央电视台的辉煌时期，他的远见和担当让一批富有文化理想和创新精神的年轻人得以施展才华。他也就成为了他们心中永远的"杨台"。

——杨澜（中央电视台原著名节目主持人）

我觉得杨台是个举重若轻的人，不是一个事无巨细的人，而是一个把握方向的人。

——白岩松（中央电视台著名节目主持人）

老台长杨伟光本身就是一本书，是我们后一辈电视人学而不厌的大书，在他身上，我们明确了电视新闻工作者的使命：见证历史，记录真诚。无论是怎样的环境怎样的岗位，我们都要像老台长一样，坚守这个使命。这本书，是电视人的财富。

——李修平（中央电视台《新闻联播》主播）

翻阅杨伟光台长的回忆录，几乎就是在回忆央视曾经的辉煌，就是在梳理中国电视事业的激扬历程。在全媒体激烈竞争的当今，这种回忆与梳理有助于我们更清晰地找到前进的动力与方向，而动力与方向，对所有立志成就事业的人们，都弥足珍贵。

——徐俐（中央电视台《中国新闻》主播）

杨台长不久前因病离开了我们，离开了他投入毕生精力和心血的广播电视事业。他将在央视当台长的心路历程、丰富经历和经验体会总结出版，留给后人，相信能够对现在的改革发展事业有所借鉴和帮助，也是他对所衷爱的电视事业的重要贡献。

——李建（曾任中国国际电视总司董事长）

杨台长的回忆录给你我的感受当然会不同，但相同的是：一本书、一个人、一家媒体、一个时代读来欲罢不能，感慨万千。

——王志（中央电视台原《面对面》记者、主持人、制片人）

《我在央视当台长》一书再次激活我 22 年前的生命记忆。杨伟光台长始于 1992 年的改革使中国电视有了尊严，也使电视人有了尊严。他尊重电视规律，尊重人才，尊重生命的创造力。在他锐意改革，大胆创新的背后，是责任、勇气和担当。而这一切，对未完成改革的中国来说，弥足珍贵！

——张洁（中央电视台《新闻调查》制片人）

浓墨重彩的历史，常用平静淡然的文字记述。细读老台长手记，感念时代之激励。悠悠岁月，凝结回忆。前辈往事，念念在心。

——王雪纯（中央电视台原《正大综艺》节目主持人）

在我心中，杨台不仅是非常优秀的领导，也是我的贵人和恩师。他像父亲一样和蔼可亲、可敬，这是让我感动和感触最深的地方。"'98 春晚"能够给观众留下很深的印象，这与他的主导与创新，对艺术的追求、对整体的把握，以及杨台独特的人格和魅力是分不开的。

——孟欣（"'98 春晚"总导演）

杨台的确是那个年代站在影视业改革前沿的开拓者。当时我所在的《半边天》栏目之所以红火，其中一个重要原因就是有改革政策的支持，引来一大批优秀的有才华的制片人和创作人才，有宽松的创作氛围。除《半边天》栏目外，在这个氛围下也产生了其他较之以前更丰富的栏目、节目和作品，也给年轻的电视人们提供了实现梦想的舞台和成长的机会，从而培养和锻造了一大批影视业的精英人物，他们至今活跃在影视业的行政、管理、制作及编导演、主持人领域。

——沙碧红（中央电视台著名导演及节目主持人）

九十年代的中国，一场轰轰烈烈的电视运动由央视发端，并迅速在全国展开。一手抓精品，一手抓人才成为央视腾飞的两翼。这场电视运动的发动机就是杨伟光先生。随着新闻品类的丰满，电视剧经典的创制，娱乐等现场节目的打造，央视有了国际气质。

——靳智伟（媒介专家）

解码中国电视变革，揭秘央视决策内幕，改变传媒人物命运……中国传媒的创业史，央视领袖的群像志。

——冷淞（世界传媒研究中心秘书长）

图书在版编目（CIP）数据

我在央视当台长：杨伟光口述实录/刘世英编著；杨伟光口述. -- 北京：新星出版社，2017.8
ISBN 978-7-5133-2682-7

Ⅰ.①我… Ⅱ.①刘… ②杨… Ⅲ.①杨伟光–回忆录 Ⅳ.①K825.42

中国版本图书馆 CIP 数据核字（2017）第 142718 号

我在央视当台长： 杨伟光口述实录

杨伟光 口述

刘世英 编著

责任编辑：简以宁
责任印制：李珊珊
装帧设计：几木艺创

出版发行：新星出版社
出 版 人：谢 刚
社　　址：北京市西城区车公庄大街丙 3 号楼　　100044
网　　址：www.newstarpress.com
电　　话：010 - 88310888
传　　真：010 - 65270449
法律顾问：北京市大成律师事务所

读者服务：010 - 88310811　　service@newstarpress.com
邮购地址：北京市西城区车公庄大街丙 3 号楼　　100044

印　　刷：北京鹏润伟业印刷有限公司
开　　本：660mm×970mm　1/16
印　　张：20.75
字　　数：210 千字
版　　次：2017 年 8 月第一版　2017 年 8 月第一次印刷
书　　号：ISBN 978-7-5133-2682-7
定　　价：69.00 元

版权专有，侵权必究；如有质量问题，请与印刷厂联系调换。